Über dieses Buch

Der Tierarzt und Tierpsychologe Dr. Brunner trägt mit diesem Buch dazu bei, das Verständnis für die Psychologie und die besonderen Verhaltensweisen der Hauskatze zu vertiefen. Er schrieb einen Ratgeber für alle Katzenfreunde, denen mehr daran liegt, die Welt einer Katze zu verstehen, als der gedankenlosen Vermenschlichung tierischen Verhaltens Vorschub zu leisten.
Thema dieses Buches sind außerdem alle »gestörten Verhaltensweisen« und ihre Ursachen. Denn wer seine Katze verstehen will, muß sich auch mit den Extremformen individueller Variationen des arttypischen Verhaltens, mit Mangelzuständen, Hormonstörungen, organischen Erkrankungen etc. befassen.

Die Autoren

Dr. med. vet. Ferdinand Brunner, praktischer Tierarzt, Verhaltensforscher und Gerichtssachverständiger, hat sich seit seiner Schulzeit mit den Problemen der Tierpsychologie, Tiefenpsychologie und Psychiatrie beschäftigt. Er gründete die erste »Tierpsychologische Beratungsstelle« in Wien und wurde durch viele Veröffentlichungen bekannt. Er ist Mitarbeiter des Standardwerkes der vergleichenden Psychiatrie »Abnormal Behavior in Animals« und Autor zahlreicher wissenschaftlicher Publikationen.

Kurt Hlawacek, freischaffender Journalist, erlebte die »Tierpsychologische Beratungsstelle« Dr. Brunners von Anfang an. Er veröffentlichte populärwissenschaftliche Bücher und Tiergeschichten.

Ferdinand Brunner
Kurt Hlawacek

Wie sag ich's meiner Katze

Vom Umgang mit einem eigenwilligen Hausgenossen

Fischer
Taschenbuch
Verlag

Die Fotos wurden zur Verfügung gestellt von Dr. Brunner, Johann Frank, Peter Hauer, Haus der Katzenfreunde, Kurt Hlawacek, Walter Kisselbach, Uwe Reuter, Johann Schröpfer, Elisabeth Stolz, Süddeutscher Verlag GmbH – München

Fischer Taschenbuch Verlag
1.–15. Tausend: Dezember 1978
16.–25. Tausend: April 1979
26.–32. Tausend: Mai 1980
33.–37. Tausend: Juni 1982
Umschlagentwurf: Jan Buchholz/Reni Hinsch
unter Verwendung eines Fotos (Foto: Ernst Mathe/ZEFA)
Fischer Taschenbuch Verlag GmbH, Frankfurt am Main
Lizenzausgabe mit freundlicher Genehmigung des Gersbach & Sohn Verlages, München
Titel der Originalausgabe: »Die Katze – richtig verstanden.
Psychologie, Verhaltensstörungen und Ratschläge zur Stubenhaltung der Hauskatze«

Gesamtherstellung: Hanseatische Druckanstalt GmbH, Hamburg
Printed in Germany
680-ISBN-3-596-23009-8

Inhalt

Zur Einführung

Dem Verständnis des besonderen Themas dieses Buches mag es dienlich sein, etwas über seine Entstehungsgrundlagen mitzuteilen.

Als ich im Jahre 1958 von den Ordinationszeiten meiner tierärztlichen Praxis in Wien getrennte *tierpsychologische Beratungsstunden* einführte, war der Nutzen daraus zunächst recht einseitig mehr auf der Seite des Beratenden, als auf der des Beratenen. Dies allerdings nicht in materieller Hinsicht, denn ich stellte meine Zeit die ersten 10 Jahre völlig kostenlos in den Dienst dieser Sache.

Wozu der – manchmal beträchtliche – Aufwand?

Schon als Student war mir aufgefallen, daß dem städtischen Tierhalter eigentlich nur ein halber Dienst geleistet wird, wenn sich der Tierarzt ausschließlich auf die Erkennung und Behandlung organischer Erkrankungen der kleineren und größeren Wohnungsgenossen beschränkt. Doch war damals kaum anderes möglich, denn an tierärztlicher Fachliteratur oder anderweitig erprobtem und gesammeltem Erfahrungsgut über Art, Erkennung und Behandlung etwaiger Verhaltensstörungen und Haltungsschwierigkeiten stand außer einigen anekdotenhaften Schilderungen so gut wie gar nichts zur Verfügung; jedenfalls nicht in einer dem modernen naturwissenschaftlichen Stande entsprechenden Form. Wohl gab es bereits ausgezeichnete verhaltenswissenschaftliche und tierpsychologische Darstellungen über Katzen, Hunde und andere Haustiere, dies bezog sich aber auf Beschreibungen von entweder unter besonders naturnahen oder aber unter extrem künstlichen Laborbedingungen gehaltenen Versuchstieren und war daher nur sehr mit Einschränkungen unmittelbar zur Klärung von Erscheinungen und Problemen bei Tieren unter den üblichen Stubenhaltungsbedingungen anwendbar. Die Haltung solcher Tiere hat seither ständig zugenommen, wobei in letzter Zeit die Katze in dem Wettlauf um die Gunst des Menschen den Hund zu schlagen scheint: allein in der Deutschen Bundesrepublik z. B. wurden im Jahre 1974 3 Millionen Hunde und 3,8 Millionen Katzen gehalten, davon ein beträchtlicher Anteil in städtischen Haushalten, also vorwiegend bis ausschließlich in Wohnungen. In anderen dicht besiedelten europäischen Ländern zeichnen sich ähnliche Entwicklungen ab.

Stand ich zu Anfang mit meinem Bemühen fast allein, so hat sich das bis heute gewaltig geändert. Die bisher 20 Jahre lang aufgewendete Mühe war nicht umsonst: es ist heute in den meisten Fällen möglich, störendes oder abnormes Verhalten bei Stubentieren hinsichtlich seiner Ursachen rasch und sicher zu erkennen und mit hohem Prozentsatz erfolgreich zu behandeln. Man weiß heute auch, daß es darauf ankommt, fehllaufenden Verhaltensentwicklungen vorzubeugen und daß dies von besonderer praktischer Bedeutung ist. Damit kann sowohl den Tierhaltern geholfen, als auch das Los der Tiere selbst verbessert werden.

Das gesammelte Erfahrungsgut und nach speziellen Gesichtspunkten ausgewertetes, verstreutes wissenschaftliches Grundlagenmaterial habe ich in den letzen Jahren durch zahlreiche Fachpublikationen und einen Beitrag in dem Lehrbuch »Abnormal Behaviour in Animals« anderen Tierärzten zugänglich gemacht. Dem nicht medizinisch vorgebildeten berufsmäßigen Hundepraktiker und den vielen Hundehaltern eröffnete mein 1974 erschienenes, allgemeinverständlich gehaltenes Buch »Der unverstandene Hund« (Verlag Neumann-Neudamm, Melsungen) Zugang zu diesem Wissensgut und nun ist es endlich soweit auch für den Katzenliebhaber:

Das vorliegende Buch soll dazu beitragen, das Verständnis für die Psychologie und die besonderen Verhaltensweisen der Hauskatze allgemein zu vertiefen. Das Buch wurde trotz besonderer Betonung spezieller Gesichtspunkte für *alle* Katzenfreunde geschrieben, also nicht nur als spezieller Ratgeber für »schwierige Fälle«. Es ist allerdings kein Unterhaltungsbuch. Es will, wenn auch in leicht faßlicher Form, den Leser möglichst nahe an die Begriffswelt der heutigen Verhaltensforschung heranführen und aufzeigen, daß uns damit die Welt der Katze viel verständlicher wird, als durch leider immer noch verbreitete, gedankenlose Vermenschlichung tierischen Verhaltens. Daß trotz dieser ernsten Zielsetzung das Buch flüssig lesbar gestaltet werden konnte, ist dem Bemühen meines Freundes und Mitarbeiters Kurt Hlawacek zu verdanken. Ihm gelang es als routiniertem Journalisten, manche zum Verständnis konkreter Fälle notwendigerweise zu erörternde, wissenschaftlich trockene Sachverhalte aufzulockern und der Verdaulichkeit eines zwar tierliebenden, aber nicht sachkundigen Lesers aufzubereiten. Er zeichnet auch für die vielen instruktiven Illustrationen verantwortlich. Wenn diese Auflockerung und der Verzicht auf

Fachausdrücke an einigen Stellen nicht ganz gelungen ist, so geht das ganz allein zu meinen Lasten: ich wollte im Zusammenhang einiger weniger Probleme auf Betrachtungen theoretischer Art nicht ganz verzichten, um eine orientierende Einordnung des bearbeiteten Themas in einen größeren allgemein biologischen Rahmen denjenigen wenigen Lesern, denen daran besonders gelegen ist, zu ermöglichen. Alle diejenigen, die ausschließlich an Informationen über Katzen interessiert sind, mögen mir solche Abschweifungen verzeihen.

Besonders betonenswert erscheint mir die Tatsache, daß nahezu alle in diesem Buch genauer geschilderten konkreten Sachverhalte keine Einzelschicksale darstellen, sondern als Prototypen für oftmals beobachtete gleichartige oder sehr ähnlich gelagerte Fälle stehen.

Dem Tierarzt, der in diesem Buch praktische Tips zur Meisterung von besonders gelagerten Haltungsproblemen bei Patienten sucht und allen denen, die berufsmäßig oder halbberuflich mit Tieren zu tun haben, empfehle ich zusätzlich die Lektüre meines bereits erwähnten Hundebuches, es ist umfangreicher und enthält viel ausführlicher als das Katzenbuch zusammenhängende Darstellungen ethologischer, differentialdiagnostischer und vergleichend psychiatrischer Art; dies ebenfalls in allgemeinverständlicher, wenn auch nicht ganz so leicht faßlicher Form. Derjenige, der an einer weitergehenden Verfolgung spezieller Fragestellungen interessiert ist, sei auf die beiden Büchern beigefügten Literaturverzeichnisse verwiesen, in die weit mehr aufgenommen wurde, als in den Büchern selbst Verarbeitung finden konnte.

Diejenigen Katzenbesitzer in spe, die noch nie einen der liebenswerten Miniaturtiger in ihren vier Wänden beherbergt haben, mögen zu allererst den Anhang durchsehen, sie finden dort ein paar elementare Erziehungs- und Haltungsrichtlinien.

Dr. med. vet. Ferdinand Brunner.

Ahnenerbe

Das höchstentwickelte Raubtier – Miezes zoologische Sonderausstattung – Was sind Instinkthandlungen? – Funktionskreise – Territorialverhalten – Das Sexualterritorium – Mieze und ihr Revier – Katzenbegegnung: der erste Kontakt entscheidet – Miezes Lehrzeit: Tötungsbiß – Pubertät und Sexualverhalten – Mutterverhalten – Die Katze ist ein Einzelgänger – Der Mensch ist eine Super-Katze – Die Katze mit den zwei Gesichtern – Sozialkontakte.

Es ist schon einige hundert Jährchen her, seit vor einem ordentlichen amerikanischen Gericht gegen eine Katze verhandelt wurde. Die Anklage lautete auf fortgesetzten Mäusemord. Der Staatsanwalt kannte keinen Beweisnotstand und Mieze wurde, stellvertretend für die gesamte lateinisch »Felidae« genannte Gruppe der Kleinkatzen verurteilt und des Landes verwiesen. Daß ihre Familie später wieder mit allen Ehren eingebürgert wurde, war weniger einem Sieg der Vernunft als meuternden Farmern zu danken, die um ihre vollen Getreidespeicher zitterten.

Womit einer der skurrilsten Beweise für eine alte Binsenwahrheit erbracht wäre: Die Katze zählte fast stets zu den unverstandenen Lebewesen dieser Welt. Daran hat sich bis heute nicht viel geändert: mit der steigenden Zahl der Stubenkatzen verbreiten sich auch jene Klischeevorstellungen, nach denen die Katze beurteilt wird.

So gilt nächtliches Gefauche immer noch als Ausdruck orgiastischer Katzenliebe. Miezes plötzlicher Tatzenhieb ist auch heute noch schlagender Beweis sprichwörtlicher Katzenfalschheit. Das Spiel mit der gefangenen Maus wird als verwerfliche Grausamkeit apostrophiert und die hochgezogene Oberlippe über der entblößten Zahnreihe gar als beginnende Bösartigkeit bezeichnet.

Vier Beispiele für eine Generationen überdauernde Essenz: Die Katze zählt zu den Unverstandenen. Denn nichts an diesen zum Gemeingut gewordenen Klischeevorstellungen stimmt.

Erstens lieben Katzen leise. Ihr Liebesgesang erinnert an das zärtliche Gurren der Tauben. Was man so landläufig für den Liebesgesang hält, ist das Geschrei einander androhender Kater. Zweitens schlägt eine Katze niemals plötzlich und schon gar nicht ohne Vorwarnung zu. Das Flachlegen eines Ohres, das Verrücken der Vorderpfote: subtile Signale, die der Mensch nicht beachtet.

Bleibt drittens von der verwerflichen Grausamkeit nur ein im Instinkt begründetes Stauungsspiel übrig, das dem Menschen, der sich so gern als das Maß aller Dinge sieht, normalerweise nicht bekannt ist. Viertens löst sich sogar die »beginnende Bösartigkeit« in eitel Wonne auf: es ist das bei anderen Tierarten als Flehmen bekannte Einsaugen eines hochinteressanten Duftes.

So gesehen also höchste Zeit für eine durchaus begründete Frage: Was ist eine Katze?

Aller Emotionen entkleidet, ist die Antwort auf den zoologischen Teil dieser Frage simpel. Komplizierter wird es dort, wo es um angeborene Verhaltensweisen, Lernen und Verhaltensstörungen geht.

Zoologisch gesehen ist die Katze das am höchsten entwickelte Raubtier. So paradox es in einem Katzenbuch auch klingen mag, es stimmt: Vater aller Raubtiere ist ein Vorfahre des Hundes. Katzenfanatiker mögen sich trösten: diese Vaterschaft liegt schon etliche Millionen Jährchen zurück.

Begonnen hat es gewissermaßen mit See- und Landraubtieren. Man teilt sie in Hunde- und Katzenartige. Zu den unserem Erdzeitalter zugehörigen Hundeartigen zählen Hunde, Marder und Kleinbären. Zu den Katzenartigen, die sich vor rund 50 Millionen Jahren als selbständige Familie entwickelten, rechnet man Schleichkatzen, Hyänen und die lateinisch »Felidae« genannten echten Katzen. Diese wiederum gliedern sich in vier Hauptgruppen: Geparden, Pantherartige, Luchsartige und Kleinkatzen. Zu den Felidae genannten Kleinkatzen gehört neben 23 weiteren Arten und vielen Unterarten, auch unsere Hauskatze.

Selbstverständlich gibt es da noch die verschiedensten Rassen. Aber bei welcher Rasse Sie auch immer Ahnenforschung betreiben, es läuft ja doch auf drei gemeinsame Vorfahren hinaus: in erster Linie die afrikanische Falbkatze, dann die meist gefleckte indische Steppenkatze und die bis zu elf Kilogramm schwere kaukasische Waldkatze. Weil es damals weder Zuchtwarte noch Zuchtbücher gab – und die Katzen außerdem genügend Zeit hatten – entstand aus diesen Ahnen die Hauskatze, wie wir sie heute kennen.

Bei dieser kosmopolitischen Vergangenheit, bei diesem biblischen Alter kann man schon etwas Ordentliches verlangen. Es ist auch etwas Ordentliches daraus geworden: das Prädikat »höchstentwickeltes Raubtier« wird nicht leichtfertig vergeben. Es zeugt von einer beachtlichen zoologischen Sonderausstattung.

Da ist einmal ein Skelett, das sich im Dauertest von 50 Millionen Jahren beim Anschleichen, Lauern und plötzlichen Losprechen bestens bewährt hat. Da ist eine Zahnformation, die haargenau für das Erfassen und das Reißen der Beutetiere konstruiert und selektiert wurde. Da sind Augen, deren Hintergrund mit grünlich-silbrigen Plättchen tapeziert sind: sie reflektieren jeden Lichtstrahl und verstärken selbst ein winziges Lichtpünktchen im Dunkel der Nacht. Da ist der ungemein leistungsfähige Gesichtssinn: Katzen erkennen vertraute Personen durchs bloße Hinschauen. Besonders dann, wenn sich diese bewegen. Präzises Bewegungssehen ist eben für ein Raubtier wichtig. Im Gegensatz zu früheren Vermutungen weiß man heute auch, daß die Katze Farben sehen kann, wenn auch blasser als der Mensch. Von da bis zur Ergründung der Lieblingsfarbe war es dann nur mehr ein kleiner Schritt: Katzen lieben Rot.

Zur zoologischen Sonderausstattung gehört aber auch ein phantastisch entwickeltes Gehör, das bis in den Ultraschallbereich reicht und eine ausgezeichnete Schall-Lokalisation bietet, die die des Hundes übertrifft. Dem Hunde unterlegen ist Miezes Nasenleistungsfähigkeit: die Katze verwendet den Geruchssinn vorzugsweise im Sexualbereich und bei der Nahrungsaufnahme, während sie zum Aufspüren jagdbarer Beute aufs Riechorgan verzichtet.

Die Pupillen der Katze stellen sich auf die vorhandene Helligkeit ein, wobei die Öffnung der Augenlider gleich bleibt. Bei grellem Lichteinfall verengen sich die Pupillen zu einem schmalen, senkrecht stehenden Schlitz. Bei Dunkelheit öffnen sie sich weit und werden nahezu kreisrund.

Von Wichtigkeit sind auch die langen Tastsinnhaare an der Katzenoberlippe, die ihr die Orientierung so erleichtern, daß sie sich selbst in der finstersten Scheune zurechtfindet. Tastsinn und Gehör können so zusammenwirken, daß sich eine blinde Katze in einem ihr bekannten Areal sicher bewegen kann. Mit den Barthaaren kann Mieze sogar die Fellrichtung eines Beutetieres feststellen, bevor sie dieses verspeist. Was auch absolut notwendig ist, denn gegen den Fellstrich schluckt sich's verdammt schwer. Die Schnurrhaare an der Oberlippe und weitere Tasthaare unter dem Gelenk an den Vorderpfoten ermöglichen es der Katze auch bei ungenügender Beleuchtung zu beurteilen, ob eine Zaunlücke oder ein enger Spalt im Scheunentor noch breit genug fürs Hindurchschlüpfen ist.

So ausgestattet geht Mieze auf die Jagd. In einem Revier, das der Größe eines Kleinbauernhofes entspricht, belauert sie alles, was sich bewegt und nicht größer ist als sie selbst: Mäuse, Ratten, Vögel, Eidechsen, Spitzmäuse, Maulwürfe, Schlangen, Insekten, Kröten, Frösche. Wobei Spitzmäuse und Maulwürfe keine besonderen Delikatessen sind. Sie werden zwar häufig gefangen, aber nur selten gefressen. Zum Ausgleich gibt es aber Katzen, die sich auch an jungen Kaninchen oder Feldhasen delektieren.

Bei Stubenhaltung verliert die Reviergröße für Mieze allerdings ihre eigentliche Bedeutung. Durch das Zusammenleben mit dem Menschen, der ihr die täglichen Futtersorgen abnimmt, ist sie auch mit einem Wohnzimmer mittlerer Größe zufrieden.

In jeder Lebenssituation, in die eine Katze kommen kann, zeigt sie ganz spezielles Verhalten, ganz bestimmte Instinktbewegungen, ganz spezifische Instinkthandlungen.

Instinkthandlungen: das ist der große Sammelbegriff für viele diffizile Vorgänge, die allesamt im Prinzip unveränderlich sind und auf Grund artspezifischer angeborener Hirn- und Rückenmarkfunktionen ablaufen.

Angeboren, wie der Katze die Krallen, dem Amselmännchen der gelbe Schnabel und dem Elefanten die großen Ohren. Kein Tier, auch die Katze nicht, kann eine Instinkthandlung beeinflussen, sie ändern, verkehrt ablaufen lassen oder sie ganz einfach für immer unterlassen. Auch dann nicht, wenn es durch eine Instinkthandlung leidvolle Erfahrungen gemacht hat: auch der Elefant kann seine Ohren nicht einschrumpfen, nur weil er an einem Ast hängengeblieben ist.

Diese Instinkthandlungen laufen nach präzisen Gesetzmäßigkeiten ab. Manchmal wohl aus verschiedenen Gründen in eine andere Richtung, wie ja auch der Elefant die Ohren umlegen, knicken,

Jedes nicht zu große Objekt, egal, welcher Farbe und Gestalt, spricht als Beuteschema den angeborenen auslösenden Mechanismus für die Instinkthandlung des Annäherns an die Beute an. Einzige Bedingung: das Objekt muß sich bewegen. Ist diese Bedingung erfüllt, beginnt die Katze mit Schleichlaufen (1), Lauern (2), Anschleichen (3), Ansprung (4) und Zufassen (5).

anlegen und was sonst noch alles damit tun kann. Aber los wird er sie nicht. Manche Instinkte sind bereits in der ersten Lebensminute in Mieze vorhanden, manche reifen erst im Laufe der Zeit. Alle Tiere einer bestimmten Art haben die gleichen Instinkte: der Spaniel unterscheidet sich in nichts vom Bernhardiner, das Bacsonyer Schwein nicht wesentlich vom Hausschwein und Mieze nicht wesentlich vom Tiger.

Instinkthandlungen werden nicht bewußt gesetzt, Mieze kennt den Endzweck der Handlung gar nicht: eine Instinkthandlung ist für sie absoluter Selbstzweck. Es geschieht ihr sozusagen. Instinkthandlungen wirken spannungslösend, lustbetont oder Unlust vermindernd. Deshalb werden sie ausgeführt. Am verständlichsten wird's dort, wo wir meist ebenso handeln: bei der Paarung. Da nehmen wir's dem Kater schon ab, daß er's nicht tut, um kleine Kätzchen zu produzieren, sondern einfach deshalb, weil es ihm Spaß macht. Genau so verhält es sich aber auch dort, wo es um Mord oder Totschlag geht. Beutemachen und Töten sind für viele Tierarten angeborene, unveränderliche und lustbetonte – im Freileben existenznotwendige – Instinkthandlungen.

Instinkthandlungen setzen sich aus einer Reihe von Einzelaktionen zusammen. Da muß einmal ein Triebziel, es ist dem Tier nicht bekannt, vorhanden sein. Dann müssen Appetenzhandlungen ablaufen, worunter man phasenhafte Einzelaktionen versteht. Erst dann kommt die Instinkt-Endhandlung und schließlich das Instinkthandlungs-Endziel. Um all das aber erst richtig in Gang zu bringen und die Handlungsfolge dann auch in Gang zu halten, bedarf es sogenannter Schlüsselreize.

Würde man dem in einer materialistischen Zeit lebenden Menschen unterstellen, das Öffnen eines prallgefüllten Banktresors sei für ihn eine Instinkthandlung, dann kann man an diesem Exempel alle Vorgänge rund um eine Instinkthandlung treffend erläutern. Die Möglichkeit, an das Geld heranzukommen, ist das Triebziel und das Einstellen der richtigen Ziffern am Tresor sind die Appetenzhandlungen oder Einzel-Instinktbewegungen. Bei niederen Tieren ist es so, daß die Instinktbewegungen immer nur in einer bestimmten Reihenfolge ausgelöst werden können. Wie Sie ja auch den Tresor nicht aufbringen, wenn Sie zwar die richtigen Ziffern, diese aber in der falschen Reihenfolge einstellen. Säugetiere, und ganz besonders domestizierte, weichen zwar mitunter von der Regel der bestimmten Reihenfolge beträchtlich ab, aber auch bei ihnen gibt es Instinktbewegungen vor- und nachgeordneter Art.

Das ist deshalb besonders interessant, weil nur im Appetenzbereich einer Instinkthandlung, hier als Sammelbegriff verstanden, durch Lernakte Einfluß genommen werden kann. Würde man Ihnen nach der dritten Tresorziffer die Folgen des Einbruchs drastisch genug schildern, wären Sie wahrscheinlich auch noch umzustimmen. Haben Sie aber einmal die Instinkt-Endhandlung, die offene Tresortüre, erreicht, können Sie vermutlich nicht einmal die hereinstürmenden Polizisten vor einem – kurzen – Griff nach den Moneten bewahren. Auch bei Tieren ist die Instinkt-Endhandlung durch Störfaktoren nicht mehr hemmbar.

Der notwendige Schlüsselreiz liegt beim Tresoreinbruch darin, daß Sie die richtige Ziffernkombination des Tresors überhaupt ausfindig machen können. In Flockis Fall, der schon zehn Stunden lang nicht Gassi war, liegt der Schlüsselreiz im Harngeruch des Artgenossen: Flocki wird trotz höchster Not nicht sofort urinieren. Erst der Schlüsselreiz führt zur charakteristischen Harnabsetzbewegung und zur Öffnung des Schließmuskels. Das Suchen nach dem Schlüsselreiz ist Appetenzverhalten.

Vielen Instinkt-Endhandlungen gehen charakteristische Appetenzhandlungen voraus. Ehe sich ein Hund niederlegt, dreht er sich mehrmals im Kreis, was man als sogenannte Ruheappetenz bezeichnet. Unter bestimmten Umständen kann ein Tier einzelne Appetenzhandlungen unterdrücken oder unterlassen.

Wenn eine durch innere Reizstauung übermächtig gewordene Triebstimmung vorhanden ist und sich weit und breit kein Schlüsselreiz bietet, dann kann es auch ohne Schlüsselreiz oder auf ähnliche Reize hin zum Abrollen einer Instinkthandlung kommen: Das Verhalten eines Stares im Käfig, der kunstgerecht gar nicht vorhandene Insekten erbeutet, wird in mehreren Lehrbüchern der Ethologie als klassisches Beispiel für Leerlaufreaktionen genannt. Die Stubenkatze, die das an ihr vorbeigehende Frauchen anspringt und in die Beine beißt, weil echte Auslösebedingungen für Beuteinstinkthandlungen fehlen, und der Pudelrüde, der seine sexuelle Not an einem Polster, an einem männlichen Artgenossen oder am Bein des Besitzers abreagiert, sind Beispiele für ähnliche Mechanismen. Derartige Reaktionen auf suboptimale Reize sind Möglichkeiten der Natur, das Nervensystem vor Schäden durch unerträgliche Triebstauungen zu bewahren.

Gewissermaßen das Gegenteil einer Leerlaufreaktion ist die Intentionsbewegung. Sie tritt dann auf, wenn die gestaute Triebenergie als Antrieb nicht ausreicht, um eine ganze Handlungskette ablaufen zu lassen: es bleibt bei einer Bewegungsandeutung, einer Intention. Wenn Ihr Triebziel, viel Geld zu haben, für einen Tresoreinbruch nicht ausreicht, werden Sie nur dem Kassierer beim Öffnen des Tresors zusehen.

Ist Ihr Triebwunsch noch schwächer, oder haben Sie innerhalb kurzer Zeit zwanzig Tresoreinbrüche hinter sich gebracht, kommt es zu einer Instinktermüdung. Dann riskieren Sie nicht einmal ein Auge, wenn der Kassierer den Tresor öffnet. In diesem Fall ergeht es Ihnen so wie einer im Versuchskäfig gehaltenen Katze, die knapp zuvor zwanzig Mäuse erbeutet hat. Läßt man das einundzwanzigste Mäuslein in den Käfig, beachtet Mieze längere Zeit hindurch das ansonsten hochwillkommene Beutetier überhaupt nicht. Diese Instinktermüdung hat mit körperlicher Müdigkeit nichts zu tun. Zu anderen Handlungsabläufen zeigt sich die Katze durchaus bereit.

Denn eines ist wichtig: die Trieblösung eines Hauptinstinktes hat im allgemeinen nicht die ersatzweise Trieblösung eines anderen Hauptinstinktes zur Folge. Auch die bestgefütterte Katze geht mordlustig auf Mäusejagd. Nur frißt sie die erlegte Beute nicht. Läuft eine Instinkthandlung ab und blockiert eine gleichzeitig aufgerufene, aktionsausschließende andere Instinkthandlung konfliktartig die erste, dann kann es ebenfalls zu Handlungsintentionen kommen. Beispiel: Ein Hund möchte auf die Sitzbank, sein Herrchen befindet sich aber im Zimmer. Aus vorangegangener leidvoller Erfahrung weiß Flocki, daß der sozial übergeordnete zweibeinige Meuteführer dies nicht duldet. Die Angst vor der Strafe hindert den Hund daran, sich auf die Sitzbank zu schwingen. Statt dessen kommt die Intentionsbewegung: er sieht nur kurz nach der Bank oder legt für kurze Zeit den Kopf darauf.

Verspürt Mieze eine besonders starke Erregung und ist die konfliktartig blockierende Gegenerregung ebenfalls sehr intensiv, passiert das, was man in der englischen Fachsprache als »Displacement Behaviour« bezeichnet. Das Tier tut etwas, gewissermaßen als Ersatz, was gar nicht in die Situation paßt, nur um die Überreizung loszuwerden. Solche auch als Übersprungreaktionen bezeichnete Ausweichmöglichkeiten werden uns in diesem Buch noch öfter begegnen. Wenn Sie bisweilen mit Modellautobahnen spielen, kennen Sie den Ablauf einer Übersprungreaktion. Zwei Autos stoßen zusammen, eines fliegt aus der stromführenden Schiene in die Stromschiene der Nebenbahn und rast dort, wenn auch in anderer Richtung, weiter. Zwei kämpfende Hähne geben ebenfalls ein gutes Beispiel. In Kampfpausen, in denen sich Angst – also Fluchttendenz – und Wut – also Angriffstendenz – die Waage halten, fangen beide Kampfhähne an, nach nicht vorhandenen Futterkörnern zu picken: Übersprung auf Nahrungsaufnahmeverhalten.

»Displacement Behaviour« gibt es bei den meisten Tieren. Bei niederen Tieren, Fischen oder Vögeln, gibt es nur ganz wenige bestimmte, charakteristische Ausweichmanöver. Wird beispielsweise ein Stichling an der Reviergrenze eines Rivalen ansichtig, beginnt er sofort ein Scheinnest zu graben: Übersprung auf Nestbauverhalten.

Außer den sogenannten Übersprungsreaktionen gibt es noch andere Arten von Erregungsablaßventilen, so zum Beispiel das umorientierte Verhalten: zwei Kater drohen einander an, da kommt plötzlich ganz unschuldig und ahnungslos ein kleiner Hund daher. Blindwütig wird er zum Blitzableiter beider Kater und – ersatzweise – in die Flucht geschlagen.

Säugetieren stehen bei starken Erregungszuständen viele ausgefeilte und abwechslungsreiche Ausweichmöglichkeiten offen. Aber auch bei Säugetieren sind typische Übersprungsreaktionen bekannt, die nur für eine bestimmte Situation charakteristisch sind.

Paul Leyhausen verdanken wir viele Aufschlüsse über Verhaltensweisen bei Katzen. Auch diese Schemazeichnungen gehen auf ihn zurück. Sie zeigen die Körperhaltung der Katze bei der Überlagerung von Angriffs- und Abwehrstimmung. Um das zu verdeutlichen, sind die einzelnen Phasenzeichnungen mit Buchstaben und Ziffern versehen. A bedeutet jeweils Angriffsdrohung, B hingegen Abwehrbereitschaft. Die Ziffern geben die Stärke beider Stimmungen an. 0 = keine entsprechende Stimmung vorhanden, 1 = geringe entsprechende Stimmung, 2 = starke Stimmung und 3 = extrem starke Stimmung.

Die »Normalstimmung« der Katze ist im obersten linken Quadrat gezeigt: ihre Körperhaltung zeigt weder Angriffs- noch Abwehrstimmung. Je nach Situation können sich beide Stimmungen auch überlagern und gleichzeitig auftreten. Das rechte unterste Quadrat zeigt extrem starke Angriffs- und Abwehrstimmung, das rechte oberste die typische Imponierstellung einander androhender Kater.

Mitunter können sie auch beim Sozialpartner bestimmte Gegenreaktionen auslösen, unterdrücken oder einen Stimmungsumschwung hervorrufen. Solche sozialen Auslöser werden auch ritualisierte Übersprungbewegung genannt.

Sogenannte ambivalente Bewegungen können ebenfalls in Situationen zweier in der Ausführung einander ausschließender Instinkterregungen beobachtet werden. Sie stellen eine Kombination mehrerer Intentionsbewegungen aus den unvereinbaren Trieben dar und drücken sich oft in spezifischen Körperhaltungen aus. Klassisches Beispiel dafür ist der bekannte Katzenbuckel: das Hinterteil Miezes und ihr Vorderteil wollen jedes für sich etwas anderes, was sich aber nicht auf einen gemeinsamen Nenner bringen läßt. Das Hinterteil ist sprungbereit, das Vorderteil fluchtbereit. Ersteres schiebt sich vor, letzteres wird zurückgezogen. Ein Katzenohr ist umgelegt, das andere aufgestellt. Aus dieser ambivalenten Stellung heraus kann Mieze entweder blitzartig angreifen oder genauso blitzartig Fersengeld geben.

Der Abteilungsleiter, der von seinem Chef gerügt wird und die Tritte dann an seine Untergebenen weitergibt, mag ein weiteres Beispiel für das schon weiter oben genannte umorientierte Verhalten abgeben, ebenso wie der Hund, der sich auf einen rangunterlegenen Artgenossen stürzt, weil er den Menschen, der ihn vor dem Gartenzaun reizt, nicht zu fassen bekommt. Man kann das aber auch als sog. objektübertragenenes Verhalten sehen. Bei Katzen kann man objektübertragene Bewegungen häufig beobachten, wenn sie nicht abreagierte Triebe ersatzweise an Symbolgegenständen ausleben. Da nimmt dann die Stubenkatze ein Papierkügelchen, belauert es, springt es an und schleudert es durch die Luft. Normalerweise würde sie mit Mäusen so verfahren, wenn sie welche hätte und in der Jugend damit hätte trainieren können. Manches isoliert aufgezogene Stubentier fürchtet sich vor echten Mäusen und agiert nur mit Ersatzobjekten: eine Triebobjektperversion ist entstanden!

Frustrationssituationen, das sind Blockierungen eines bestimmten Strebens, also Enttäuschungen, lösen ähnliche Verhaltensweisen aus, wie sie in Konfliktsituationen auftreten. Während aber bei Konfliktsituationen zwei einander ausschließende Triebrichtungen gleichzeitig erregt werden, wird bei einer Frustration nur eine Triebhandlung durch Innenfaktoren und vorhandene Schlüsselreize stark erregt, ihrer Ausführung stehen aber äußere oder innere Umstände entgegen und verhindern die spannungslösende Endhandlung.

Beispiel: Einer im Versuchskäfig gehaltenen Katze wird das Futter außerhalb des Käfigs hingelegt. So viel sie auch angelt, sie kann das Futter nicht erreichen. Es entsteht eine Frustrationssituation, die je nach individueller Veranlagung mehr zu Depression und völliger Inaktivität, oder zu gehäuftem Harn- oder Kotabsatz (Übersprung!), in weniger erregungsintensiven Fällen zu ausschließlichem oder gehäuftem Übersprung auf – sichtlich »nervös«

übertriebenes – Fellputzen oder Kratzen hinter dem Ohr führt (Körperpflegeverhalten).

Alle Instinkthandlungen, die an Tieren einer bestimmten Tierart beobachtet werden können, werden als artspezifisches Verhaltensinventar bezeichnet. Katalogisiert ergibt das ein Ethogramm. Um die Übersicht zu erleichtern, werden die verschiedenen Instinkthandlungen nach ihrem offensichtlichen oder vermuteten biologischem Zweck ganz speziellen Umweltbeziehungs- oder Funktionskreisen zugeordnet. Und davon gibt es eine ganze Menge.

Das bekannte Sexualverhalten beispielsweise, dann das Pflege- und Mutterverhalten, das vom Fachmann auch als epimeletisches Verhalten bezeichnet wird. Dann das et-epimeletische oder Jungtierverhalten, das Pflegehandlungen auslöst und Aufmerksamkeit erregen soll. Das Beutejagdverhalten ist ebenso ein eigener Funktionskreis wie das Nahrungsaufnahmeverhalten, das Körperausscheidungsverhalten, das Putzverhalten, das der eigenen Körperpflege dient, und das Ruhe- und Schlafverhalten. Ferner das Flucht- und Meideverhalten, das auch Feindvermeidung, Ausweichen und Deckungnehmen – beispielsweise vor Naturkatastrophen – einschließt. Freilich klappt das mit der Zuordnung nicht immer ganz so wie es ursprünglich gedacht war: Fortbewegungsweise, Sozial- und Territorialverhalten lassen sich durch fast alle Hauptinstinkte verfolgen. Das Territorialverhalten ist sogar bei ein und demselben Tier graduell abgestuft. Das Heim erster Ordnung ist sozusagen das Zentrum: es umfaßt Schlaf-, Ruhe- und Wurflager sowie den Freßplatz. Dieses Heim erster Ordnung wird verständlicherweise nicht beschmutzt: hat Mieze beispielsweise ein Loch in der Tür, durch das sie das Heim erster Ordnung verlassen kann, wird sie auf diese Art und Weise automatisch stubenrein. Denn die Stubenreinheit der Katze beruht auf der Instinkttendenz, im eigenen Territorium Kot und Harn an bestimmten Stellen zu vergraben und nur an Reviergrenzen zu Markierungszwecken zu benutzen. Dieser Instinkt reift schon in sehr zartem Alter.

Das Zentrum wird aber auch verteidigt, und zwar ohne Pardon. Es ist der Katze absolut egal, ob ein fremder Artgenosse absichtlich oder nur deshalb ihr Heim erster Ordnung betritt, weil er sich verirrt hat. Sie vertreibt ihn gnadenlos.

Um dieses Zentrum herum erstreckt sich – hier etwas schematisiert – das Heim zweiter Ordnung, das Sexualterritorium. Der Kater betrachtet jede Mieze, die in diesen Bereich eindringt, gewissermaßen als seinen persönlichen Besitz und hofiert sie so lange, bis sie paarungsbereit ist und mit ihm die Wohnung teilt. Ganz klar, daß der Kater sein Heim zweiter Ordnung auch entsprechend abgrenzt: er tut dies, indem er ein für die menschliche Nase entsetzlich stinkendes Sekret aus seinen Analbeuteln auf markante Geländepunkte absetzt. Auch mit Urin wird markiert. Aber nicht nur Kater markieren, auch Hunde tun dies bekanntlich. Der Rüde

Wie bei Menschen ist auch bei Katzen der erste Kontakt, die erste Begegnung für die künftige Einstellung entscheidend. Allerdings wird diese Einstellung nicht so starr fixiert, daß sie später nicht durch andersartige Erfahrungen gelöscht werden kann. Wenn sich die Katze beim ersten Kontakt so benimmt, wie auf diesem Bild, ist – vorläufig – alles in Ordnung. Die Haltung signalisiert freundschaftliches Interesse.

hebt das Bein und viele Hunde scharren nach dem Kotabsatz ausgiebig den Boden auf: die Artgenossen sollen wissen, wer hier regelmäßig spazieren zu gehen pflegt. Das Markieren ist ebenfalls eine Instinkthandlung. Sie hat den Zweck, mit Artgenossen in Kontakt zu kommen – oder sie zu warnen, je nachdem. Solche Instinktbewegungen bezeichnet man ebenfalls als soziale Auslöser. Jene sozialen Auslöser hingegen, die den direkten persönlichen Umgang mit Artgenossen regeln, sind Ausdrucksbewegungen. Sie bewirken zumeist entweder eine Erregung zu gemeinsamer Tätigkeit, eine Stimmungsansteckung, die »Social Facilitation« genannt wird. Durch eine Ausdrucksbewegung kann aber auch die Hemmung einer Appetenzhandlung (»Social Inhibition«) oder ein Stimmungsumschwung erreicht werden.

Über den engeren Wohnbezirk mit dem Heim erster und eventuell zweiter Ordnung hinaus gibt es dann noch die Nahrungsreviere. Bei Kühen ist es die Weide, beim Raubtier Katze das Jagdgebiet, das man in Streifrevier und das eigentliche Beutefanggebiet unterteilt. Die oft sehr großen Jagdgebiete benachbarter Katzen überlappen einander beträchtlich, wobei an einmal begangenen Wegen durchs Revier sehr genau festgehalten wird. So kommt es, daß mehrere Katzen in ein und demselben Revier jagen. Daß sie einander dabei nicht in die Quere kommen, liegt ebenfalls an der Art der angeborenen Instinktausstattung.

Katzen, die ja im allgemeinen ihren Kot vergraben, machen plötzlich beim Betreten des Jagdreviers das Gegenteil: sie setzen Kot ab und lassen diesen liegen. Kommt nun einer der Anrainer, der auf demselben Weg ins Revier will, merkt er an der frischen Duftmarke, daß der gemeinsame Anstand zur Zeit besetzt ist. Mieze ändert daraufhin die Richtung, denn auch sie will beim Jagen nicht durch Nachbars Katze gestört werden. Dabei ist das Rotlicht des abgesetzten Kotes manchmal gar nicht unbedingt erforderlich. Wenn zwei Katzen einander von weitem sehen, warten zunächst beide taktvoll, bis eine den Weg fortsetzt oder sich zurückzieht. Hier entscheidet der »Rang« des Tieres. Dieser Rang ist abhängig vom Begegnungsort und man spricht dabei von einer relativen Rangordnung.

Die Besonderheit des Kotabsetzens am Eingang zum Jagdrevier wird uns bei der Behandlung der verschiedenen Ursachen plötzlichen Verlustes der Stubenreinheit nochmals beschäftigen.

Katzen haben auch einen ausgeprägten Zeitsinn, womit nicht nur der übergeordnete Saison- oder Jahresrhythmus gemeint ist. Ein Katzentag beginnt frühmorgens mit einem Rundgang durchs Revier. Handelt es sich um eine mit Menschen gut vertraute Katze, dann ist sie »zufällig« zum Frühstück ihrer menschlichen Freunde wieder zurück, das sie mit einem kurzen Nickerchen beschließt. Dieses Nickerchen wird nur kurz unterbrochen, bevor es in den Mittagsschlaf mündet. Vom späten Nachmittag bis zur Dämmerung sind Katzen aktiv: Nachtmahl, Verdauung und Revierspaziergang stehen auf dem Programm. Und wer jetzt behauptet, Mieze sei eine Schlafmütze, tut ihr unrecht. Denn so manches Mäuslein hat diese Fehleinschätzung schon mit dem Leben bezahlt. Mieze kann nahezu übergangslos jedes noch so ausgedehnte Nickerchen beenden, wenn ein Beutetier in der Nähe ist.

Katzen haben aber nicht nur eine ganz bestimmte Vorliebe für einen ganz bestimmten Weg ins Revier, sondern auch einen speziellen aufs Revier bezogenen Zeitsinn: ein bestimmtes Revier wird meist auch nur zu bestimmten Zeiten betreten. Mieze hängt eben an ihrem Revier und sie will darin ungestört Beute machen können. Sehr zum Unterschied von hundeartigen Raubtieren: die sind weniger auf ein Revier eingeschworen und ergreifen zeitweilig von neuen Revieren Besitz. Hundeartige lassen sich auch durch die

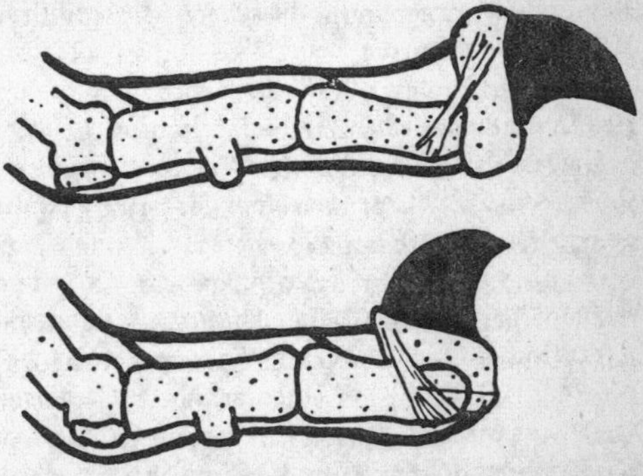

Die Katzenzehe ist die beste Demonstration des Hebelprinzips. Das Endglied wirkt nach dem Hebelprinzip und ermöglicht Ausstrecken (oben) und Einziehen der Kralle (unten).

Anwesenheit eines benachbarten Artgenossen nicht vom Betreten des Reviers abhalten. Wolfsfamilien heulen sich beispielsweise zusammen, um dann gemeinsam auf die Jagd zu gehen.

Begegnen einander zwei fremde Katzen, dann hängen ihre Verhaltensweisen sehr entscheidend davon ab, wo die Begegnung stattfindet: auf neutralem Boden, auf eigenem Territorium oder an der Reviergrenze. Auf eigenem Territorium wird selbst die schwächste Mieze zum Berserker, während sich die Eingedrungene, auch wenn sie noch so überlegen ist, eher fluchtbereit zeigt. Gibt sie wirklich Fersengeld, wird sie von der Revierinhaberin noch ein Stück verfolgt.

An Katzenraufereien ist interessant, daß sich die schwächer fühlende Katze viel heftiger gebärdet, viel mehr Wirbel macht und viel intensiver faucht. So kommt es, daß die »niedrigere« Katze oft als erste zuschlägt, um dann sofort die Flucht zu ergreifen. Übrigens: die mutigere Katze kann man auch an den aufgestellten Ohren erkennen.

Begegnen einander zwei fremde Katzen in einem für beide unbekannten Raum, dann beginnt ein ebenfalls im Instinkt begründetes Zeremoniell damit, daß vorerst einmal überhaupt nichts passiert. Jede Katze untersucht allein den Raum und dabei kann es nun einmal vorkommen, daß die beiden aufeinanderstoßen. Vorerst stehen sie einander Nase gegen Nase gegenüber und jede versucht, die Flanken der anderen bis zur After-Genital-Region hin zu beschnuppern. Eine intime, plumpe Vertraulichkeit, die an sich keine der beiden Miezen duldet, jede aber für sich beanspruchen will. Und nachdem dem Starken die Welt gehört, schreitet die Mutigere der beiden in der Untersuchungstätigkeit fort. So kommt dann, was kommen muß: die scheue Mieze fühlt sich bedrängt und geht in die Defensive, was sie zu heftigem Fauchen und kräftigen Tatzenhieben zwingt. Außerdem wird sie zu fliehen versuchen, und zwar vorzugsweise auf einen erhöhten Platz: dort ist sie vor weiteren, ihr unangenehmen Vertraulichkeiten sicher. In dieser Verhaltensweise liegt auch einer der Gründe, warum es zur sprichwörtlichen Feindschaft zwischen Hund und Katze kommen kann. Der Hund, gewohnt das Analgesicht zu sehen oder besser zu riechen, beginnt mit seiner Untersuchung schnurstracks bei der Ano-Genital-Region. Was die Katze zu Fauchen, Tatzenhieben und letztlich zur Flucht auf einen erhöhten Gegenstand – Baum oder Zaun – veranlaßt. »Wie brutal so ein Hund« – in den Augen der Katze – »geht forsch drauflos und wartet gar nicht, ob ihm die Analkontrolle überhaupt gestattet wird«. Ein hocherhobener Schwanz bedeutet bei Katzen grünes Licht für die Analkontrolle. Elterntiere und auch der menschliche Pfleger und andere gut bekannte, befreundete Lebewesen werden mit hocherhobenem Schwanz begrüßt. Handelt es sich um zwei gleichwertige Katzen, dann zeigen sie nach dem Beriechen manchmal das schon beschriebene Flehmen, um dann wieder friedlich ihrer Wege zu gehen. Ist hingegen eine Katze unterlegen, vermeidet sie nicht nur sich hinten beriechen zu lassen, sondern auch die andere bloß anzusehen: Mieze schaut geflissentlich weg. Und das mit gutem Grund: durch den Kontaktabbruch mindert sie den Angriffsreiz der überlegenen Katze und vermeidet es auch, sich selbst provozieren zu lassen. Wie feinfühlig doch Katzen sind!

Wie bei den Menschen, so entscheidet unter Katzen auch oft der erste Eindruck. Von den Reaktionen eines bisher fremden Tieres bei der Begegnung hängt häufig die künftige Einstellung Miezes allen Vertretern dieser Tierart gegenüber ab. Allerdings wird diese Einstellung nicht so starr fixiert, daß sie nicht durch spätere, andersartige Erfahrungen gelöscht werden könnte. Auch eine Katze kann durch Erfahrungen umlernen. Und Katzen lernen gar viel. Interessant ist in diesem Zusammenhang ein Experiment, das mit einer isoliert aufgezogenen Katze unternommen wurde: sie hatte bis zu diesem Versuch keine Möglichkeit, andere Tiere – egal, ob Beute- oder Feindtiere – kennenzulernen. Folglich behandelte sie vorerst jedes Säugetier wie einen Artgenossen: Nase an Nase, Beschnuppern der Flanken und so fort. Das ging aber nur bis zu jenem Punkt gut, bei dem das Fremdtier irgendeine Bewegung machte, die bei der Katze als Schlüsselreiz – und damit als Auslöser für eine bestimmte Instinkthandlung – fungierte: Wenn die Maus davonläuft, wird sie zum Beuteobjekt (um nur eines vieler solcher Beispiele zu nennen). Es gibt allerdings bestimmte Ausnahmesituationen, unter denen selbst von einem superoptimalen Schlüsselreiz bestimmte Instinktbewegungen nicht ausgelöst werden können. Dies etwa, wenn ein Mutter-Kind-Verhältnis, eine erworbene Kumpanbeziehung, Prägungsvorgänge besonderer Art, bestehende Aggressionshemmung im Heim erster Ordnung vorliegen. Ist das der Fall, dann kann man Katzen ohne weiteres sogar mit weißen Mäusen aufziehen. Das Schlimmste, was den Mäusen passieren kann, ist, daß sie im gemeinsamen Spiel ein wenig beschädigt werden. Als Beutetier werden sie aber, als persönliche Bekannte Miezes, nicht behandelt.

Will man zwei fremde Katzen aneinander gewöhnen, sollte man gewisse Spielregeln einhalten. So soll die erste Begegnung auf neutralem Boden stattfinden, um Schwierigkeiten zu vermeiden. Denn kommt eine Katze neu in ein Haus, in dem sich bereits eine als Alleinherrscherin fühlt, kann sie, im Falle des Unterliegens, durch diesen Schock beispielsweise die Stubenreinheit verlieren. Das ist dort bereits vorgekommen, wo sich die Neue durch individuelle Temperamentsunterschiede gegenüber der Alteingesessenen besonders dreist und forsch benommen hat. Absolut verständlich: stellen Sie sich einmal vor, in Ihre Wohnung käme ein Wildfremder. Wenn Sie sich weiter vorstellen, daß er Ihr Badezimmer benützt, den Fernseher anstellt, die Hausbar plündert, um sich dann in Ihrem Pyjama zur Ruhe zu begeben, können Sie ermessen, wie Mieze zumute ist.

Katzen sind standorttreu. Das zähe Festhalten am Jagdrevier, wie wir es schon beschrieben haben, mag auch damit zusammenhängen, daß sie einen günstigen Beuteort nicht mit der Nase ausfindig machen können. Mieze muß sich deshalb die Örtlichkeiten erfolgreicher Fangerlebnisse gut einprägen. Sie verfügt daher besonders im Funktionskreis des Beuteverhaltens über eine erstaunliche Lernfähigkeit und Intelligenz. Muß sie wohl auch, denn erstens ist die Katze im allgemeinen freilebend und zweitens als erwachsenes Tier auf sich allein gestellt. Mit starr vorgegebener Instinktausrüstung allein käme sie in der wechselvollen Wirklichkeit ihrer Umwelt nicht zurecht.

Die Lehrzeit, die eine junge Katze bei ihrer Mutter absolviert, dauert nicht lang, wird aber intensiv genützt. Erst dann, wenn die Katzenkinder sicher auf den Beinen sind, werden sie von der Mutter zu kurzen Ausflügen mitgenommen. Und im Alter von etwa einem halben Jahr, kurz vor Auflösung der Familie, werden die Halbwüchsigen auf die Jagd mitgenommen. Nicht angeboren ist den Kleinen ein Feindschema. Außer durch eigene schlechte Erfahrungen können sie durch Mutters Warnverhalten erlernen, daß es auch Feinde gibt. Das kunstgerechte Töten mit einem Biß liegt zwar vor, wie andere Instinktleistungen auch, latent als fertig vorprogrammierte Schaltung im Gehirn bereit, bedarf aber, um aus dem Dornröschenschlaf erstmalig erweckt zu werden, einer Zusatzerregung, die über die ansonsten nötigen Schlüsselreize hinausgeht.

So kommt die Mutterkatze zunächst mit einer bereits getöteten Maus ins Nest, zeigt sie den Kindern – und frißt sie unter starkem Knurren selbst. Erst im Alter von sechs Wochen bekommen die Kätzchen die erste lebende Beute vorgesetzt. Mutter läßt das Mäuslein laufen und fängt es wieder. Bis die Katzenkinder im Eifer der Konkurrenzsituation fester zubeißen, als sie es bislang beim Beutehaschen taten: und damit ist es passiert. Von jetzt an können die Jungkatzen töten. Mutter weiß auch, was man Katzenkindern zumuten kann: bestenfalls eine Maus, niemals eine gefährliche Ratte.

Zur besseren Anpassung an die jeweilige »Marktsituation« ist das Beuteschema weit und unspezifisch gehalten. Auf alle knisternden, kratzenden, schürfenden Geräusche, also Geräusche, die an eine Maus erinnern, reagiert die Katze blitzartig mit orientierenden Blick- und Ohrwendungen. Außer einer Orientierung der Sinnesorgane in Richtung auf die Reizquelle, stellt dies gleichzeitig eine Art Appetenzhandlung zum Beutefangen dar: Miezes Jagdstimmung wird aktiviert. Jedes nicht zu große Objekt, egal, welcher Farbe und welcher Gestalt, spricht als Beuteschema den angeborenen auslösenden Mechanismus für die Instinkthandlung des Annäherns an die Beute an. Einzige Bedingung: das Objekt muß sich bewegen, und zwar seitlich zur Katze oder von ihr weg. Ist diese Bedingung erfüllt, beginnt Mieze mit Schleichlaufen, Anschleichen, Lauern, Ansprung und Zufassen. Wobei sie in der höchsten Erregung, knapp vor dem Absprung, ein wenig mit dem Hinterteil wackelt. Beim Schleichlaufen läuft die Katze, den ganzen Körper tief geduckt und jede Deckung ausnützend, auf das Beutetier zu. In der Lauerstellung kann sie sehr lange verharren: sie nützt eine natürliche Deckung und wendet diese Stellung erst dann an, wenn sie nahe genug am Beutetier ist. Beim Anspringen stemmt Mieze die Hinterfüße fest in den Boden und bleibt auch während des Sprunges geduckt. Mitunter schlägt sie seitlich von unten her zu, und zwar dann, wenn die Beute sich nicht »bißgerecht« vor dem Raubtierrachen befindet. Der Tötungsbiß erfolgt ziemlich genau in den Nacken des Opfers und ist die einzige Art zu töten, die die Katze kennt.

Junge Katzen, die im Alter von sechs bis zwanzig Wochen keine lebende Beute gesehen haben, töten oft ihr ganzes Leben nicht. Denn der Tötungsbiß ist, wie schon erwähnt, nicht vollständig angeboren. Das hat seine guten Gründe: wird doch der Nackenbiß in gehemmter Form als Nackengriff beim Umhertragen der Jungen und bei der Paarung angewendet. So gesehen ist Miezes Tötungshemmung durchaus logisch: wo sie nicht funktioniert, kann es zur Tötung von Jungtieren oder Geschlechtspartnern kommen.

Gelegentlich passiert es aber auch der raffiniertesten Katze, daß sie sich im Opfer gewissermaßen verschätzt. Dann wird das Angriffsverhalten durch das Abwehrverhalten zeitweise überlagert. Die Katze muß sich auch verteidigen, um mit heiler Haut davonzukommen. Zu diesem Zweck dienen Tatzenhiebe, die uns wie Ohrfeigen anmuten. Angesichts übermächtiger Gegner und fehlender Fluchtmöglichkeit legt sich die Katze sogar auf den Rücken, fährt alle Krallen aus und hat somit immerhin an vier Pfoten 20 scharfe Abwehrwaffen zur Verfügung.

Manchmal versucht die Katze auch mehrere Überraschungsangriffe auf große Beute oder einen Feind wie beispielsweise Nachbars Hund. Zwischen diesen Überraschungsangriffen zieht sie sich immer wieder zurück und lauert. Mutterkatzen sind gegen mögliche Feinde besonders aggressiv. Auch einen Freudentanz hat Mieze in ihrem Instinktrepertoire. Der Fachmann sagt dazu zwar Erleichterungsspiel, aber es kommt auf das gleiche hinaus. Nach bestandenem schweren Kampf, etwa mit einer ausgewachsenen Ratte, bleibt der Katze keine andere Wahl: denn ein Kampf besteht aus Angst und Aggression. Nur dann, wenn Mieze die Angst überwindet, kann sie kämpfen und siegen. Ist die Beute erlegt und getötet, fällt die Angst weg und die noch vorhandene Aggressionsenergie wird in

Muskelbewegungen investiert, damit Miezes Nervensystem wieder zu Ruhe und Ausgeglichenheit findet. Nachdem es weder etwas zu erbeuten gibt – das hat die Katze ja schon hinter sich –, noch ein Fluchtgrund vorhanden ist, kann die übriggebliebene, einmal entfesselte Energie nicht in der zum Funktionskreis gehörenden Endhandlung abreagiert werden. Folglich beginnt Mieze zu »tanzen«, bis die Erregung gelöst ist.

Erst nach diesem Freudentanz nimmt sie im Rahmen einer stark ritualisierten Handlungsweise, die zunächst ohne praktischen Sinn erscheint, die Beute mit den Zähnen lose am Nacken auf. Verschiedentlich legt sie die Beute wieder ab, warum sie das tut ist noch nicht ganz geklärt: denn die Katze macht das auch bei den kleinsten Beutetieren, so daß Müdigkeit als Beweggrund ausscheidet. Ein optisches Reizschema, die Gliederung der Beute in Kopf und Rumpf, »sagt« der Katze, wo sie anpacken muß, sowohl beim Töten als auch beim Zupacken. Ungegliederte Objekte werden nämlich an beliebigen Stellen gepackt.

Sofern die Katze hungrig ist, leitet der Geruchssinn vom Beuteverhalten in den Funktionskreis des Nahrungsverhaltens über. Der Geruchssinn entscheidet, ob die Beute angeschnitten wird. Unter Anschneiden versteht man das Zerteilen mit den Reißzähnen in kleine Streifen. Der Geschmackssinn ist am Zustandekommen von Kau- und Schluckbewegungen beteiligt. Eine Katze frißt ihre Beutetiere nicht an einer beliebigen Stelle an. Nur Fleischbrocken nimmt sie, wie sie kommen. Bei Beutetieren frißt Mieze immer von vorne nach hinten. Und die Barthaare, die ihr den richtigen Fellstrich signalisieren, sind verläßlich: Man hat einer toten Maus den Kopf abgeschnitten und am Hinterteil angenäht. Die Katze begann beim Kopf zu fressen. Als sie das Hinterteil erreichte, fraß sie vom Hals zum Rumpf weiter. Ungerichtet frißt sie, wenn ihr die Tasthaare abgeschnitten wurden.

Trotz vieler verschiedener möglicher Beutetiere hat die Katze auf Grund der sog. Erbkoordination nur eine einzige angeborene Jagdmethode, die sich zwar für Kleinnager bestens, für Vögel aber nicht optimal eignet. Daran liegt es, daß die Katze, trotz eifrigen Nachstellens, Vögel viel seltener erwischt. Natürlich gibt es unter den Katzen auch ausgesprochene Vogelspezialisten, aber die Regel sind sie nicht.

Ob es sich bei der Jagdmethode, mit einem Prankenhieb Fische aus dem Wasser zu angeln, um eine erlernte Abänderung der arttypischen Beutefangmethode oder um angeborenes Verhalten handelt, wurde noch nicht genügend untersucht.

Nahrungsaufnahmeverhalten und Beuteinstinkt gehören zwei verschiedenen Triebkreisen an. Kann man das Beuteverhalten mit Attrappen auslösen, so läßt sich das Nahrungsaufnahmeverhalten damit nicht stimulieren: Mieze fängt die Attrappe zwar, frißt sie aber nicht an. Jeder dieser beiden Triebkreise muß für sich allein befriedigt werden. Die Befriedigung des einen kann nicht die des anderen ersetzen. Das ist der Grund, warum auch satte Katzen jagen und hungrige angesichts einer lebenden Maus oder einer bewegten Attrappe manchmal sogar noch so verlockendes Futter in der Schüssel zunächst stehenlassen, nach befriedigtem Beuteinstinkt dann aber nicht die Maus, sondern das schmackhaftere Futter fressen.

Bei Katzen, die lange Zeit keine Mäuse gefangen und dann endlich Gelegenheit haben, eine Maus zu erbeuten, kann man das bekannte sogenannte Stauungsspiel beobachten, das viele Menschen als Grausamkeit empfinden. Auch dieses Stauungsspiel ist angeboren und relativ unveränderlich, wie jede Instinkthandlung: die gefangene Beute wird nicht sofort getötet. Laufenlassen, Haschen, Durch-die-Luft-Schleudern sind die einzelnen Stationen dieser Handlungskette, mit der die Katze lang aufgestaute Triebenergien der einzelnen Anteile des Beuteinstinktes abreagiert. Viele Instinkthandlungen der Katze, die den betreuenden Menschen gelegentlich sehr stören, stammen aus dem Funktionskreis des Sexualverhaltens. Das Sexualverhalten wird außer durch Vorgänge im Zentralnervensystem auch erheblich von hormonellen Einflüssen geregelt. Katzendamen haben mehrere jahreszeitlich bedingte Oestrus-Zyklen, die sich auch nach dem geographischen Lebensraum richten: in nördlichen Gegenden gibt es Spitzen von Mitte Januar bis Anfang März, dann im Mai und im Juni. In südlicheren Breiten leben Katzen zeitverschoben, dort treten die Spitzen früher auf.

Die ersten Zyklusansätze zeigt die Katze im Alter von sechs bis acht Monaten. Verschiedene Berichte fixieren das Pubertätsalter freilebender Katzendamen aber auch zwischen einem Alter von 15 bis 18 Monaten. Die Zyklen treten zu den entsprechenden Jahreszeiten in Intervallen von zwei bis drei Wochen – bei Stubenkatzen mehrmals hintereinander – auf. Die Empfängnisbereitschaft dauert vier bis sechs Tage, hat keine Paarung stattgefunden, dauert sie bis zu zehn Tagen.

In den ersten Tagen der Hitze reibt die Katze ihren Kopf am Boden und an allerlei Gegenständen. Dieses sexuell getönte Kontaktbedürfnis bezeichnen wir als Köpfchengeben. Es wird später durch das

Wälzen ergänzt, das oft mit Instinktbewegungen des Körperpflege- und Komfortverhaltens, wie Augenwäsche, Pfoten-Belecken und Krallen-Schärfen, überlagert wird. Ein Pendant dazu haben auch wir Menschen zu bieten. Dann nämlich, wenn der Herr Sohn oder das Fräulein Tochter im Pubertätsalter plötzlich stundenlang vor dem Spiegel stehen und sich mit allerlei Riechwässerchen salben.

Gegen das Stadium der Hochbrunst hin zeigt dann die Katze während des Flankenreibens auch ein Zucken und Zittern, das von der Aftergegend bis zur Schwanzspitze reicht. Mieze ist also paarungswillig und paarungsbereit. Die Rolligkeit besteht während einer Zeit von drei bis acht Tagen. Auch dann, wenn die Katze bereits zu Beginn gedeckt wurde. Die Paarung findet normalerweise während der Zyklen statt. Daß es auch Ausnahmen gibt, liegt am Kater: er ist das ganze Jahr über sexuell erregbar, und es bereitet keine Schwierigkeiten, einen erfahrenen Casanova jederzeit zu Sexualhandlungen zu veranlassen. Mit einer Ausnahme: in einem fremden Raum kann er auch der verführerischsten Mieze nichts abgewinnen. Die Untersuchung des Raumes ist für ihn vorrangig. Wer also Katzennachwuchs haben möchte, sollte die Katze zum Kater bringen. Umgekehrt sind die Chancen nämlich gleich Null.

Die Pubertät erreicht der Kater im Alter von acht Monaten, verschiedene Techniken wie Aufspringen und Nackenbiß »übt« er aber schon ab dem vierten Lebensmonat. Die Kastration des Katers vor der Pubertät verhindert das Auftreten normalen Paarungsverhaltens. Nachpubertäre Kastrationen zeigen hingegen Wirkungen, die vom rapiden Absinken des Sexualverhaltens bis lediglich zu einer gewissen Abnahme der Paarungsfrequenz reichen. Kater, die kastriert wurden, um das übelriechende Markieren zu verhindern, bleiben mehr zu Hause und raufen weniger mit ihresgleichen. An Temperament, Intelligenz oder Jagdlust büßen kastrierte Kater nichts ein.

Bevor der Kater mit seinen Paarungsaktivitäten beginnt, untersucht er einmal sehr genau die Gegend und markiert, indem er Gegenstände in dem betreffenden Gebiet mit Urin bespritzt. Auch die Katzendame uriniert nach der Untersuchung der Paarungsgegend. Ihr sexuelles Verhalten ist aber daran nicht so sehr gebunden.

Trifft also ein erfahrener Katzen-Casanova auf eine sich im Oestrus-Zyklus befindliche Katze und hat er die Untersuchung und Kennzeichnung des Paarungsgebietes beendet, konzentriert er sich auf seine Partnerin. Er stößt einen »Sexruf« aus und beschnuppert Miezes Genitalgegend. Weil aber jede Dame erobert sein will, hält sich auch Mieze an die Spielregeln: dem sich nähernden Kater wird vorerst in einem Anflug von Koketterie keine direkte Annäherung gestattet. Mieze läuft ein Stück davon und stellt dort ihre Katzenreize erneut demonstrativ zur Schau. In diesem Stadium haben allzu stürmische Kater schon manchen Prankenhieb einstecken müssen. War Mieze im Stadium der Hochbrunst, hat der Kater Glück: sie duldet den Deckakt und die Prankenhiebe waren reine Koketterie.

Ob die Katze den Deckakt duldet, zeigt sie dem Kater durch ihre Körperhaltung: das Kriechen ist eine Einladung zum Aufsteigen. Erlaubt sie's ihm, beginnt sie vorher mit den Beinen den Boden zu kneten. Man nennt das Treteln: der Vorgang erinnert an den Milchtritt des Säuglings, wie ja im Verlaufe des Sexualverhaltens verschiedene Verhaltensweisen aus der Kindheit in Aktion treten. Das Werben und Davonlaufen, Kriechen und Treteln, Lautgeben und Überschlagen dauert zwischen zehn Sekunden und fünf Minuten.

Erst dann beginnt die eigentliche Paarung. Mieze kriecht immer noch, legt den Schwanz zur Seite und krümmt ihr Hinterteil. Der Kater verbeißt sich in den Nacken seiner Partnerin, steigt zuerst mit den Vorderbeinen und dann mit den Hinterbeinen auf, reibt mit den Vorderpfoten, macht einen Katzenbuckel und führt mehrere Beckenstöße aus, die eine Erektion des dornenbewehrten Penis sicherstellen. Ein Vorgang, der zwischen einer und drei Minuten dauert.

Der jetzt folgende eigentliche Sexualakt währt etwa fünf bis zehn Sekunden. Während dieser Zeit führt der Kater den Penis ein, die Katze dreht sich gegen den Kater, es kommt zur Ejakulation und der Kater zieht den Penis wieder zurück.

Das Nachspiel dauert weniger als eine Minute: der Kater beleckt Penis und Vorderpfoten. Er sitzt neben Mieze, die ihrerseits ihre Genitalien beleckt, sich rollt, Nase und Maul reibt und schlußendlich den Kater – verprügelt. Was mit seinen Liebhaberqualitäten in keinem Zusammenhang steht.

Erfahrene Paare können den Paarungsvorgang immerhin bis zu zehnmal pro Stunde wiederholen, wobei die Widerspenstigkeitsperiode zwischen den Kopulationen immer länger wird. Was Katzen absolut nicht haben, ist die Fähigkeit, ihre eigene Populationsdichte zu kontrollieren. Deshalb ist es um so interessanter, daß trotz fehlender Geburtenregelung immer ein gewisses ökologisches Gleichgewicht zwischen den verfügbaren Nagetieren und dem Katzennachwuchs herrscht.

Wie bei Tieren in zoologischen Gärten treten auch bei Stubenkatzen Veränderungen in der jahreszeitlichen Periodik des Sexualzyklus auf. Die Stubenkatze in der Großstadt wird viel häufiger rollig. Besonders dann, wenn sie nie gedeckt wurde oder ihr die Jungen sofort nach der Geburt abgenommen wurden. Durch Verabreichung spezieller Hormonpräparate oder operative Sterilisation kann das Problem beseitigt werden.

Instinktbewegungen aus dem Funktionskreis des Sexualverhaltens kommen als Ausdruck der Zuneigung auch außerhalb der Hitzeperiode zum Einsatz, und zwar gegenüber dem Menschen, mit dem die Katze besonders vertraut ist. Ihn behandelt Mieze wie einen Ersatzpartner: sie wälzt sich vor ihm wie vor dem Kater und drückt mit dieser Sexualhandlung genau dasselbe aus, was sie dem Kater sagen will, nämlich liebende Werbung. Um »Liebe« auszudrücken, hat eine Katze ein gewisses Repertoire an Bewegungen, das teils dem Sexualverhalten, teils dem epimeletischen, teils dem et-epimeletischen* Funktionskreis entstammt. Klar, daß sie dieses Repertoire auch dem Menschen gegenüber anwendet: andere Ausdrucksformen, um diese Emotionen zu signalisieren, hat Mieze ja nicht. Klassisches Beispiel dafür ist der hoch erhobene Schwanz: dem Menschen gegenüber signalisiert er freudige Begrüßung, so wie Katzenkinder ihre mit Beute heimkehrenden Elterntiere begrüßen. Das mißgedeutete Liebesgeschrei der Katzen, das einem vornehmlich im Frühjahr und im Herbst am Schlafen hindert, gehört ebenfalls in den Funktionskreis des Sexualverhaltens. Der »Liebesschrei« gilt zwar nicht der Katze und ist auch kein Liebesgesang: dieser ist leise und erinnert an das Gurren der Tauben. Vielmehr gilt das lautstarke Getue eines Katers einem möglicherweise in der Nähe lauernden Rivalen: es soll ihn abschrecken und vertreiben und geht einem Katerkampf geraume Zeit voraus. Begegnen einander nämlich zwei Kater, dann schreien sie vorerst und hüpfen in charakteristischer aufgekrümmter Stellung steifbeinig aufeinander los, wobei die Schwänze recht kräftig seitlich hin und her schlagen. Mit diesem Imponiergehabe will einer dem anderen Schrecken einjagen. Obwohl die Prioritäten, fachmännisch als Dominanzreihung bezeichnet, bei Katzen nicht sehr klar und transparent ausgeprägt sind. Freilebende Kater, die einander zum erstenmal begegnen, machen zwar einen Höllenlärm und pflegen sehr hart und erbarmungslos gegeneinander zu kämpfen, bei späteren Begegnungen gibt es aber nur selten echte Kämpfe. Auch dann nicht, wenn eine rollige Katze in der Nähe ist. Denn die richtet sich

* Die Ausdrücke stammen aus dem angloamerikanischen Sprachgebrauch und bedeuten Fürsorgeverhalten (epimeletisch) und Kindverhalten (et-epimeletisch).

nicht nach Sieg oder Niederlage. In Katerkämpfen, die revierunabhängig ausgetragen werden, erwerben sich die Tiere zwar einen Rang innerhalb einer absoluten Rangordnung, aber dieser Rang hilft dem siegreichen Casanova nicht viel. Mieze sucht sich ihren Liebhaber selber aus, und ihre Wahl fällt nicht immer auf den Sieger. Sie kann einem untergeordneten Kater von einer Hitzeperiode zur anderen durchaus treu bleiben. Wahrscheinlich auch deshalb, weil das den dominanten Kater überhaupt nicht stört. Er gönnt dem untergeordneten Kater durchaus die Freuden der Liebe. Die Sexualordnung scheint also so aufgebaut zu sein, daß sie gesunden Männchen das Recht auf Nachkommenschaft zubilligt, ohne einen bestimmten, dominanten Superliebhaber zu begünstigen.

Kommt es aber zum »ersten« Katerkampf, dann geht es ehrlicher und gefährlicher zu als bei der Weltmeisterschaft im Schwergewichtsboxen. Für den Unterlegenen gibt es nur eine einzige Möglichkeit: er kann sich der blutigen Walstatt nur entziehen, wenn er schleunigst Fersengeld gibt. Eine zubißhemmende Demutsgeste wie beim Hund gibt es eigentlich nicht. Denn das reglose Sitzenbleiben in Abwehrstellung hilft nicht immer allzuviel. Gibt der unterlegene Kater aber Fersengeld, ist er meist sicher, daß der Sieger nicht zur totalen Vernichtung nachstößt. Der Umschwung vom Angreifer zum Besiegten ist für entfernte Beobachter an der Stellung der Ohren erkenntlich: als Angreifer hat der Kater die Ohren steil aufgerichtet, packt ihn aber die Angst, legt er sie zurück und macht sie breit. Von da bis zur raschen Flucht dauert es nicht lang. Der Sieger hingegen droht noch eine Weile und beschnuppert den Boden.

Die Schilderung des Katerkampfes soll aber nicht bedeuten, daß Kater immer und jederzeit aggressiv gestimmt sind. Die sogenannte Bruderschaft der Kater ist dafür ein Beweis. Doch darüber später, für diesmal weg vom Kampf, zurück zur Liebe. Oder besser gesagt zu dem, was nachher kommt.

Das Produkt freier Katzenliebe erblickt nach einer Tragzeit von 60 bis 65 Tagen das Licht der Welt. Was eigentlich auch nur eine Redensart ist. Denn erstens kommen Katzen blind zur Welt und zweitens zieht sich die werdende Katzenmutter in einen finsteren Winkel zurück, in dem sie ungestört ist. Dieser Platz ist Heim erster Ordnung, Kreißsaal und Kinderzimmer zugleich. Als Gebärende hat Mieze eine Menge zu tun, sie muß durch Körperbewegungen, durch Hock- und Kriechstellungen den Geburtsvorgang erleichtern, die Nabelschnur abbeißen und sich um die Fruchtmembran kümmern, um den Kätzchen die Atmung zu ermöglichen. Nachdem das letzte Katzenkind, es wiegt zwischen 80 und 120 Gramm, geboren wurde, muß sie außerdem das erste bereits einsammeln: es hat sich ein wenig vom Wurflager entfernt. Auch das Saugen muß die Katze ihren Jungen ermöglichen: indem sie still liegt oder die Kleinen mit Bauch und Pfoten umschließt, daß sie nicht davonlaufen können. Auch während der Saugzeit ist die Katzenmutter ganz schön beschäftigt: am Anfang muß sie siebzig Prozent ihrer Zeit dem Saugen widmen und selbst in der sechsten Lebenswoche sind es immer noch zwanzig Prozent. Schließlich muß die Katzenmutter nicht nur für Nahrung, sondern auch für das Gegenteil sorgen: in den ersten vierzehn Tagen leckt sie den Katzenkindern Bäuche und After, um die Körperausscheidung herbeizuführen.

Geburts- und Säugvorgang ist bei Katzen durch angeborene Mechanismen sicher gesteuert. Und weil Mieze ein viel weniger domestiziertes Tier als beispielsweise der Hund ist, kommt es auch seltener durch Instinktverluste zu Störungen. Jungkatzen, die bei ihrer Mutter aufwachsen, verlassen ab der dritten Lebenswoche das traute Heim und versuchen ihre ersten kurzen Streifzüge. In der vierten Woche beginnen die intensiven Beziehungsspiele der Katzen, an denen sich auch die Mutter beteiligt. Von der vierten Lebenswoche an schaltet die Katzenmutter kräftig zurück, sie beteiligt sich nicht mehr an den gemeinsamen Spielen und baut ab der fünften Lebenswoche auch ihre mütterliche Fürsorge ein wenig ab. Dieses Verhalten trägt wesentlich zur raschen Entwöhnung der Jungkatzen bei.

Im Laborversuch hat man die Heranreifung der jungen Katzen exakt beobachtet: 6 bis 12 Tage brauchen sie, um die Augen zu öffnen, am 22. Tag können sie gehen, am 23. beginnen sie mit der Fellpflege und am 28. Tag mit dem Klettern. Ab dem 35. Tag beginnen ihre Spiele und am 52. Tag zeigen die Katzenkinder bereits richtiges Aggressionsverhalten. Isoliert und ohne Mutter aufgezogene Kätzchen zeigen keine großen Unterschiede im Reifungsverhalten: sie können sogar um fünf Tage früher gehen und um acht Tage früher ihr Fell pflegen. Ob die Fellpflege aber wirklich um so viel früher eingesetzt hat, läßt sich schwer sagen: die Jungen hatten nämlich die Tendenz, gegenseitig an ihren Körpern Saugbewegungen durchzuführen.

Worin sich die Waisenkatzen aber deutlich von ihren umsorgten Artgenossen unterschieden, war ihre Unruhe. Isoliert aufgezogene Katzen zeigten ein viel aktiveres, viel lauteres Verhalten. Es war so, als würden sie mit Vehemenz eine Quelle der Nahrung und Wärme suchen.

Manchmal wird der Fehler gemacht, Kätzchen zu früh von der Mutter abzusetzen. Die Nachteile für die Entwicklung der jungen Katze sind dabei sehr groß. Sie wurden ebenfalls mit einem Test festgestellt und bewiesen. Kätzchen, die bereits im Alter von zwei Wochen von der Mutter weggenommen wurden, zeigten als Erwachsene zwar eine imponierende Betriebsamkeit, aber nicht die geringste Zielstrebigkeit. In neuen Situationen waren sie am ängstlichsten, konnten nicht einmal ihre Futterbestrebungen richtig organisieren. Sie waren zwar die aggressivsten, aber auch die am wenigsten erfolgreichen. In einem Frustrationstest mit Futter zeigten sie sogar ein asthmaähnliches Atmungssyndrom.

Normalerweise ist es gar nicht so leicht, einer Katze ihre Jungen wegzunehmen. Solange die Kätzchen nicht fluchtfähig sind, verteidigt die Katzenmutter das Nest und dessen engere Umgebung verbissen. Wie viele Tiermütter hat auch die Katze während der Mutterschaft eine gesteigerte Aggressionsbereitschaft: sie nimmt es dann sogar mit überlegenen Gegnern auf, vor denen sie sonst fliehen würde.

Sind die Kätzchen schon größer, dann schleudert die Katzenmutter zuerst mit Tatzenhieben, die von einem aggressiven Fauchen begleitet werden, die Jungen ins Nest zurück. Sind sie dort einigermaßen sicher, nimmt sie den Kampf mit dem Feind auf.

Mütterliche Handlungen werden bei Mieze auch durch die akustischen Lebensäußerungen ihrer Kinder ausgelöst. Ein Junges, das das Nest verlassen hat, aber in der Nähe liegen bleibt, holt sie erst dann zurück, wenn der kleine Ausreißer schreit.

Der scheinbar lieblose Katzengriff, mit dem wir in der tierärztlichen Praxis die Katzen hochheben, löst bei vielen Katzenbesitzern Entsetzen aus. So brutal könne man eine Katze doch nicht hochheben! Und ob man kann, der Katzengriff, das Packen der Katze am Nacken, entstammt nämlich ebenfalls dem Mutterverhalten: Junge Katzen lassen sich von ihrer Mutter bereitwillig beim Genick anfassen und umhertragen, dabei tritt bei den Jungen die sogenannte Tragstarre ein: es ist der natürlichste Griff, eine Katze hochzuheben. Selbstverständlich wird man bei erwachsenen und schweren Katzen auch das Hinterteil gleichzeitig stützen.

Das spontane Entsetzen vieler Katzenfreunde bei der Anwendung des Nackengriffes ist ein weiterer Beweis dafür, daß man menschliche Verhaltens- und Empfindensweisen nicht auf Tiere übertragen kann. Die innerliche Abwehr, die der Mensch beim Katzengriff empfindet, kommt von der unbewußten Tendenz, die auf das menschliche Baby bezogenen Trageweisen auf Mieze anzuwenden. Oder umgekehrt – und da wird die Abneigung vor dem Katzengriff teilweise verständlich: beim Menschen und beim Affen bedeutet das Packen am Genick das Abführen eines Delinquenten.

Auch bei Katzen geht die schöne Kleinkindzeit schnell zu Ende. Bei großen Würfen versiegt die Milch der Mutterkatze nach etwa sechs bis acht bis zehn Wochen und das Muttertier beginnt alsbald die Jungen abzuschlagen: mit Tatzenhieben wird das nun lästige Drängen zur Milchquelle abgewehrt. Denn die Kleinen würden bis zum zwölften Lebensmonat und länger weitersaugen wollen. Hat Mieze aber nur ein einziges Jungtier, dann schlägt sie es nicht ab, weil dieses, trotz der mittlerweile hervorgetretenen spitzen Zähnchen, der Mutter nie so unangenehm wird wie ein ganzer Wurf.

Geschwister, auch wenn sie unverträglich sind, vertragen sich immer noch besser als bunt zusammengewürfelte Katzengesellschaften. Mütterliche Handlungen kann man manchmal auch zwischen Bruder und Schwester beobachten. Sogar zwischen Hunden und Katzen gibt es sie. Vorausgesetzt, daß sie gemeinsam in menschlicher Obhut großgezogen wurden. Freilich werden solche Handlungen von bereits erwachenden Sexualinstinkten überlagert. Hauskatzen, besonders wenn sie in menschlicher Nähe aufgewachsen sind, bleiben viel länger kindlich und spielfreudig als Wildkatzenkinder. Es ist nun einmal eine Tatsache: verlängerte Jugendlichkeit und gehemmte Reifung sind typisch domestikationsbedingt.

Jugendliche Kater zeigen gegenüber erwachsenen nie Kampfbereitschaft oder ernstes Imponiergehabe. Sie genießen etwa ein Jahr lang sozusagen »Narrenfreiheit«: erwachsene Kater nehmen die Jungen auch dann nicht ernst, wenn sie sich wirklich einmal wie Halbstarke gebärden. Es kommt aber vor, daß junge Kater Andeutungen weiblicher Unterwürfigkeit, Schwänzchenheben zur Begrüßung – wie Weibchen während der Hochbrunst – und noch einige andere et-epimeletische Auslöser zeigen. Denn weibliche und kindliche Verhaltensweisen erfüllen auch unter erwachsenen Tieren oft die Funktion eines Besänftigers. Das Schmeicheln Klein-Franzis nach einer schlechten Schulnote, hat beim Herrn Papa ja auch aggressionsbeschwichtigende Auslöserwirkung: die Ohrfeige unterbleibt und an ihre Stelle tritt vergleichsweise harmloses Schimpfen. Mimik, Pantomimik und Lautgeben spielt als soziales Ausdrucksverhalten besonders im Funktionskreis des Sexualverhaltens und dem der Mutterschaft eine bedeutende Rolle. Das zufriedene und behagliche Miezengesicht, die aggressiv-drohende Körperhaltung mit der charakteristischen Augen-, Ohren- und Lippenstellung, das begrüßende Entgegenkommen, der Ausdruck aufkeimender Angst und Abwehrstimmung, typische Depression, das Bild neugierig-interessierter Aufmerksamkeit und das als Imponiergehabe bezeichnete steif erhobene Hinterteil mit dem peitschenden Schwanz: das alles ist Ausdrucksverhalten.

Flucht- und Feindmeideverhalten, mit anderen Worten Miezes Selbsterhaltungstrieb, unterliegt ebenfalls bestimmten angeborenen Verhaltensweisen.

Eine Katze ist zwar nicht feig, trotzdem flieht sie vor eindeutig überlegenen Gegnern. Und wenn's gar nicht anders geht, ist sie auch bereit, sich den Fluchtweg durch blitzschnelle Scheinkämpfe zu erzwingen. Das ist der Fall, wenn der Feind zu nahe kommt und die kritische Distanz der Katze unterschritten wird. Sie verhält sich da nicht anders als ein Löwe oder Tiger.

Die schon beschriebene ambivalente Bewegung des Katzenbukkels – Vorderteil fluchtbereit, Hinterteil sprungbereit – gehört ebenfalls in diesen Funktionskreis. Legt sie sich auf den Rücken, fährt sie alle Krallen aus und hat somit alle gefährlichen Waffen gleichzeitig zur Verfügung, dann ist die Katze in eine Extremsituation gekommen. Auch diese Instinkthandlung ordnet man in das Flucht- und Feindmeideverhalten ein.

Wenn Mieze Fersengeld gibt, dann macht sie das viel weniger raumgreifend als beispielsweise das Laufraubtier Hund. Merkt die Katze, daß sie nicht weiter verfolgt wird, zieht sie sich auf einen relativ nahegelegenen erhöhten Posten oder in einen dunklen Schlupfwinkel zurück. Dort wartet sie in Ruhe ab, was weiter geschieht. Es ist daher ganz falsch, einer entwichenen Katze nachzulaufen. Man treibt sie durch das Drauflosl aufen nur weiter in die Flucht. Am besten, man läßt die Katze eine Weile unbehelligt an ihrem Zufluchtsort sitzen und beachtet sie nicht weiter. Sieht man sie dabei auch nicht an, wird ihr Angstaffekt sehr rasch wieder abflauen. In den meisten Fällen kommt sie dann von selbst zurück oder läuft zumindest nicht weiter davon, wenn man langsam und ohne sie dabei anzublicken näher kommt. Man muß dabei so tun, als ginge man achtlos an ihr vorbei. Dreht man sich erst danach behutsam um, so als hätte man sie eben erst entdeckt, dann passiert es meist, daß sie einen begrüßt, besonders auf lockendes Zurufen oder Angebot von Leckerbissen, und sich anschließend schmeichelnd wieder aufnehmen läßt. Wichtig ist, jede hastige Bewegung und jedes Blickfixieren zu vermeiden.

Denn direktes Anblicken faßt Mieze als Bedrohung auf. Wäre eine Maus imstande, die Katze direkt anzublicken und direkt auf sie zuzugehen, dann könnte das Mäuslein die Katze in die Flucht treiben. Bei raschem Überschreiten der kritischen Distanz oder fehlender Fluchtmöglichkeit startet die Katze ganz sicher einen Verzweiflungsangriff. Durch starres Anblicken, ohne Hingehen, kann man bei katzenartigen Raubtieren aggressive Vorhaben hemmen und verhindern. Allerdings nur dann, wenn man vom Tier nicht als Sexualrivale betrachtet wird. Dieses fixierende Anblicken ist ja auch bekanntlich einer der großen »Tricks« der Raubtierdompteure, neben bewußt gehandhabter Überschreitung von (wahlweise) Flucht- und Wehrdistanz mittels Stock, Peitschenstiel oder anderen Gegenständen. Arttypisches Verhalten, egal welchem Funktionskreis es zugeordnet wird, ist aber erst dann richtig verständlich, wenn wir die Katze als das nehmen, was sie im wahrsten Sinn des Wortes ist: Einzelgänger. Allem, was nach Einordnen oder Unterordnen riecht, steht die erwachsene Katze verständnislos gegenüber. Denn Mutter Natur hat sie, außer im Sexual- und Familienverhalten, sehr spärlich mit sozialen Auslösern versehen. Instinkthandlungen, die ausschließlich den Zweck haben, mit Artgenossen in Kontakt oder gar in gemeinsame Aktionen zu treten, sind der Katze nicht sehr geläufig und wenn überhaupt vorhanden, dann sehr subtil. Die Art der angeborenen Verhaltensausstattung hat viel dazu beigetragen, daß es unverstandene Katzen gibt. Der Mensch, der sich in Arbeitsgruppen, Fußballvereinen und Briefmarkenklubs zusammenschließt, um Aufgaben gemeinsam zu bewältigen, steht fassungslos vor der Tatsache, daß Mieze für solche Interessengemeinschaften nichts übrig hat. Der Mensch als soziales Lebewesen par excellence sieht, daß sich Hunde zur Lösung größerer und kleinerer Aufgaben – vom gemeinsamen Spiel bis beispielsweise zum »Wildern« – verbünden, er kann verstehen, daß sich Wolfsfamilien zum gemeinsamen Jagen zusammenheulen, ihm ist aber kaum begreiflich, daß all dies der Katze nicht erstrebenswert erscheint. Katzen sind eben Individualisten. Und das seit mehr als 50 Millionen Jahren. Alle katzenartigen Raubtiere sind das, mit Ausnahme des Löwen.

Mieze jagt allein, frißt allein, schläft allein, verteidigt sich allein und gibt auch allein Fersengeld. Deshalb gibt es bei Katzen auch kaum eine absolute Rangordnung. Anfänge entwickeln sich zwar in den Kinderschuhen, sie bleiben normalerweise aber auch dort stecken: beim Drängen nach der ergiebigsten Milchquelle siegt der Kräftigste. Dieser Kampf beginnt bereits, wenn die Geschwister noch blind sind. Später, wenn sie schon sehen, wird der einmal errungene Milchplatz vehement verteidigt. Mit Erfolg: Einer bleibt bis zur Auflösung der Familie General.

Denn Generäle und gemeine Rekruten, die gibt es schon. Aber der für eine Rangordnung notwendige Unterbau, alles vom Gefreiten bis zum Obersten, fehlt. Menschen haben diesen Unterbau, Hund und sogar Hühner kennen ihn (als »Hackordnung«): Mieze aber nicht.

Durch besondere Umstände entwickelt sich ein mehr oder minder friedliches Nebeneinander, aber keine Rangordnung. In Katzenheimen beispielsweise gibt es ein paar Bevorrechtete, die als erste zur Futterschüssel stolzieren und die besten Ruheplätze für sich in Anspruch nehmen. Dann sind da auch ein paar Prügelknaben, an denen sich die ganze Katzenschar ihr Mütchen kühlt. Aber nicht einmal aus den täglichen Reibereien, aus denen sich sonst bei allen sozialen Lebewesen die Rangordnung entwickelt, lassen sich bei Katzen feste Vorrechte oder Ordnungen entwickeln. Das Zusammenleben mehrerer erwachsener Katzen auf engem Raum beschränkt sich auf die unvermeidlichsten Kontakte: keine Kooperation, sonder Koexistenz.

Das mangelnde Gemeinschaftsgefühl führt mitunter bei Katzen zu den für Menschen erstaunlichsten Reaktionen. Wird in der Tierarztpraxis im Beisein einer anderen Katze einem kranken Tier beispielsweise eine Injektion verabreicht, dann entlockt das der Patientin manchmal ein abwehrendes Fauchen. So weit so gut. Aber jetzt bezieht die zweite Katze, sofern sie zur Patientin nicht in einem Mutter-Kind-Verhältnis steht, dieses Fauchen sofort auf sich und fährt mit unverhüllter Aggression auf die Patientin los.

Würde man den gleichen Vorgang an einem Hund im Beisein seiner Meutegenossen durchführen, dann kommt auf Flockis Abwehrreaktion die ganze Meute, um dem Patienten zu helfen: es geht dem Tierarzt und nicht dem Kranken an den Kragen.

Doch es gibt keine Regel ohne Ausnahmen: die mit spärlichen sozialen Auslösern versehene einzelgängerische Katze kann beim Vorliegen bestimmter Voraussetzungen kurzzeitig soziale Kontakte entwickeln, und zwar bei der Paarung, der Mutterschaft und im Jungtierverhalten. Treten diese Funktionen wieder in ihre Latenz zurück, dann gibt es bestenfalls lose Bekanntschaften, aber keine echte Dauergemeinschaft.

Die größte Ausnahme aber liegt im Verhältnis zwischen Mensch und Katze. Mit keinem anderen Lebewesen kann Mieze so innige Freundschaft schließen. Mit niemandem kann sie ein Leben lang so eng verbunden sein: da hat sie plötzlich die sozialen Auslöser, um ihre Gefühle dem menschlichen Freund mitzuteilen. Sie sind, wie schon mehrfach erwähnt, aus dem Sexual- und Familienverhalten entlehnt.

Das bedeutet aber glücklicherweise nicht, daß uns Mieze als Auch-Katze sieht: mit der könnte sie nämlich gar nicht so enge Freundschaft schließen.

Einen wichtigen Beitrag zur Freundschaft zwischen Mensch und Katze leistet aber der Mensch selbst. Er überträgt, wenn auch unbewußt, auf das geliebte Stubentier Kindereigenschaften und bedient sich verschiedener Bewegungsformen und Ausdrucksweisen, die arttypisch auf das menschliche Kind bezogen sind. Ein Umstand, der nur dann zum Tragen kommt, wenn das Tier sozusagen mit dem Menschen in einem Zimmer wohnt. Nutztieren gegenüber im bäuerlichen Betrieb kommen Verhaltensweisen aus dem »menschlichen Brutpflegeverhalten« nur sehr viel unvollständiger und bruchstückhafter zum Tragen.

Mieze sieht uns also nicht als Auch-Katze, wohl aber als eine Art Super-Katze, die alle guten Eigenschaften auf einmal und ständig zu bieten hat. Sie sieht uns als zu umwerbenden Sexualpartner und gleichzeitig als ihr schützenswertes Jungtier. Sie hält uns für ihren geschwisterlichen Spielkameraden und für das ernährende, übergeordnete Elterntier. Kann sich also der Mensch richtig verhalten, dann vereinigt er alle kätzischen Ausdrucksformen der Zuneigung auf sich.

Die enge Beziehung zum Menschen bringt der Katze eine teilweise Reifehemmung und Verkindlichung. Das Elterntier Mensch bringt wie die Mutter das Futter: also wird auch er mit hochaufgerichtetem Schwänzchen begrüßt. Der Mensch streichelt außerdem Miezes Fell – wie die Katzenmutter. Er kann Mieze auch hochheben – wie die Katzenmutter. Er verteidigt Mieze gegen Feinde – wie die Katzenmutter, aus deren Verhalten die jungen Kätzchen lernen, vor welchen Lebewesen man auf der Hut sein muß. Er läßt Mieze neben sich herlaufen – wie die Katzenmutter, die ihre Jungen in einem bestimmten Alter ebenfalls zum Beutefang mitnimmt. Und der Mensch ist der Katzenmutter sogar eindeutig überlegen, weil er all das auch bei der erwachsenen Katze macht. Was die Katzenmutter beileibe nicht tut.

Wird die Jungkatze nämlich erwachsen, vernachlässigt die Katzenmutter das Tier und wehrt es mit Tatzenhieben ab. Durch das Abschlagen wird Miezes et-epimeletisches Kontaktverhalten gehemmt. Das kann so weit gehen, daß die Katze von der eigenen Mutter als Rivalin betrachtet wird. So »grausam« ist der Mensch zu Mieze nicht: er bleibt immer Elterntier. Deshalb kann eine Katze in mehreren Teilfunktionen sein ewiges Jungtier und damit sozial kontaktbereit bleiben.

Auch als Spielgefährte hat der Mensch mehr zu bieten. Normalerweise spielen erwachsene Katzen nicht miteinander. Der Mensch bleibt aber geschwisterlicher Spielkamerad. Auch dann, wenn die Katze bereits erwachsen ist. Solche Teilhandlungen aus dem Kindverhalten halten ebenfalls wichtige Kontakte zwischen Mensch und Katze wach. Auch im Rahmen des Sexualverhaltens spielen Teilhandlungen aus dem Kindverhalten eine Rolle: längst nicht mehr im Gebrauch gewesene Verhaltensweisen leben wieder auf, um vertraute Zuneigung auszudrücken. Diese Regression auf kindliche Verhaltenszüge gibt es unter besonderen Umständen bei allen Lebewesen.

Die ständige soziale Kontaktbereitschaft der Katze zum Menschen ist also ein durch die Stubenhaltung bedingter Sonderfall. Es ist dies jedoch keine krankhafte Reifungsverzögerung, sondern eine zweckmäßige Anpassungseinstellung auf die besondere Lebenssituation, in der sich die Katze durch die Stubenhaltung befindet. Doch damit werden wir uns in den nächsten Kapiteln noch eingehend befassen.

Der Mensch ist also in den Augen seiner Stubenkatze so etwas wie eine Super-Katze. Ganz klar, daß Mieze ob der vielen angenehmen Seiten im Leben einer Stubenkatze an den menschlichen Freunden oft mehr hängt als eine freilebende Katze an ihrem Territorium. Ganz klar, daß Mieze oft völlig verändert ist, wenn ein menschliches Familienmitglied verreist oder verstorben ist. Und ganz klar, daß die Katze Heimweh hat, wenn sie beispielsweise einmal in einem Katzenheim »auf Urlaub« ist. Meistens probiert sie auch, auf eigene Faust wieder nach Hause zu laufen. Denn die Katze hat, so wie der Hund, ein sogenanntes Heimfindungsvermögen, bei dem man außerdem noch Nah- und Fernorientierung unterscheidet. Leider aber versagt diese Fähigkeit oft. Ihre Existenz gilt heute als wissenschaftlich umstritten. Dem Katzenfreund ist geläufig, daß es die Katze mit den zwei Gesichtern gibt. Was meist bei jenen Miezen der Fall ist, die sowohl Wohnung als auch Garten zur Verfügung haben. Im Zimmer ist die Katze ihrem menschlichen Freund rührend zugetan und genießt es, das ewige Jungtier zu sein. Im Garten aber, oder gar in Nachbars Garten, wenn Jagdstimmung oder die Revierverteidigung vorherrscht, flieht sie selbst vor vertrauten Menschen und läßt sich oft auch vom Besitzer nicht fangen.

Die Katze kann also in einer bestimmten Umgebung zeitlebens kindlich anpassungsbereit sein, ohne gleichzeitig in allen Funktionskreisen in einem Zustand der Unausgereiftheit und Unselbständigkeit zu verharren.

Es gibt aber nicht nur in der Beziehung Mensch–Katze soziale Kontakte, sondern gelegentlich auch unter freilebenden und erwachsenen Katzen. Die sozialen Strukturverhältnisse bei Katzen sind viel undurchsichtiger und verwickelter als beispielsweise bei Hunden. Um einen besseren Überblick zu haben, wollen wir die wichtigsten Fakten noch einmal erwähnen:

Wenn zwei Katzen einander im Freien begegnen, hängt das Verhalten zueinander nicht unwesentlich davon ab, *wo* diese Begegnung stattfindet. In fremder Umgebung fühlt sich fast jede Katze unsicher und ist fluchtbereit, im eigenen Heimbezirk, besonders im Heim erster Ordnung, ist auch eine schwächere Katze fast immer der ortsfremden überlegen, geht sofort zum Angriff über und treibt die andere erfolgreich in die Flucht. Wenn keine Fluchtmöglichkeit besteht, wie etwa in einem geschlossenen Raum, dann drückt sich die Angegriffene in Abwehrstellung in eine Ecke oder sucht eine erhöhte Position zu erreichen, worauf die Attacken der anderen gewöhnlich zeitweilig nachlassen.

Die Erscheinung, daß je nach dem Bekanntheitsgrad des Ortes der Begegnung einmal das eine Tier, ein anderes Mal das andere sich als überlegen erweist, nennt man relative Rangordnung. Katzendamen haben ein viel ausgeprägteres Revierverhalten als Kater, die gegen Eindringlinge weit toleranter sind. Letzteres gilt übrigens ganz besonders für Kastraten.

Zu Rivalen werden erwachsene geschlechtstüchtige Kater erst beim Kampf um den Geschlechtspartner. Durch Rivalenkämpfe, die revierunabhängig ausgetragen werden, bildet sich eine »absolute Rangordnung« heraus. Die Katzendame bevorzugt mit ihrer Gunst aber nicht, wie zu erwarten wäre, immer den »sozial Höherstehenden«. Das Verhältnis der Behauptungsbereitschaft von absoluter und relativer Rangordnung steht in direktem Verhältnis zur Wohndichte: oh, wie menschlich!

Rivalenkämpfe laufen – im Gegensatz zu Territoriumskämpfen, wenn sich eine Begegnung nicht vermeiden läßt, oder im Gegensatz zu Kämpfen zur Selbstverteidigung oder Jungenverteidigung gegen Artfremde – nach festen, angeborenen Verhaltensweisen ab, worauf aber in diesem Zusammenhang nicht näher eingegangen werden soll.

Vergleichend psychologisch besonders interessant ist die Tatsache, daß unter freilebenden Katern die Jungkater lange Zeit Narrenfreiheit genießen, in der sie sich älteren Artgenossen gegenüber viel herausnehmen dürfen. Erst gegen das zweite Lebensjahr hin kommt eine Zeit, in der sich der »Halbstarke« qualifizieren muß, in dem mit jedem anderen Kater in seiner Gegend ein Kampf auszufechten ist. Zwischen denjenigen, die diese Rivalen-Rangordnungskämpfe bestehen und nicht völlig besiegt werden, stellt sich eine formale Rangordnung ein. Diese formale Rangordnung ist nicht etwa straff hierarchisch gegliedert wie bei manchen anderen Säugetieren, sondern die Kater beherrschen und kontrollieren ihr aller Gebiet gemeinsam. R. Wolff nennt dies treffend die »Bruderschaft der Kater«. Unter Stubenhaltungsbedingungen sind diese Verhältnisse völlig verwischt und von einer infolge Revierenge ausgebildeten viel unerbittlicheren absoluten Rangordnung überlagert, die eher der zeitlich beschränkten provisorischen Rangordnung unter Jungtiergeschwistern gleicht, die geschlechtsunabhängig schon beim Kampf um die ergiebigere mütterliche Zitze gebildet und bis zum Auseinanderbrechen der Familie im Pubertätsalter aufrechterhalten wird. Übrigens kommt es selten vor, daß mehrere unkastrierte Kater gemeinsam in einer Wohnung gehalten werden. Obwohl erwachsene, freilebende Katzen Einzelgänger sind, haben sie manchmal offenbar gesellige Phasen. Scheinbar unabhängig von der Paarungszeit, besonders aber vor derem eigentlichen Beginn, halten sie des Nachts Versammlungen ab. Der Platz, den sie dafür wählen, liegt abseits ihrer Reviere. Dort treffen Tiere beiderlei Geschlechtes und verschiedenen Alters zusammen, um ganz einfach nur umherzusitzen. Dabei halten sie eine Distanz von einigen Metern, Fellkontakt kommt nur selten vor, Gefauche und Grollen ist kaum zu hören. Diese Versammlungen beginnen nach Einbruch der Dunkelheit und dauern etwa bis Mitternacht: dann geht man wieder auseinander. Nur während der Paarungszeit bleiben die Versammlungsteilnehmer die ganze Nacht. Der biologische Zweck dieser merkwürdigen Erscheinung ist noch ungenügend geklärt.

Katzenintelligenz

Prägungsvorgänge – Lernen ist viel, aber nicht alles – Änderung des Verhaltens durch Lernen – Lernen nach Art der bedingten Reflexe – Versuch und Irrtum (Lernen am Erfolg) – Latentes Lernen – Erforschungslernen – Einsichtslernen – Was ist Begriffsbildung? – Primär- und Sekundärlernen.

Besonders im Funktionskreis des Beute-, Nahrungsaufnahme- und Fluchtverhaltens, aber auch in anderen Umweltbeziehungskreisen, zeigen Katzen eine erstaunliche *Intelligenz.* Der Katze sprechen die Fachleute mehr »Hirn« zu als dem Hund. So lernt die Katze manchmal bereits durchs Zusehen und nicht wie der Hund durch Versuch und Irrtum beim Selberprobieren. Durchs Zusehen kann Mieze z. B. das Öffnen der Zimmertüre lernen oder auch sich durch einen Hebeldruck aus einem Versuchskäfig zu befreien oder zu schwer zugänglichem Futter zu gelangen.

Die Katze scheint auch erstaunlich schnell zu begreifen, bis zu welcher Entfernung ein an der Leine hängender Hund gefährlich ist. Ums Lernen ging es auch in Walt Disneys Film »Die unglaubliche Reise«: ein Bullterrier, ein Labrador-Jagdhund und ein Siamkater trampten zusammen 500 Kilometer durch die kanadische Provinz Ontario. Im Drehbuch stand, daß der Siamkater »Sin« fischen sollte. Gerade das aber wollte der Kater nicht. Also holte man einen anderen Kater, der ein begeisterter Angler war und nur noch lernen mußte, auf Kommando zu fischen. Zu diesem Zweck erhielt er jeden Tag einen Fisch in einer Schüssel mit Wasser. Als er sich an die Selbstversorgung gewöhnt hatte, wurde die Schüssel immer größer und das Wasser immer tiefer. Der Kater mußte also bereits regelrecht auf der Lauer liegen, um den Fisch mit einem Tatzenhieb aus dem Wasser zu schleudern. Jedesmal kam dabei das Kommando, leicht und einschmeichelnd: »Hol dir den Fisch, jetzt kannst du den Fisch holen!« Der Kater hatte rasch begriffen und als die Aufnahmekameras in Position waren, brauchten die Filmleute nur mehr dafür zu sorgen, daß genügend Fische im Bach waren. Dann wurde der Kater mit »Hol dir den Fisch, jetzt kannst du den Fisch holen!« ans Wasser gelockt. Als er dort die vielen Leckerbissen schwimmen sah, »angelte« er prompt und erfolgreich. Er trug seine Beute das Ufer hinauf: schließlich hatte er schon erfahren, daß Fische ins Wasser zurückschnellen können.

Häufige Wiederholung von Lernaufgaben ist in der Katzendressur ebenso wichtig wie in der Hundeabrichtung. Man hüte sich vor Überforderungen: die täglichen Dressurübungen oder Testversuche sollten nicht länger als 10 bis 15 Minuten dauern. Manchmal hat man den Eindruck, daß Katzen auf erlernte Fähigkeiten geradezu »stolz« sind und sie nur vorführen, um Aufmerksamkeit und schmeichelnde Bewunderung zu erregen: merkwürdige Motivation für ein primär nicht soziales Lebewesen.

Das Lernverhalten ist aber nicht deshalb interessant, weil man damit Mieze zum Zirkusstar machen kann. Seine lebenswichtige Bedeutung im Freileben hat das Lernen dort, wo es um die Anpassung angeborener Fähigkeiten an die besonderen, individuellen Umweltgegebenheiten geht. In Dr. Brunners Buch »Der unverstandene Hund« wird darüber folgendes gesagt, was sinngemäß auch für die an Intelligenz dem Hund ähnliche Katze gilt:

»Ein Wolfswelpe, der frühzeitig von der Mutter weggenommen und ohne Kontakt mit Artgenossen in menschlicher Umgebung aufgezogen wird, folgt später dem Menschen und verteidigt diesen gegen ein Wolfsrudel. Macht man dasselbe mit einem Pferd, so folgt es später dem Menschen durch ein Rudel Pferde hindurch, als hielte es sich für einen Menschen. Nicht nur während der Jugend betrachtet es offensichtlich seinen Pfleger als Muttertier, sondern auch im Erwachsenenalter sind seine sexuellen Anträge anfänglich nur auf jene Art (in diesem Falle auf den Menschen) gerichtet, auf die es als Jungtier *geprägt* wurde.

Bis zur 48. Stunde nach dem Schlüpfen können Küken auf ihre Eltern geprägt werden, auf die Geschwister bis zur 60. Lebensstunde. Sowohl Aussehen, charakteristische Bewegungen als auch Lockruf wirken dabei als Prägemerkmal. Mehrere Merkmale wirken stärker als eines allein, wie Versuche mit künstlichen Attrappen zeigen. Die Fluchtbereitschaft kann während der Prägung auch bei Säugetieren von 0 bis 10 steigen. Die angeborenermaßen für jede Tierart festgelegte Zeitspanne, in der der Vorgang der Prägung stattfindet, bezeichnet man als *sensible Phase* oder als kritische Periode. Falsche oder versäumte Prägungsvorgänge können nicht wieder gelöscht beziehungsweise nachgeholt werden, weshalb sie zur häufigen Ursache abnormer Verhaltenstendenzen bei domestizierten Tieren werden können. Die Prägung auf das Muttertier, welche zur sogenannten Nachfolgereaktion führt, muß nicht identisch sein mit der Prägung auf einzelne Artmerkmale der Tierart, aus der – das wirkt sich erst sehr viel später aus – einmal die Partner ausgewählt werden, auf die sexuelle Appetenzen gerichtet sind; es gibt dafür zwei zeitlich verschiedene sensible Phasen, beide jedoch in frühem Jugendalter.

Tiere, die man künstlich so aufzieht, daß normal ablaufende Prägungsvorgänge und Übungsmöglichkeiten, die bei der natürlichen Aufzucht gegeben wären, ausgeschlossen sind, nennt man Kaspar Hauser.

Kaspar-Hauser-Versuche dienen dazu, herauszufinden, welche Verhaltensanteile bei einem Tier auf angeborenen Mechanismen beruhen und was erlernt wird. Bei höheren Säugetieren umfassen die angeborenen Verhaltensteile, Erbkoordinationen, meist nur kurze Bewegungsfolgen, die wie die Steine eines Mosaiks durch Lernakte zu sogenannten *Erwerbskoordinationen* in verschiedenartiger Weise zusammengeschaltet werden können; man spricht von Instinkt-Dressurverschränkung.

Lern- und Intelligenzleistungen spielen bei den höheren Säugetieren, also auch bei Katzen, eine sehr große Rolle. Deshalb müssen wir uns ein wenig eingehender mit dieser Thematik befassen. Lernen ist die zeitweilige oder langdauernde individuelle Veränderung einer ursprünglichen Verhaltensweise als Ergebnis von Erfahrung durch vorausgegangene Erlebnisse bei der Kontaktaufnahme eines Lebewesens mit seiner Umwelt. Es werden jedoch dabei nicht die einzelnen Instinktbewegungen, sondern nur deren Auslösbarkeit und Aufeinanderfolge verändert. Das erfahrungsunabhängige – instinktive – Reaktionsvermögen der Tiere bildet sozusagen ein Gerüst für die verschiedenen möglichen Umweltkontakte eines Tieres.

Es ist für jede Tierart festgelegt, in welchem Funktionsbereich und wie weitgehend das Instinktgefüge durch Lernleistungen ergänzt oder überlagert werden kann, wo im Instinktgerüst Lernleistungen eingebaut werden können. Ein Tier, das sich in einem Verhaltensbereich äußerst gelehrig zeigt, kann in einem anderen geradezu stupid erscheinen. Die meisten und weitestgehenden Lern-(und Intelligenz)-Vorgänge finden in der Appetenzphase der verschiedenen Instinkte statt. Aber auch hier sind bestimmte Grenzen unübersteigbar.«

»Ein angeborener auslösender Mechanismus spricht auf Reize sehr einfacher Art an. So reizt beispielsweise jedes nicht zu große, sich von Mieze wegbewegende Objekt, gleichgültig welcher Gestalt, deren angeborenen auslösenden Mechanismus für Beuteinstinkthandlungen. Ein angeborener auslösender Mechanismus, der durch Lernakte präzisiert wurde, spricht hingegen nur auf die Wahrnehmung vieler ganz bestimmter Merkmale an: nur das persönlich bekannte Elterntier mit seinem individuell besonderen Aussehen und Verhalten wird von den Jungtieren in artcharakteristischer Weise begrüßt. Wahrnehmungen zeigen Eigenschaften, die sie grundsätzlich von angeborenen auslösenden Mechanismen unterscheiden.

Unter vielem anderen gilt sie für die sogenannte *Transponierbarkeit*: eine Ratte, die gelernt hat, ein Labyrinth zu durchlaufen, bewältigt diese Aufgabe auch schwimmend, ohne vorher umlernen zu müssen. Eine Katze, die dressiert wird, nur jenen Kistendeckel zu öffnen, auf dem sich ein Dreieck befindet, um zum Futter zu gelangen, wählt unter verschiedenen Kisten auch dann die richtige, wenn das Dreieck viel größer als das zur Dressur verwendete ist oder auf dem Kopf steht, so daß eigentlich ein ganz anderes reales Bild auf der Netzhaut erscheinen muß. Wahrnehmungen haben also Gestaltcharakter.

Durch Lernakte kann die Wirkung eines angeborenen auslösenden Mechanismus somit im Endeffekt wesentlich verändert, manchmal sogar durch einen erworbenen auslösenden Mechanismus gänzlich ersetzt werden. Es können aber, besonders bei Säugetieren, beide nebeneinander bestehenbleiben. In Situationen starker Erregung (verschiedener Ursachen) und wenn der erworbene auslösende Mechanismus nicht zum Ansprechen gebracht werden kann, weil Reizgegebenheiten dafür fehlen, kann wieder der weniger differenzierte angeborene auslösende Mechanismus der gleichen Appetenz Handlungsauslösung ermöglichen. Auch bei dem mehr auf der motorischen Seite stattfindenden Lernen, dem Zusammenschalten einzelner angeborener Teilbewegungen zu einem neuen Bewegungsablauf, der oft trainiert werden muß bis er als Einheit automatisch ablaufen kann, handelt es sich um ›transponierbare Gestalten‹, das fällt auf, wenn man an die von Affen erlernbaren Fertigkeiten wie Radfahren oder gar an das Tanzen, Klavierspielen und Schreiben beim Menschen denkt; bei einer Katze, die eine Türklinke zu drücken oder irgendein kleines Zirkuskunststück erlernt hat, ist dies weniger deutlich durchschaubar.

Bei einer fertigen Handlung eines erwachsenen Säugetieres greifen angeborene Komponenten und Erlerntes oft wie Zahnräder ineinander.

Die Ausbildung und vor allem Einhaltung von Rangordnungen in Tiergesellschaften beruht ebenfalls auf der durch persönliche Erlebnisse im Umgang mit dem Partner erworbenen Überformung angeborener Sozialverhaltensanteile.

Man kennt verschiedene Arten des Lernens: Eine in der Natur

sehr allgemeine und schon bei niederen Tierarten vorkommende Form des Lernens ist das sog. ›*Abgewöhnen*‹, das nicht mit Gewohnheitsbildung verwechselt werden darf:

Viele, besonders kleine, schutzlose Tiere sind einer großen Anzahl von Feinden und allerlei anderen Gefahren im Leben ausgesetzt. Sie haben daher die angeborene Verhaltensausstattung, auf sehr viele Reize in erster Linie mit Flucht oder einer anderen selbstschützenden Reaktion – beispielsweise totstellen – zu antworten. Solche Reize sind etwa jedes sich plötzlich bewegende Objekt, jede optische oder akustische Erscheinung, die plötzlich oder in ungewöhnlicher Stärke auftritt. Würden nun solche Tiere nicht die Fähigkeit besitzen, nach mehrmaligen derartigen Erlebnissen zwischen wirklich für sie gefährlichen und harmlosen, für ihr Leben belanglosen Reizen unterscheiden lernen zu können, so würden sie infolge nahezu ständigen Flucht-Suchens und Deckungnehmens überhaupt zu nichts anderem mehr im Leben kommen. Die Gewöhnung an Reize, die offensichtlich von keinem bestimmten, in unserem Beispiel üblen, Erlebnis gefolgt sind, stellt eine wichtige elementare Art des Lernens dar. Sie findet nicht nur im Funktionskreis der Feindvermeidung Anwendung, sondern auch zur Modifikation vieler anderer Instinkte. Besonders im Reviererkundungsverhalten (Territoriumserforschungsverhalten, wozu auch die ›Neugierdereaktion‹ bei höheren Tieren gehört) spielt Gewöhnung eine große Rolle.

Gewöhnung ist nicht identisch mit ›Instinktermüdung‹, ›Sinnesadaption‹, ›Instinktatrophie‹ und ›Vergessen‹.

Die nächste, von den bisher beschriebenen Lernarten Prägen und Gewöhnung deutlich abgrenzbare, etwas kompliziertere Form zu lernen ist das sogenannte ›assoziative Lernen‹, bei dem man zwei Untergruppen unterscheidet:

Erstens einmal das Lernen nach Art der sog. klassischen *bedingten Reflexe* (Pawlow) und zweitens das Lernen nach Art der bedingten Reflexe Type II (Konorsky) oder ›Lernen durch Versuch und Irrtum‹, auch als ›Lernen am Erfolg‹ bezeichnet.

Beide Lernfähigkeiten spielen die wesentliche Rolle bei allen Tierdressuren und bei der sogenannten Gewohnheitsbildung der Tiere und des Menschen.

Das Lernen nach Art der bedingten Reflexe – oder besser der ›bedingten Reaktionen‹, wie die heutigen Verhaltensforscher sich ausdrücken – kann definiert werden als der Vorgang der Aneignung der Fähigkeit eines Tieres, auf einen gegebenen (bisher indifferenten) Reiz – beispielsweise ein Klingelzeichen – mit einer einem anderen Reiz zugehörigen Reaktion zu antworten – z. B. Speichelabsonderung bei Futterwahrnehmung, wenn die beiden Reize zeitlich knapp aufeinanderfolgend mehrmals angeboten werden. Das heißt, anfänglich muß der x-beliebige indifferente Reiz, mit dem Schlüsselreiz eines Instinktes (›unbedingter Reiz‹ nach Pawlow) kombiniert mehrmals angeboten werden, um später – quasi als Ersatz des Schlüsselreizes – dieselbe Instinktreaktion allein auslösen zu können. Noch später kann durch Kombination eines weiteren indifferenten Reizes mit dem bereits in erster Ordnung ›bedingt reflektorisch‹ wirksamen Reiz (als Ersatz für den ursprünglich mitangebotenen, nun aber fehlenden Schlüsselreiz) ein bedingter Reflex ›zweiter Ordnung‹ ausgebildet werden, der den bedingten Reiz erster Ordnung als reaktionsauslösendes Signal ersetzen kann. Nach diesem Mechanismus lassen sich weitere bedingte Reaktionen dritter, vierter und fünfter Ordnung ausbilden. Ein Beispiel hierzu: anfänglich löst nur Anblick und Geruch des Futters Speichelfluß aus – später löst auch Klingelzeichen (wenn es mehrmals knapp vor der Futtergabe ertönt) Speichelfluß aus, obwohl jetzt gar kein Futter sichtbar ist – schließlich löst bereits das Hineinführen des Tieres in den Versuchsraum, in dem das charakteristische Klingelzeichen mehrmals ertönte, Speichelfluß, also Freßappetenz aus und noch später speichelt das Tier schon beim Erscheinen des Wärters. Werden die Versuche stets zu einer bestimmten Tageszeit durchgeführt, dann merkt man nach mehreren regelmäßig hintereinander vorgenommenen Fütterungen, daß das Tier bereits bei Heranrükken der Versuchszeit unruhig zu werden und etwas zu erwarten scheint.

Wird längere Zeit hindurch nur ein bedingter Reiz geboten, ohne daß dieser von der Möglichkeit des Durchführens einer Instinktendhandlung als ›Belohnung‹ oder ›Bestrafung‹ (Die Behaviouristen sprechen vom ›Reinforcement‹, Bekräftigung) gefolgt wird, verschwindet seine reaktionsauslösende Wirkung wieder nach bestimmten Gesetzmäßigkeiten für zeitweilig oder dauernd: sie unterliegen einer Hemmung. Es sind auch noch andere Bedingungen für das Auftreten sogenannter innerer und äußerer Hemmungen, sowie auch für Verstärkungen bedingter Reaktionen bekannt. Ihre Beschreibung würde hier zu weit führen.

Während beim Lernen nach Art der bedingten Reflexe nur die Auslösbarkeit von Instinkthandlungen verändert wird, geht das *Versuch- und Irrtum-Lernen* insofern noch einen Schritt weiter, als bei ihm sich der Lernakt auch auf das Vollziehen bestimmter freiwilliger Bewegungen oder Handlungen erstreckt, die mit den als

›Belohnung‹ oder ›Bestrafung‹ schließlich vollziehbaren Instinkthandlungen ursprünglich keinerlei Beziehungen haben.

Ein Beispiel: Eine Katze befindet sich in einem Käfig, in dem plötzlich eine bestimmte Zeit lang eine Lampe aufleuchtet. Die Mieze – durch das Aufleuchten der Lampe vielleicht zu Neugier- oder Beunruhigungs- und damit zu Fluchtaktivität angeregt – drückt zufällig, unter vielen anderen Bewegungen, auch einmal auf eine am Boden des Käfigs angebrachte Drucktaste – worauf durch eine Öffnung Futter in den Käfig fällt, das die Katze natürlich sogleich verzehrt. Die Versuchsanordnung ist so konstruiert, daß Futter nur dann in den Käfig fällt, wenn das Tier auf die Taste drückt, während (oder noch knapp nachdem) das Licht aufleuchtet. Durch häufige Versuchs-Wiederholung lernt es schließlich auf den Lichtbefehl bzw. das Lichtsignal, auf die Taste zu drücken (eine Handlungsweise, die mit den Bewegungen des Nahrungsaufnahmeinstinktes, dessen Instinktendhandlung dann als ›Belohnung‹ in Form von trieblösendem, lustvollem Fressenkönnen erfolgt, ursprünglich nichts zu tun hatte).

Natürlich kann – in anderen Versuchsanordnungen – nicht nur die Instinktendhandlung des Nahrungstriebes als ›Belohnung‹ fungieren, sondern auch Befriedigung des Geschlechtstriebes, des Muttertriebes usw. Mit der Rolle der Motivation zum Lernen bei der Dressur werden wir uns später noch eingehender zu befassen haben. Bei genauer Beobachtung von Tieren während des Ausführens solcherart erlernter Handlungen hat man häufig den Eindruck, daß – um bei unserem Beispiel zu bleiben – die Versuchskatze die Situation auch bis zu einem gewissen Grad versteht: sie erwartet geradezu nach dem richtigen Ausführen der gelernten Handlungen nun die Belohnung, sie führt die Bewegungen mit der sichtlichen Absicht aus, sich Futter zu verschaffen – das heißt, in die Appetenzphase des Freßinstinktes wurde eine Präappetenzhandlung hineingelernt. Es gelingt allerdings selbst mit solchen Methoden nicht, einem Tier Bewegungsweisen beizubringen, die es auch sonst im Leben – im Zusammenhang mit irgendeinem anderen Instinkt – nicht auszuführen imstande wäre: man kann nur seine angeborenen Bewegungselemente (Erbkoordinationen) sozusagen andersartig zusammensetzen, aber nicht prinzipiell verändern.

Sehr viele Tierdressuren und zahlreiche Lernakte der Tiere unter natürlichen Verhältnissen beruhen auf diesem Lernprinzip.

»Eine weitere Lernkategorie, die manche Forscher noch besonders unterscheiden zu müssen glauben, ist das sogenannte *latente Lernen*: wenn man beispielsweise Ratten in ein für sie noch unbekanntes Versuchslabyrinth setzt, ohne besonderes Dressurarrangement zur Auffindung einer bestimmten Zielstelle (an der irgendeine Belohnung, etwa in Art des Fressenkönnens von Futter wartet), so laufen sie unter unspezifischer, das heißt nicht genauer klassifizierbarer Appetenz zunächst scheinbar planlos darin herum, beschnuppern da eine Ecke, besichtigen dort einen Blindgang usw. Entfernt man sie eine Zeitlang aus diesem Labyrinth, um sie später wieder in dieses zu verbringen, nun aber unter Beköderung einer Zielstelle, so stellt man fest, daß diejenigen Ratten, die früher Gelegenheit hatten, zwanglos im Labyrinth zu weilen, wesentlich rascher und mit geringerer Fehlerzahl den Weg von der Einlaßstelle zur Zielstelle finden lernen als eine Kontrollgruppe, die nicht Gelegenheit hatte, vorher das Labyrinth ›kennenzulernen‹. Woraus wohl gefolgert werden kann, daß Ratten die Anordnung eines bestimmten Labyrinthes sich auch dann einprägen, wenn ein solcher Lernakt nicht durch das Vollziehenkönnen einer von starken Affekten begleiteten Instinkthandlung – wie etwa beim Lernen nach Versuch und Irrtum – belohnt wird. Tiere können auf diese Weise die Fähigkeit erlangen, mehr oder weniger ›zufällig‹ Erlerntes (unter zwanglosen Bedingungen der Neugierde, des Spielens usw.) später einmal – wenn es um das Erreichen eines Triebzieles geht – sinnvoll zu verwenden. Es geht beim Erlernen eines Labyrinthweges daher nicht etwa, wie man ursprünglich annahm, um rein mechanisches ›Einfahren einer Bewegungsfolge‹ des richtigen Weges, sondern um eine Art wirklichen Verstehens der räumlichen Anordnung, denn das Labyrinth wird auch dann ›erkannt‹, wenn das Tier es schwimmend durchqueren oder an einer anderen Stelle als gewohnt, betreten muß, oder wenn der prinzipiell gleichartige Weg in einer räumlich größeren oder kleineren als der ursprünglich gebotenen Versuchsanordnung bewältigt werden muß. Auf der gleichen Basis prägt sich ein Tier in freier Wildbahn markante Örtlichkeiten seines Reviers, richtigen Heimweg, Fluchtweg usw. ein.

Bei höheren Tieren (Wirbeltieren, besonders Säugetieren) kann man beobachten, daß eine ausgeprägte Neigung eine neue Umgebung zu untersuchen und kennenzulernen, also Neugierde besteht. Die Tätigkeit des Untersuchens einer neuen Umgebung nennt man Erkundungsverhalten. Manche Forscher nehmen an, hinter diesem Funktionskreis stehe ein eigener Trieb. Es handelt sich, so betrachtet, dann nicht um eine besondere Lernkategorie ›latentes Lernen‹, sondern nur um eine besondere Motivation.

Latentes Lernen, auch Erforschungslernen genannt, ist im Dienste des Heimfindungsvermögens bereits bei Insekten – z. B. bei Bienen – ausgeprägt vorhanden, also bei Tieren, in deren Leben Lernakte nur eine sehr begrenzte Rolle spielen.

Die höchste, weil komplizierteste Art zu lernen, die schon einen ziemlichen Intelligenzgrad voraussetzt, ist das *Einsichtslernen.* Man muß unterscheiden zwischen Einsicht an sich und Einsichtslernen. Unter Einsicht verstehen wir das Begreifen von kausalen Beziehungen, es ist also Sache der Organisation von Wahrnehmungen; das bekannte ›Aha-Erlebnis‹ ist dafür kennzeichnend. Einsichtslernen hingegen ist das Vollführen einer zweckmäßigen – nicht angeborenen – Handlungsweise in einer neuen Situation (zur Lösung einer neuen Aufgabe) ohne vorheriges Versuch- und Irrtum-Verhalten. Zur Erklärung dieses ›vernunftgemäßen‹ Handelns, bei welchem frühere, unter anderen Bedingungen gemachte Erfahrungen zur Lösung einer neuen Situation sinnvoll – ohne neuerlichen Versuch – *neu kombiniert* und zum Einsatz gebracht werden, müssen wir das Vorhandensein einer gewissen Denkfähigkeit voraussetzen, die das Tier instand setzt, bestimmte Folgen bzw. Wirkungen seiner beabsichtigten neuen (willkürlichen!) Bewegungskombination zu erwarten, also das Eintreten eines Wirkungsgeschehens vorwegzunehmen (richtig vorauszusehen), was nur durch Beziehungseinsicht – Begreifen von Zusammenhängen – möglich ist. Denken ist sozusagen Probehandeln in der Vorstellung. Bekanntlich kommt diese Fähigkeit nur den höheren Säugetieren zu, und diese ›geistige‹ Tätigkeit scheint auch sehr anstrengend zu sein, also nahe an der Grenze der psychischen Leistungsfähigkeit eines Tieres zu liegen, da sehr selten davon Gebrauch gemacht wird, wie Experimente und Freilandbeobachtungen zeigen.«

»Was ist *Begriffsbildung?* Sind Tiere dazu fähig? Diese Fähigkeit definiert W. H. Thorpe als das Vorkommen von Wahrnehmungen (wahrnehmungsartig strukturierte psychische Vorgänge – ohne dazugehörige äußerliche Stimulation) in Form von Vorstellungen, die einigermaßen abstrakt oder generalisiert sind und Gegenstand weiteren Vergleichens durch Lernprozesse (Denktätigkeit!) sein können.

Versuche W. Köhlers mit einigen Vögeln und Säugetieren beweisen, daß Tiere in beschränktem Maße sogar Zahlenbegriffe bilden können und daß das vorsprachliche Zählvermögen bis höchstens sieben reicht.«

»Die letzte Lernkategorie, die hier noch zu erwähnen ist, ist das sogenannte *Lernen durch Nachahmung.* Nachahmungslernen setzt als sogenannte echte Imitation eine besonders hochentwikkelte Intelligenz voraus. Vieles im Verhalten von Vögeln und Säugetieren erscheint auf den ersten Blick als Nachahmung, beruht jedoch meist nur auf Instinktansteckung. Als Beispiel für Instinktansteckung bzw. Stimmungsübertragung sei genannt: in einer Gesellschaft gähnt einer – alle anderen tun daraufhin das gleiche.

Wahre Imitation wäre hingegen das Kopieren einer neuen und dem Individuum bisher unbekannten Handlungsweise oder Lautäußerung (einer Handlung, für die eindeutig keine angeborene Vorprogrammierung vorhanden ist). Es ist nach dieser Definition eine Art Bewußtsein des eigenen Wesens Voraussetzung und die – bewußte oder unbewußte – Absicht, von der Erfahrung anderer zu profitieren. Bisher konnte echtes Lernen durch Zusehen – also echte Nachahmung – erst beim Menschenaffen und bis zu einem gewissen Grad bei Katzen nachgewiesen werden.«

»Wie im Verlauf dieser Darstellung mehrmals deutlich wurde, wird man bei der Erklärung verschiedener, oft recht zweckmäßig und sinnvoll erscheinender tierischer Handlungen leicht verleitet, sogleich Beweise für das Vorliegen höherer Intelligenzleistungen anzunehmen. Auch die tägliche Beobachtung einer Katze und ihre subtile Anpassungsfähigkeit an die menschliche Welt verleiten allzuleicht zu vorschnellen Schlüssen: ›Meine Katze versteht jedes Wort. Nur schade, daß sie nicht sprechen kann!‹ Es kann aber nicht genug vor vorschnellen Schlüssen dieser Art gewarnt werden. Oft stellt sich bei näherer Prüfung eine Handlungsweise als auf viel einfacheren Lernleistungen oder ganz auf Instinktgrundlagen beruhend heraus. Als oberste Regel tierpsychologischen Deutens gilt daher nach wie vor das sogenannte ›Prinzip der sparsamsten Erklärung‹. Erst wenn eine Handlungsweise – nach Ausschaltung aller Irrtumsquellen – keinesfalls mit angeborener Auslösbarkeit oder den einfachsten Lernkategorien befriedigend erklärt werden kann, sind wir berechtigt, das Vorliegen komplizierterer psychischer Vorgänge als Grundlage anzunehmen. Andererseits ist es der tierpsychologischen Forschung gelungen, eindeutig zu beweisen, daß Tiere – innerhalb gewisser Grenzen und unter bestimmten Umständen – zu echten Intelligenzleistungen fähig sein können und davon gelegentlich Gebrauch machen ...«

»Nach Ergebnissen amerikanischer Forscher läßt sich annehmen, daß das Lernen erwachsener Tiere auf Primär-Gelerntem aufbaut, das in der frühen Kindheit erworben wird und besonders die Art der Wahrnehmungs- und Auffassungsakte bestimmt. Späteres Lernen – Sekundär-Lernen – kann so durch die Art des früher Gelernten gefördert oder aber auch erschwert werden. Doch nicht jede Verhaltensweise, die bei einem jungen Säugetier erst später im Laufe seiner Entwicklung, manchmal gar erst nach der Pubertät auftritt, muß auf Erfahrungsbildung oder Übung, kurz auf Lernvorgängen beruhen. Es gibt angeborene Verhaltensweisen, die erst später reifen: So auch lernt zum Beispiel eine Katze nicht laufen, gehen oder schwimmen, diese Fähigkeiten sind, wie viele andere, angeboren und nur zum Zeitpunkt der Geburt noch nicht zur Funktionstüchtigkeit gereift. Ein Katzenkind, das man tagelang am ›Gehen-Üben‹ hindert, kann in einem Alter, in dem seine Geschwister längst laufen können, dies sogleich auch, wenn man es von seinen Fesseln befreit. Allerdings ist es etwas ungeschickter. Eine gewisse Hilfsrolle für die Reifung angeborener Fähigkeiten spielt die Übungsmöglichkeit doch. So ist es verständlich, warum manche Instinkthandlungen, zu deren Betätigung ein Tier unter bestimmten Umweltbedingungen die gesamte Jugendzeit hindurch keine Auslösereize vorfindet, nicht zu Leerlaufreaktionen führen, sondern verkümmern. Man kann sich dies ähnlich vorstellen wie die Atrophie eines Muskels, der verkümmert, wenn er lange Zeit untätig ist. Je nach besonderen Umweltbedingungen können angeborene Fähigkeiten somit nicht nur besonders entwicklungsgefördert sein, sondern auch einer Entwicklungshemmung unterliegen. Man spricht dann von Instinktatrophie sogenannter trainierbarer Instinkte.«

Umgekehrt können bei Säugetieren, besonders bei Haustieren, unter besonderen Umständen einzelne angeborene oder erworbene Verhaltensformen so sehr »hypertrophieren«, daß eine Störung in der Rangordnung der Instinkte entsteht: Die Befriedigung sogenannter *erworbener Bedürfnisse* (»Quasibedürfnisse«) kann so bevorzugt gesucht werden und erlangt so übermäßig triebartigen Charakter, daß keine Zeit mehr für biologisch wichtige »natürliche« Aktivitäten verbleibt.

Gleicht ein Ei dem anderen?

Einflüsse auf die individuellen Verhaltensunterschiede – Katzen sind wetterfühlig – Welche Katze soll man nehmen?

Mannigfache Umwelteinflüsse modifizieren und gestalten oft weitgehend die Wirkung der Erbanlagen. Trotzdem wird sich ein Hund immer wie ein Hund und nicht wie eine Katze verhalten, die sich ihrerseits wieder wie eine Katze und nicht wie eine Maus verhält.

Aber es ist auch nicht so, daß sich jede Katze durch ihre angeborene Instinktausstattung in allem ganz genau gleich wie jede andere verhält, als wäre sie ein Serienfabrikat. Es bestehen feinere individuelle Verhaltensunterschiede, die eben den besonderen Charakter eines Individuums ausmachen. Beim Menschen würde man von Persönlichkeit sprechen: bei der Katze kann man es getrost auch tun.

Individuelle Verhaltensunterschiede basieren auf Erbfaktoren einerseits und auf erlebnisbedingten Unterschieden in der persönlichen Entwicklung andererseits. Selbst Geschwister können in ein und derselben Situation manchmal erstaunlich verschiedenes Verhalten an den Tag legen. Vor allem bei Haustieren ist im Gegensatz zu deren wildlebenden Verwandten die Bandbreite individueller Variationen des an sich arttypischen Verhaltens besonders groß. Haustiere sind auch anderen und oft beträchtlich unterschiedlichen Umwelteinflüssen unterworfen. Das beginnt schon mit dem Wegfall der natürlichen Selektion und deren Ersatz durch künstliche Zuchtwahl auf vom Menschen willkürlich ausgewählte Eigenschaftskombinationen.

Art und Anzahl der feineren Verhaltensunterschiede sind erheblich. Man kann sie durch fast alle Lebensbereiche verfolgen. So gibt es Katzen, die zur Gilde der Vielfraße gehören: sie sind nicht wählerisch und fressen Unmengen in sich hinein. Auch dann, wenn sie's nicht vertragen. Andere hingegen scheinen Mitglieder eines Feinschmeckerclubs zu sein: sie suchen aus der vollen Futterschüssel die besten Brocken, sind mit einem noch so guten Leckerbissen kaum zu ködern und sind auch sonst sehr wählerisch. Bei freßgierigen Tieren kann man mit dem Lockmittel der Futterbelohnung erstaunliche Dressurerfolge erzielen, während Tiere mit intaktem Sättigungszentrum im Gehirn sehr wohl wissen, wann sie genug haben. Durch Leckerbissen sind sie dann zu keiner wie immer gearteten »Leistung« zu bestechen. Der Wunsch beachtet oder gelobt zu werden, ist bei diesen Tieren oft die bessere Lernmotivation.

Am weitesten ausgebaut ist die Bestimmung individueller Verhaltenseigenschaften bei jenen Tieren, von deren besonderen Qualitäten sich der Mensch Nutzen verspricht: beim Jagdhund, beim Rennpferd, beim Schutzhund, bei Versuchskatzen, an denen neuentwickelte Psychopharmaka für den Menschen erprobt werden. In den wissenschaftlichen Laboratorien wurden zahlreiche Verfahren zur Eigenschaftsprüfung sogar an Ratten, Mäusen, Hühnern, Schafen, Affen und anderen Versuchstieren entwickelt; alles Tiere, die der Mensch heute für die pharmakologische Forschung brauchen kann.

Dabei spielen auch zufällige Fehlerquellen in Form von vorübergehenden Einflüssen auf das Verhalten eine ebenso unerwünschte wie manchmal sehr interessante praktische Rolle.

Erfahrene Pädagogen kennen und berücksichtigen beispielsweise die Tatsache, daß nicht nur das Wissen für das Bestehen einer Prüfung ausschlaggebend ist. Eine Reihe von zufälligen und vorübergehenden Einflüssen können den noch so gut vorbereiteten Prüfling versagen lassen. Denn Krankheit, Prüfungsangst und Nervosität können den Kandidaten so nachhaltig beeinflussen, daß der Prüfung keinerlei Aussagewert über den Bildungsstand des Prüflings zukommt. Für die Beurteilung des Lernerfolges ist daher nicht nur das Ergebnis einer Prüfung ausschlaggebend, sondern ein ganzes Schuljahr mit wechselnden Begleitumständen: schriftliche Prüfung, mündliche Prüfung, Hausaufgaben, Mitarbeit im Unterricht, Diktat.

Zufälligen, vorübergehenden Einflüssen unterliegt auch die Katze. Will man daher Miezes persönliche Verhaltenseigentümlichkeiten einer Prüfung und Beurteilung unterziehen, muß man diese Einflüsse berücksichtigen. Sie können sowohl hemmend als auch fördernd wirken und ganz spezifische Reaktionsbereitschaften entscheidend verfälschen. Wesens- und Charaktereigenschaften lassen sich daher nur in mehreren Prüfungen mit variablen Begleitumständen aussagefähig und zutreffend beurteilen.

Es ist z. B. sinnlos, den Angriffsgeist einer Katze zu prüfen, wenn diese Junge hat. Denn da legt die Mutter Mut und gesteigerte Angriffslust an den Tag, die sie normalerweise nicht zeigen würde.

Ist die Katze krank, zeigt sie gesteigertes Ruhebedürfnis, mangelnde Spielbereitschaft, erhöhte Flucht- und Abwehrtendenz.

Eine solche Haltung als persönliches, individualtypisches Charakteristikum anzusehen, hieße Zufallseinflüsse ungenügend in Betracht zu ziehen.

Die meisten Menschen zeigen im Wartezimmer des Zahnarztes gesteigerte Angst, dringt dann der Schrei eines »gemarterten Artgenossen« aus dem Ordinationszimmer, wird aus der Angst blankes Entsetzen. Auch Katzen reagieren so ähnlich, wenn sie im Wartezimmer des Tierarztes den Schrei oder das Fauchen einer anderen Mieze hören. Sind sie dann selbst zur Behandlung dran, zeigen sie sich viel ängstlicher, viel abwehrbereiter und widersetzlicher, als ohne diese vorhergehende Stimulierung.

Auch das sind Zufallseinflüsse, die das Verhalten der Katze vorübergehend beeinflussen.

Aus der täglichen Praxis in landwirtschaftlichen Besamungsanstalten weiß man, daß es oft Dinge sind, die dem Menschen als winzige Kleinigkeiten erscheinen und trotzdem können sie das Sexualverhalten eines ansonsten tüchtigen Sprungtieres während der Appetenzphase völlig hemmen: Kommt ein dem Stier ungewohnter Mensch in den Sprungraum, wurde der Stier früher einmal mißhandelt und erinnert ihn die Kleidung des Stallburschen an seinen ehemaligen Mißhandler, hängt ein weißer Mantel in Sichtweite, der den Stier an eine schmerzhafte Behandlung durch den Tierarzt erinnert; all das sind zufällige und vorübergehende Einflüsse, die das Tier so nachhaltig hemmen können, daß es impotent erscheint.

Selbst das Wetter kann individualtypische Verhaltenscharakteristika zeitweilig stark verändern: an Tagen mit aperiodischen Wetteränderungen benehmen sich Katzen auch im Zimmer ruhelos, an Tagen mit periodischen Wetteränderungen ist gesteigerte Ruheneigung zu beobachten. An heißen schwülen Tagen sind Katzen abwehrbereiter bei tierärztlichen Behandlungen, sie können sich bei relativ harmlosen – gewohnten – Zwangsmaßnahmen, die etwa nötig sind, um einen Zahn zu ziehen, so aufregen, daß sie einen tödlichen Schock erleiden. Auf dem Gebiete der Bioklimatologie wissen wir ja selbst über uns Menschen recht wenig, obwohl fast jedem von uns aus persönlichem Erleben die Einwirkungen von Witterungsfaktoren auf körperliche und psychische Befindensabläufe bekannt sind.

So wie bei Hunden gibt es auch bei Katzen individuelle Verhaltensbevorzugungen, die Haltungsschwierigkeiten zur Folge haben können. Da sind beispielsweise ängstliche und überaggressive Typen, stubenunreine (möglicherweise in Verbindung mit defektem

Riechorgan), temperamentlose, debile (schwachsinnige) Typen, also psychisch abnorme Katzen, die man teilweise mit menschlichen Psychopathen vergleichen könnte. Auch angeborene Sinneseffekte, wie erbliche Taubheit, wurden beobachtet. Natürlich gibt es darüber hinaus – und nicht nur in negativem Sinne – mannigfache feinere Charakter- und Begabungsunterschiede unter Katzen. So sind manche besonders gute Mäusefänger, einige rattenscharf, andere kennen keine Scheu vor Wasser, manche sind besonders unnahbar und wild, während wieder andere besonders zutraulich und zahm sind. Es gibt überdurchschnittlich intelligente und weniger lernbegabte, sozial beeinflußbare und sture Typen, wehleidige, weiche und harte Charaktere und vieles andere mehr. Dies alles aber hat für die praktische Katzenhaltung keine besondere Bedeutung, jedenfalls nicht in dem Ausmaß wie in der Hundehaltung. Für besondere Aufgaben mögen freilich beutetriebstarke rattenscharfe Katzen als Nutztiere zur Ungezieferbekämpfung besonders erwünscht erscheinen.

Auch mehr oder weniger rassegebundene Eigentümlichkeiten sind bekannt, so zeichnen sich beispielsweise Siamkatzen durch Vorliebe und reiche Variationsmöglichkeit auf dem Gebiet der Lautäußerungen aus, was bei Haltung in Wohnungen mit ungenügender Schallisolation den Unwillen der Nachbarn heraufbeschwören kann.

Es ist die Schuld einiger kurzsichtiger Züchter, daß sich unter den Edelrassen infolge ausschließlicher Zuchtwahl auf körperliche Schönheit oder Extravaganzen des Exterieurs – bei völliger Vernachlässigung der Zuchtwahl auf wünschenswerte Heimtiereigenschaften – immer mehr neurosedisponierte, lebensuntüchtige und unintelligente Individuen vermehren. Wenn man ein solches Tier gemeinsam mit seiner »gewöhnlichen« Hauskatze (Deutsch Kurzhaar) hält, fällt einem erst so richtig auf, was alles an Instinkten bei vielen Luxusrassetieren verlorengegangen ist. Viele solcher Katzen könnten sich in Freiheit überhaupt nicht mehr behaupten.

Solchen Züchtern ist es auch zuzuschreiben, daß viele Katzenfreunde unschlüssig sind, welche Mieze sie zum Hausgenossen wählen sollen. Entscheidet man sich für ein Rassetier, sollte man zu einem anerkannten Züchter gehen, will man eine normale Hauskatze, geht man am besten in ein Katzenheim, Tierasyl oder Tierschutzhaus. Wie immer man sich entscheidet, in jedem Fall sollte man die kleine Mieze beobachten, ja testen, bevor man sie kauft. Nur so kann man halbwegs sichergehen, sich nicht jahrelang mit einem seelisch abnorm veranlagten Tier herumquälen zu müssen.

Man wähle kein auffallend scheues Kätzchen, es könnte krank, besonders unintelligent oder neurasthenisch sein; vielmehr suche man sich aus einem Wurf dasjenige Tier aus, das mit den anderen läuft. Zur Verschärfung der Testsituation kann man in die Hände klatschen und beobachten, wie die Katzenkinder reagieren. Die flüchtenden, heftig zusammenschreckenden oder fauchenden Individuen sollte man nicht aussuchen. Ein Kätzchen, das sich abseits hält oder sich nur langsam und träge bewegt – in einer Situation, in der seine Geschwister munter umherhopsen – ist verdächtig auf organische Krankheiten oder angeborene oder erworbene seelische Defektzustände. Eine kleine Mieze, die traurig in der Ecke sitzt oder sich nicht gerne aufnehmen, hochheben und streicheln läßt, die als einzige beim geringsten Anlaß einen Buckel macht und faucht, sollte man lieber jenen Leuten zum Kauf überlassen, die gerne zum Tierarzt gehen. Und solche Leute gibt es!

Wenn Sie Katzen testen, dann ist die Stunde der Tagesmahlzeit die beste. Dies deshalb, weil während der Freßappetenz das Lernen im Funktionskreis der Nahrungsaufnahme am aktuellsten ist und auch viele andere individuelle Verhaltensmerkmale anläßlich der Konkurrenzsituation des Futters deutlicher als sonst beobachtet werden können.

Welche Kriterien sind besonders maßgebend bei der Anschaffung einer Katze? Im allgemeinen wohl Gesundheit und der Eindruck möglichst normalen Verhaltens. Es gibt da eine Reihe von Faustregeln, nach denen man vorgehen kann:

Ein gesundes Katzenkind wird lebhaft sein, es tollt umher wie ein Derwisch, das Fell ist glänzend, die Ohren rein und geruchlos, die Augen klar, der Darmausgang weder entzündet noch verkrustet. Natürlich muß uns auch das Aussehen ansprechen, nur sollte man da nicht kapriziös sein. Wer sich nämlich unbedingt auf ein weißes Kätzchen mit blauen Augen versteift, muß damit rechnen, eine schwerhörige oder gar taube Katze gewählt zu haben. Es gibt gewisse Erbkrankheiten und -defekte, so z. B. den schon genannten Sinnesfehler, der besonders in der beschriebenen Kombination stark verbreitet auftritt.

Um Taubheit feststellen zu können, kann man mit einem x-beliebigen Geräusch einen einfachen Gehörtest vornehmen und darauf achten, daß die Katze durch nichts, auch nicht durch Bewegen der Lippen etwa abgelenkt wird. Taube Katzen kompensieren den fehlenden Gehörsinn nämlich mit gesteigerter Aufmerksamkeit im Bereich des Gesichtssinnes, wie ja auch schwerhörige Menschen von den Lippen ihres Gesprächspartners lesen können.

Der Testschall, ein dem Tier voraussichtlich ungewohntes Geräusch, soll also von hinten kommen. Gehörtüchtige wenden den Kopf nach der Geräuschquelle um.

Wählen Sie fürs Stubendasein niemals den Anführer der Geschwisterschar: er ist zumeist frech, kann überaggressiv sein und ist auf jeden Fall extrem eigenwillig.

Welche Mieze sollen Sie jetzt also wirklich nehmen? Lebhafte, spielbereite, munter-aufmerksame und kontaktfreudige Typen, die womöglich noch mit einem Kontaktlaut auf den Zuruf des gewohnten Pflegers antworten und auf ungewohnte Geräusche oder den Anblick einer über den Boden gehaltenen Schnur so reagieren, wie die Mehrzahl der Geschwister. Von diesen Katzen können Sie mit großer Wahrscheinlichkeit erwarten, daß sie problemlos sind und sich normal entwickeln werden. Dies selbst dann, wenn sie unter belastenden Umweltbedingungen aufwachsen.

Denn die reine Stubenhaltung ist nun einmal für eine Katze eine mehr oder weniger belastende Umweltbedingung: sie beansprucht die Anpassungsmechanismen des Raubtieres Katze immer wieder. Eine normal veranlagte Katze wird diese Anpassungsreaktion bringen, sie wird den Belastungen gewachsen sein und sich in ihrer Situation sogar wohlfühlen.

Für welche Mieze Sie sich auch immer entscheiden: nehmen Sie die Katze niemals vor der sechsten Lebenswoche von der Mutter weg, nur so können Sie die ungünstigen Auswirkungen einer isolierten Aufzucht vermeiden. Und wenn Sie außerdem erwarten, daß Ihre Mieze später einmal viele Milieuänderungen gut verkraften soll, dann müssen Sie das Tier bereits vor dem vollendeten dritten Lebensmonat an eine erweiterte Umwelt gewöhnen: an den Park, an Brustgeschirr und Leine, an das Autofahren. Der günstigste Zeitpunkt, sich ein Kätzchen ins Haus zu nehmen, liegt zwischen der neunten bis zehnten Lebenswoche.

Eine tierärztliche Kaufuntersuchung auf Gesundheit, Wurmfreiheit, Ohrräudemilbenfreiheit u.a. und die Vereinbarung des Rückgaberechtes bei ungünstigem Befund innerhalb 24 Stunden nach der Übernahme des Tierchens erspart späteren Ärger und eventuell höhere Kosten.

Besonders wichtig auch: Achten Sie auf das Geschlecht des neuen Hausgenossen. Die Katerkastration ist billiger als die Sterilisation eines Weibchens.

Schicksalfaktor Zeit

Entwicklungsperioden – Sozialisierungsstadien – Seelische Hygiene durch Stubenkatzen.

Verhaltensweisen, persönliche Wesensart und Charaktereigenschaften sind im Laufe des Lebens gewissen Veränderungen unterworfen. Ausgelöst durch Einflüsse aus den verschiedensten Bereichen, entstehen aus vorhandenen Mosaiksteinchen immer wieder neue Bilder: der Begriff des Lebens ist nicht statisch. Er schließt Entwicklung, Reifung, Entfaltung und Abbau mit ein.

Zeitabhängige Einflüsse können gewisse Verhaltenscharakteristika tiefgreifend beeinflussen, andere nur wenig ändern; Veränderungen, die sowohl vorübergehend als auch dauerhaft sein können. Die Ursachen sind vielschichtig: Vorgänge der körperlichen Entwicklung, Reifung des Nervensystems, Drüsenfunktionen, jahreszeitliche Aktivitätsperioden einzelner Instinkte, einschneidende Erlebnisse, tiefgreifende Erfahrungen, Veränderungen der Umwelt, Sozialkonflikte, Verlust eines geliebten Kameraden, veränderte Rangpositionen, Verpflanzung vom gewohnten Heim sind nur einige Faktoren, die in jedem Lebensalter das Verhalten der Katze nachhaltig beeinflussen können. In der Jugend und im Senium ist das Alter besonders bedeutungsvoll.

Daß bei alternden Katzen, ähnlich wie bei alternden Hunden und Menschen, sich eine zunehmende Tendenz zum Starrsinn, zu verringerter Umstellungsfähigkeit auf neue Umweltbedingungen und ein vermehrtes Ruhebedürfnis immer mehr bemerkbar machen, ist bekannt. Vielfach kann eine zahnlose alte Katze überhaupt nur unter domestikativen Bedingungen existenzfähig gehalten werden. Auffällig ist, daß diejenigen Zähne, die am letzten ausfallen, die Reißzähne sind: offenbar deshalb, weil sie als lebenswichtiges Werkzeug zur Selbsterhaltung des Raubtieres absolut notwendig sind. Nebenbei zeigt dieses Beispiel wieder einmal, wie eng die Grenzen des Ahnenerbes den Modifikationsspielraum persönlicher Anpassung determinieren und wie körperliche Ausrüstung und Instinktausstattung aneinander gebunden sind: die Reißzähne fallen auch dann als letzte aus, wenn Mieze durch die Stubenhaltung ihre »Morddolche« zeitlebens nicht benötigt hat.

Wir sprachen schon davon, daß für die Verhaltensentwicklung

nicht nur Erbfaktoren ausschlaggebend sind, sondern auch Erlebnisse und Erfahrungen, besonders diejenigen, die während der relativ kurzen Kindheit stattfinden. Ein erstes charakteristisches Erlebnis genügt oft, um Angst-, Aggressions- oder Zuneigungsbereitschaft so zu fixieren, daß es nur in seltenen Fällen löschbar ist. Eine Katze, die ungewollt so isoliert gehalten wird, daß sie mit der Außenwelt nicht in Kontakt kommt, kann bei einer Kastration einen derartigen Schock erleiden, daß sie ihre Stubenreinheit verliert. Das hat mit dem medizinischen Vorgang absolut nichts zu tun: es ist das erste Erlebnis mit der Außenwelt und Mieze reagiert auf dieses unangenehme Ersterlebnis mit einer neurotischen Wesensveränderung. Dies ist aber nur eines von vielen Beispielen.

Vorgänge und Erlebnisse der frühen Jugendzeit können so nachhaltige Auswirkungen auf die Entwicklung persönlicher Verhaltenscharakteristika haben, daß es bekanntlich sogar möglich ist, Katzen mit weißen Mäusen zusammen aufzuziehen, ohne daß den Mäusen etwas passiert. Oder Gazellen mit Löwen, wie das in sowjetischen Tiergärten mit Erfolg praktiziert wird. Der Mensch, der mit seiner Jungkatze möglichst viel Kontakt hat, der sie – wie das sonst nur beim Hund eigentlich üblich ist –, überallhin mitnimmt und sie wie einen Kumpan behandelt, wird eine Katze erleben, die viel beeinflußbarer, viel zusammenarbeitsfreudiger ist, als das ihrer Art entsprechen würde. Die Voraussetzung zu so innigem Kontakt mit dem Menschen und optimaler Anpassung an besondere Umweltbedingungen, wie beispielsweise das Stubendasein, ist aber, daß diese Einflüsse in der richtigen Altersstufe einsetzen.

Während die Verhaltensentwicklung des Hundes an bereits hunderten Einzelfällen vergleichend beobachtet und außer von einigen neueren amerikanischen Autoren schon vor etwa vierzig Jahren von deutschen und österreichischen Forschern untersucht wurde, liegen über die Entwicklung von Verhaltensweisen bei der Katze nur ganz wenige Aufzeichnungen über Einzelbeobachtungen vor. Leider haben bisher ja überhaupt nur einige wenige Forscher das Verhalten der Katze gründlicher wissenschaftlicher Analyse für wert befunden.

Eine der genauesten Beschreibungen der Verhaltensentwicklung junger Kätzchen lieferte ein bekannter Dompteur an Hand zweier in Kaspar-Hauser-Situation aufgezogener Tiere.

So gut man aus dem Verhalten von Kaspar-Hauser-Tieren feststellen kann, welche Handlungsweisen eines Tieres zur angeborenen Verhaltensausstattung gehören, da keine Möglichkeit besteht, von Artgenossen zu lernen, so unverläßlich sind daraus gezogene

Schlüsse über die zeitliche Festlegung der Reifung einzelner Instinkte. Die unbiologische Ausnahmesituation, in der beispielsweise übendes Spiel und Angebot erregender sozialer Auslöser seitens der Mutter und der Geschwister fehlen, führt nämlich häufig dazu, daß viele Verhaltensweisen später als normal reifen, andere aber zu früh, während manche gänzlich verkümmern, so daß sie überhaupt nicht aufscheinen.

Der Fachausdruck »Kaspar Hauser« erinnert bekanntlich an den legendären Kaspar Hauser, der im Alter von 16 Jahren in Nürnberg auftauchte und behauptete, abgeschieden und völlig isoliert in einem dunklen Verschlag aufgezogen worden zu sein.

Soweit man aus den zusammengesuchten, da und dort in der Literatur verstreuten, spärlichen Angaben über Verhaltensentwicklungen bei Katzen entnehmen kann – und wenn man diese Angaben zur Ergänzung der Kaspar-Hauser-Beobachtungen verwendet –, darf vermutet werden, daß ebenso wie bei der Verhaltensreifung beispielsweise des Hundes, des Schimpansen und menschlicher Kinder, auch bei Katzen eine Einteilung in mehrere Entwicklungsstufen vorgenommen werden muß. Es ergeben sich fünf Entwicklungsabschnitte: Perioden, die eine bestimmte Zeit dauern. Eine Zeitspanne, in der sozusagen immer etwas ganz Bestimmtes passiert. Die erste dieser Perioden ist die Vorgeburtsperiode, die letzte endet etwa im Lebensalter von acht Monaten mit der Erlangung der Geschlechtsreife.

Die zweite, die Neugeborenen-Periode, ist für uns besonders interessant. Sie dauert vom ersten bis zum fünfzehnten Lebenstag. Die noch blinden und tauben Säuglinge können nicht stehen und ihr Gleichgewicht halten, sie kriechen umher und zeigen Suchautomatismus, das ist das bekannte Hin- und Herpendeln des Köpfchens, um die mütterliche Milchquelle zu finden. Der Tastreiz und ein Geruchs- und Geschmacksvermögen, das noch nicht klar unterscheiden kann, dürften neben Schmerz- und Temperatursinn die ersten geöffneten Tore für den Reizeintritt aus der Außenwelt in das Innengetriebe des noch unreifen Organismus sein. Bei Hunger und unter einer Umgebungstemperatur von minus 10 Grad Celsius und über einer solchen von plus 40 Grad Celsius tritt klägliches Rufen nach der Mutter und Unruhe auf. Auf Massagereize durch das Lecken der Bauch- und Geschlechtsorgan-Gegend wird Kot und Harn abgesetzt.

In die Neugeborenen-Periode fallen aber auch noch andere, allmählich auftretende Verhaltensweisen. So das Kriechen unter Aufstützreaktion der Vorderpfoten, Schlafen, Umklammern einer hingehaltenen Milchflasche mit den Vorderpfoten. Und der zwischen dem fünften und sechsten Tage, manchmal auch ein wenig später, in Erscheinung tretende Milchtritt.

Um den neunten bis zehnten Tag öffnen sich dann die Augen: manchmal bleibt aber noch tagelang die Nickhaut, das sogenannte dritte Augenlid vorgezogen und verhindert ein exaktes Bildersehen. Gegen den 12. bis 14. Tag wendet die kleine Mieze dann ihren Kopf in Richtung einer plötzlich auftauchenden Lichtquelle, ohne aber auf Bewegungen im Gesichtsfeld zu reagieren. Auch das Nervensystem reift in dieser Zeit. Jeder Tag bringt neue, arttypische, angeborene Handlungen. Mieze beginnt zu schnurren. Sie ruht mit angezogenen Vorderbeinen. Ganz allmählich verbessert sich der Gesichtssinn. Um den 9. bis 12. Tag herum kann sie auch schon wackelig stehen, unsicher gehen, hopsen. Nur das Sitzen bereitet der kleinen Katze noch Schwierigkeiten.

Gegen den 13. und 14. Lebenstag vollbringt Mieze eine physische Kraftleistung: jetzt kann sie sich schon hinter dem Ohr kratzen! Sogar den Kopf kann sie schütteln und sich kräftig durchstrecken. Die ersten Anzeichen von Scharren nach dem Kotabsatz treten auf. Ansätze zum Schwanzpeitschen sind zu beobachten. Eines kann sie aber immer noch nicht: Fauchen.

Der Gehörsinn wird jetzt zusehends ausgeprägter. Plötzliches Händeklatschen des menschlichen Pflegers löst bei der Katze Schreckreaktionen aus. Mieze horcht jetzt aufmerksam auf jedes Geräusch. Am 15. Lebenstag ist es dann soweit: Schneide- und Vorderbackenzähne brechen durch, Mieze beginnt zu zahnen.

Mit diesem Tag endet die Neugeborenen-Periode. An sich könnte man das Ende dieser Entwicklungsstufe schon früher ansetzen, nämlich um den zehnten Tag. Weil aber hirnhistologische und enzephalographische Untersuchungen und Befunde, nach denen man eine klare Beurteilung und Begrenzung vornehmen kann, fehlen, nimmt man immer noch das beginnende Zahnen als Abschluß der Neugeborenen-Periode.

Die entwicklungsgeschichtlich jüngeren, also höher organisierten Gehirnteile reifen erst später. So wiederholt die Jugendentwicklung eines Tieres ungefähr die Reihenfolge des stammesgeschichtlichen Fähigkeitenerwerbes einer ganzen Art. Daraus folgert, daß eine Handlung um so einfacher ist, je früher sie auftritt. Ein Grund dafür, daß die Instinkt-Endhandlungen immer zuerst funktionsfähig werden. Die dazugehörigen Appetenzhandlungen reifen meist erst viel später. Auch für die Entlastungsreaktionen gilt das: je stärker die konfliktartig gestaute Erregung ist, desto primitivere

Bewegungsweisen treten als Entlastungsreaktionen auf. Solche Reaktionen, man bezeichnet sie als Primitivreaktionen, werden wir im Verlaufe dieses Buches noch öfters erleben.

Die dritte Entwicklungsperiode Miezes liegt zwischen dem 15. und 22. Lebenstag. Manche Kätzchen nehmen jetzt schon Bewegungsabläufe wahr. Vorausgesetzt, daß sie nicht zu schnell ablaufen. Aber auch in dieser Periode sind noch immer nicht alle Teile voll ausgereift, die zu einer ordnungsgemäßen Funktion des Gesichtssinnes und der Reaktion auf optische Einflüsse notwendig sind.

Etwas rascher geht die Entwicklung des Gehörsinnes vor sich. Eine Katze, die im Alter von 15 Tagen zwischen eine aufgeregt flatternde und gackernde Schar Junghühner gesetzt wird, zeigt Orientierungsbewegungen und Interesse. Ein Verhalten, das aber störbar ist: auf Zuruf kommt Mieze zu dem ihr bekannten Pfleger zurück. Dieses Experiment wurde im Rahmen eines Kaspar-Hauser-Versuches vorgenommen. Es beweist, daß eine Art akustischer Prägung auf Mutter-, Pflege- oder Schutzwesen schon stattgefunden haben muß.

Wieder gilt das Durchbrechen von Zähnen als Ende einer Entwicklungsperiode: zwischen dem 21. und 22. Tag bekommt die Katze ihr komplettes Milchgebiß – auch Eck- und Backenzähne. Um diese Zeit ist auch der Gesichtssinn voll entwickelt. Diese Reifungsstufen erst ermöglichen den nächsten wesentlichen Entwicklungsschub: die optische Prägung auf Mutter und Geschwister. Im Normalfall also die Prägung auf Artgenossen. Gleichzeitig tritt auch eine Teilentwöhnung von der reinen Flüssigkeitsnahrung auf. Die Tage, die diesem Stadium vorangehen, zeigen noch eine Reihe weiterer Instinkthandlungen: Kratzen hinter dem Ohr, Graben einer Grube für den Kotabsatz (wobei die Grube noch nicht zugescharrt wird), Schwanzpeitschen als Zeichen ärgerlicher Erregung, Ausdrucksbewegung der Ohren, Fauchen und abwehrendes Pfotenschlagen. Aus dem Funktionskreis des Beutejagdverhaltens tritt außerdem das Anschleichen im tolpatschigen Spielversuch auf.

Das Wesentliche ist, daß das Auftreten dieser Fähigkeiten nur zum kleinsten Teil eine Folge von Übung oder gar ein erlerntes Verhalten darstellt. Hier manifestiert sich die organische Weiterentwicklung des zentralen Nervensystems und das Vorliegen von Instinktreifungsvorgängen. Katzen, die im Kaspar-Hauser-Versuch aufgezogen und an der Ausführung der beschriebenen Instinktbewegungen behindert waren, beherrschten nach Ablauf des notwendigen Alters alles genausogut, wie normal und biologisch richtig aufgezogene. Die einzige Ausnahme bildet das gezielte

Springen: zur Erlangung einer entsprechenden Geschicklichkeit gilt auch hier das Sprichwort vom Meister, der nicht vom Himmel fällt.

Von der dritten bis zur zehnten Lebenswoche befindet sich die Katze in der vierten Entwicklungsperiode. Sie wäre für einen jungen Zoologen oder Veterinärmediziner ein lohnendes Dissertationsthema, weil man noch immer nicht genau weiß, ob in dieser relativ langen Zeitspanne noch eine weitere Unterteilung der Entwicklung gerechtfertigt erscheint. So kann wissenschaftlich nicht exakt behauptet werden, ob das Ende der optischen Artprägung in den Beginn dieser Phase oder in das Ende der vorherigen fällt: während vereinzelt bereits am 17. Lebenstag Kätzchen nach vorgehaltenen Wollfäden mit den Vorderpfoten angeln, wurde an Kaspar-Hauser-Tieren dieselbe Vorgangsweise erst ab dem 24. Lebenstag beobachtet.

Das scheint zu beweisen, daß zumindest einige optische Auslöser bereits ab dem 17. Lebenstag funktionsfähig sind. Unbestritten ist aber, daß in diese Periode das erste Sozialisierungsstadium fällt. Interessant ist, daß die Artprägung bei »Nesthockern« – wie Hund und Katze – relativ spät stattfindet, während sie bei Nestflüchtern – Schaf und Pferd z. B. – bereits in den ersten Lebensstunden nach der Geburt eintritt. Das ist selbstverständlich keine Laune der Natur: Wie könnte sonst ein junges Kälbchen seiner Mutter in der ziehenden Herde folgen?

Dieses erste Sozialisierungsstadium ist für das Zusammenleben zwischen Mensch und Katze von nicht zu unterschätzender Bedeutung. Denn es ist wahrscheinlich nicht nur das erste, sondern auch das einzige Sozialisierungsstadium der Katze: hier ist das lebenslängliche Verharren der Katze auf kindlichem, beziehungsweise jugendlichem Niveau, die Verhinderung des Dranges nach selbständigem Futtererwerb, die Vermeidung der Jagdterritoriumsgründung möglich. Das alles ist aber bei Katzen, die ja üblicherweise nicht in absoluten Rangordnungen leben, zur Entwicklung einer wirklich innigen Freundschaft zum Menschen von immenser Bedeutung.

In der Katzenfamilie herrscht nämlich, solange sich die Geschwister noch nicht trennen und eigene Wege gehen, eine geradezu rührende Eintracht, ausgeprägte Zusammenarbeit und imponierendes Zusammenhalten.

Am 23. Lebenstag erwacht das Interesse der kleinen Mieze, die Gegenstände ihrer Umgebung ausführlich zu untersuchen. Jetzt werden auch Objekte, die sich nicht bewegen, ausführlich betastet, und zwar mit der ungespreizten Pfote bei eingezogenen Krallen. Das Wackeln, wechselndes Auf und Ab der Hinterpfoten vor dem Absprung, kann um diese Zeit zum ersten Mal beobachtet werden. Die visuelle Tiefenreaktion tritt ebenfalls auf: Mieze kann zwar an ihrem menschlichen Begleiter hochklettern, zeigt aber eine deutliche Scheu vor dem Hinunterblicken und Hinunterspringen.

Ab dem 25. Tag gräbt Mieze jene Grube, die sie ausgescharrt, um ihre Exkremente zu vergraben, auch tatsächlich wieder zu. Auch die ambivalente Bewegung des Katzenbuckels taucht auf. Verstecken, Beschleichen, Lauern und Anspringen werden ebenfalls, vorerst an Spielzeuggegenständen, ausgeführt. Diese Beuteinstinkthandlungen kommen aber bereits in der richtigen Reihenfolge. In dieser Periode beginnt unser Kätzchen auch zu »sprechen«: das »Miau« und andere Stimmfühlungslaute werden registriert. Der vertraute Pfleger wird mit erhobenem Schwänzchen und einem hohen Gurrlaut begrüßt.

So gegen den dreißigsten Tag herum, schüttelt Mieze die Pfote energisch ab, wenn sie ungewollt ins Nasse tritt. Zuckende Bewegungen während des Schlafes legen den Schluß nahe, daß die Katze jetzt auch träumt. Und wenn Sie Mieze auf der Bettdecke »treteln« sehen, erinnert diese Bewegung nicht nur an den Milchtritt und an den Funktionskreis des Sexualverhaltens, sondern in dieser Periode vor allem an den Funktionskreis des Komfortverhaltens: Mieze fühlt sich wohl.

Eine Fortsetzung dieser Verhaltensweise ist den Besitzern von Stubenkatzen ebenso geläufig wie unerwünscht: die Katzen »hakeln« und ziehen aus Textilien Fäden. Mit dieser Verhaltensweise höchstwahrscheinlich identisch ist das sogenannte Krallenschärfen, das – in aufrechter Stellung ausgeführt – ab dem 60. Lebenstag bereits als Übersprungreaktion geboten wird. Beispielsweise dann, wenn die Katze ungeduldig auf ihr Futter wartet.

In dieser Entwicklungs- und Reifeperiode muß auch eine Prägung in geruchlicher Hinsicht stattgefunden haben. Zumindest aber ein Erlernen des Bekanntheitsgrades des Muttertieres oder der Familiengenossen: streckt man ab dem 41. Tag einem Kätzchen eine – fremde – Hand hin, erschrickt es und zeigt die Ambivalenz des Katzenbuckels, manchmal auch Fauchen und Schwanzschlagen. Bei der »bekannten« Hand schnuppert es und reibt sich schmeichelnd und gurrend daran.

Bleibt noch das Sprichwort von der sauberen Katze: es ist ebenfalls eine Klischeevorstellung. Katzengerechte Gesichtswäsche kommt selten vor dem 47. Lebenstag vor. In dieser Entwicklungsphase scheinen Katzen, wie auch junge Hunde, ein sehr empfindliches und für einmalige Erlebnisse besonders empfängliches Nervensystem zu haben. Wird eine Jungmieze von Kindern beispielsweise nur harmlos erschreckt, so geht sie lange Zeit – vielleicht für immer – ähnlichen Lebewesen aus dem Weg.

Obwohl, wie wir bereits wissen, Katzen in keiner hierarchischen Rangordnung leben, werden trotzdem Unterschiede im Verhalten zueinander und auch menschlichen Familienmitgliedern gegenüber gemacht: vom Pfleger läßt sich Mieze so ziemlich alles widerspruchslos gefallen, seine mitwohnenden Kinder dürfen es aber nur hochheben, wenn das Kätzchen in Stimmung ist. Gegenüber fremden Personen ist die Katze noch abweisender: es besteht eine ausgesprochene Fluchtdistanz, also eine Mindestentfernung, auf die sich ein Fremder nähern kann und deren Unterschreitung Flucht auslöst. In dieser Hinsicht sind aber individuelle Verhaltensunterschiede erheblich. Wahrscheinlich spielen nicht nur erbliche Veranlagung, sondern auch Erfahrungsfaktoren – beispielsweise frühzeitige Gewöhnung an das häufige Auftauchen fremder Personen – eine wesentliche Rolle dabei, ob sich Mieze fluchtbereit oder eher gleichgültig zeigt. Wie ein Kind, das sich einmal die Finger am heißen Ofen verbrennen muß, um zu erkennen, daß er kein erstrebenswertes Spielzeug ist, so muß auch Mieze durch Lernakte erfahren, was für sie bekömmlich und was schädlich ist. Wie ein Kind, das nach der ersten Kontaktaufnahme mit dem Ofen allem aus dem Wege geht, was nur nach »heiß« klingt, erst differenzieren lernen muß, um dann später warme Gegenstände doch anzugreifen, muß auch die Katze solche Erfahrungen machen, um zu differenzieren. Wobei sich Mieze selten die Pfoten, dafür aber häufiger den Mund verbrennt, und das im wahrsten Sinn des Wortes. Hat sie zum ersten Mal herzhaft in eine Kröte gebissen und das heftige Brennen des Hautdrüsensekretes auf der Mundschleimhaut verspürt, geht sie allen hüpfenden Gegenständen, die sie anfangs mit Begeisterung gejagt hat, aus dem Wege. Hat sie nun Gelegenheit, anderen Katzen bei der Behandlung von hüpfenden Beutetieren zuzusehen, lernt sie unterscheiden. Sie wird dann Frösche als genießbar erkennen und Kröten in Ruhe lassen.

Die fünfte Entwicklungsstufe im jungen Katzenleben beginnt ab der zehnten Woche und dauert bis zum sechsten oder achten Lebensmonat. Über Charakteristika in der Entwicklung Miezes zwischen der zehnten Lebenswoche und der eintretenden Pubertät, also dem Zeitpunkt des erstmalig abrollenden Geschlechtszyklus beim weiblichen Tier und der Erlangung der Geschlechtsreife beim männlichen, ist nichts Sicheres bekannt.

Nach 70 Lebenstagen bereits sind alle arttypischen Instinkthandlungen einer erwachsenen Hauskatze verfügbar. Einzige Ausnahme: die Appetenzhandlungen aus dem Funktionskreis des Sexualverhaltens. Möglicherweise läuft nach diesen siebzig Tagen auch die Zeit für grundlegendes, primäres Lernen mit besonders nachhaltiger Wirkung auf charakterliche Grundhaltungen ab. Miezes Elementarschulzeit ist vorbei. Bedauerlicherweise läßt sich darüber allerdings nichts Exaktes sagen: wie erwähnt, ist die vorliegende wissenschaftliche Literatur spärlich.

Der schubweise Wechsel des Milchgebisses erfolgt bei Katzen in einem ähnlichen Alter wie beim Hund: zwischen dem vierten und dem sechsten Monat. Zieht man also hier Parallelen, dann kann man annehmen, daß diesem körperlichen Entwicklungsschritt auch fortschreitende Reifungsvorgänge vornehmlich des Beute- und Nahrungsaufnahmeverhaltens folgen.

Leider wurden noch keine vergleichenden Beobachtungen über das unterschiedliche Verhalten von Kaspar-Hauser-Katzen mit deren natürlich aufgezogenen Wurfgeschwistern veröffentlicht. Es wäre sehr interessant zu wissen, wie weit unterschiedlich sie sich einer fremden Katze gegenüber im eigenen Heim und auf fremdem Territorium verhalten. Es wäre auch interessant zu wissen, ob in der Art der Kontaktaufnahmen zwischen Katzen und Katern Unterschiede bestehen.

Alle streng isoliert aufgezogenen Säugetiere geben sich sehr ängstlich, wenn sie plötzlich mit den unbekannten Reizen einer ebenso unbekannten Welt und mit bisher nicht gewohnten Lebewesen konfrontiert werden. In kurzer Zeit scheinen sie aber dann vieles von dem nachzulernen, was sie auf Grund der Isolation versäumt haben. Selbst fehlende oder falsche Prägungsvorgänge werden, bei gleichzeitigem Fortbestehen verschiedener Kontaktschwierigkeiten, zumindest soweit umweghaft ersetzt, daß Fortpflanzung möglich ist. Allerdings ist dabei häufig ein zeitlebens etwas abnormales Sexualverhalten, gepaart mit Ungeschicklichkeit, zu beobachten.

Es wurde schon erwähnt, daß Katzen auch dem Menschen gegenüber sexuell getöntes Werbeverhalten zeigen. Das ist nicht nur bei Stubenkatzen so, sondern auch bei katzenartigen Raubtieren, wenn kein arteigener Partner vorhanden ist. Mieze geht noch einen Schritt weiter: ist sie rollig, dann kann sie ohne weiteres auch einmal einen ihr gut bekannten Hund sexuell umwerben.

Es darf vermutet werden, daß Katzen etwa zu jener Zeit, zu der sie das erstemal selbständig Beute suchen, um sich ihren Lebensunterhalt sozusagen selbst zu verdienen, oder aber knapp vor der Zeit der ersten Sexualappetenz eine weitere sensible – prägsame – Phase erleben, in der es zur Heim- und Revierprägung kommt. Und weil auch diese Frage nicht wissenschaftlich exakt und vor allem genügend oft untersucht wurde, ergibt sich schon wieder ein neues Dissertationsthema für Veterinärmediziner, Zoologen oder Psychologen.

In dieser Altersstufe ist nämlich folgendes auffallend: das Revier wird meist erst vom Zeitpunkt der Geschlechtsreife an verteidigt. Nur Katzen, die ein Revier gegründet hatten, scheinen bei gewaltsamer Verbringung in ein anderes »Revier« unter ausgeprägtem Heimweh zu leiden. Sie zeigen das zumeist durch die stark zutage tretende Tendenz, an ihre alte Wohnstätte zurückzukehren. Katzen hängen bekanntlich generell nicht wie der Hund am Sozialpartner Mensch, sondern an ihrem eigenen Territorium. Heimweh ist bei Mieze ein derart vitaler Affekt, daß er erhebliche Gesundheits- und Verhaltensstörungen hervorrufen kann. Auch damit werden wir uns noch ausführlich beschäftigen.

Katzen, die bis über die Altersstufe der geschlechtlichen Reife hinaus überhaupt nicht aus einer Wohnung hinauskommen, bleiben zeitlebens immer scheu, gewöhnen sich niemals mehr an ein angstfreies Dasein in einem Garten, fürchten sich, die Wohnung zu verlassen und sind nicht dazu zu bringen, etwa den menschlichen Pfleger an einer Leine in den Park zu begleiten. Diese Katzen flüchten auch beim Eintritt eines Fremden in die Wohnung sofort auf den Schrank oder unter das Bett.

Ein in Isolation aufgewachsener Hund hingegen legt die ebenfalls vorhandene Scheu im Verlaufe von acht Wochen bis längstens sechs Monaten ab, sofern sie nicht auch noch durch andere Ursachen hervorgerufen wurde. Statt der zweiten Sozialisierungsphase des Hundes existiert also bei der Katze möglicherweise im annähernd gleichen Alter eine Revierprägungsphase.

Mit der Erlangung der Geschlechtsreife sind auch die letzten angeborenen Handlungen der Katze zu voller Funktionsfähigkeit ausgereift. Der Kater beginnt markante Gegenstände seines Territoriums durch Bespritzen mit Urin und dem Analbeutelsekret zu markieren. Und wenn's ihm wo besonders gut gefällt, tut er noch ein wenig mehr: er kennzeichnet diese Stelle auch noch mit Kot, den er unvergraben liegen läßt. Das ist der Grund dafür, warum manche Kater, die in ihrer nächsten Umgebung eine interessante Mieze spüren, plötzlich nicht mehr stubenrein sind. Worauf der Besitzer des Casanovas den Kater meist schleunigst kastrieren läßt. Läßt man ihn aber unkastriert, dann durchstreift der Kater in der Zeit der Sexualappetenz kilometerweit die umliegenden Gärten. Zu Hause setzt sich ein auf Freiersfüßen wandelnder Kater mit besonders auffälligem Imponiergehabe und gesteigerter Kampflust in Szene.

In der Zeit der Sexualappetenz verhalten sich auch sonst eher soignierte Katzenladies gar nicht lady-like. Die Nachtruhe stören sie durch ihren Sirenengesang und die Wohnung versuchen sie mit »Duftmarken« zu kennzeichnen oder, wenn das möglich ist, besonders häufig zu verlassen.

Jede normale Katze zeigt frühzeitig die Tendenz, Körperausscheidungen zu vergraben. Bereits im Alter von 14 bis 16 Lebenstagen kann man bei Kätzchen Bewegungen beobachten, die als Ansatz zum Zuscharren ihrer Körperausscheidungen zu deuten sind, also Intentionsbewegungen in diese Richtung. Aber erst ab dem Ende des vierten Entwicklungsstadiums, also um den 25. Lebenstag herum ist erkennbar, ob eine Katze stubenrein sein wird oder nicht, ob sie möglicherweise infolge Instinktverlustes oder infolge defekten Geruchssinnes wohl kaum je dazu in der Lage ist. Trotzdem »vergessen« auch durchaus normale Katzen während der Rolligkeit ihre sonst verläßlich eingehaltenen »Verpflichtungen«, indem sie sich nicht in die Schüssel, sondern daneben setzen. Dieses Danebengehen Miezes hat aber nicht immer den Hintergrund der Sexualappetenz. Ist nämlich die Schüssel nicht so gefüllt, daß die Katze Kot und Harn auch wirklich verscharren und damit einer angeborenen Handlungstendenz Folge leisten kann, oder wurde die Schüssel mit stark duftenden Desinfektionsmitteln ausgewaschen, dann kann es auch passieren, daß sich die Katze einen anderen Platz sucht. Katzen haben eben eine empfindliche Nase. Nach Untersuchungsergebnissen amerikanischer Psychologen werden in 40 Prozent aller Haushalte mindestens ein Hund und noch mehr Katzen gehalten, wobei nicht praktische Gebrauchszwecke, wie Jagd, Bewachung, Ungeziefervertilgung als Motive an erster Stelle rangieren, sondern phantasiehafte Ausdrucksmöglichkeit eigener Wünsche, Aggressionslust, Befriedigungsmöglichkeiten von Beherrschungssucht, Fütterungs- und Pflegebedürfnis, Hilfsbedürfnis. Eine Katze kann dabei verschiedenen Mitgliedern einer Familie in verschiedener Weise direkt oder symbolisch dienlich sein. Es wurden bereits eine Reihe psychologischer Untersuchungen über die Auswahl und bewußte sowie unbewußte (oder uneingestandene?) Motivationen der Hundehaltung durchgeführt, leider aber nur sehr wenige über Katzenhaltung. Dies ist um so erstaunlicher, denn in manchen Gebieten Englands soll, den Berichten eines tierärztlichen Kollegen zufolge, kaum ein Haushalt existieren, in dem nicht mindestens eine Katze gehalten wird, und es scheint die Katzenhaltung die Haltung von Hunden zahlenmäßig bei weitem zu übertreffen. Nach Ausführungen des amerikanischen Tierarztes und Tierpsychologen Prof. Fox sollte der Tierarzt die besondere subjektive Bedeutung eines Schoßtieres für seinen Besitzer zu erkennen trachten, um beide besser behandeln zu können: so wird beispielsweise eine nachsichtige, pflegebereite Person ihre kranke Katze zu Hause besser umsorgen, als dies je in einem Tierspital möglich wäre.

Ein Stubentier kann wesentlich zur Hygiene alter vereinsamter Menschen beitragen und solcherart einen richtigen »Gebrauchszweck« erfüllen. Als Spielgenossen für Kinder, besonders einzige Kinder in einer Familie, können Haustiere wichtige Erziehungsmittel, also ebenfalls Beitrag zur seelischen Hygiene darstellen. Die Funktion der Haustierhaltung unterliegt in der modernen Gesellschaft mit ihren Wohnraumballungen in Großstädten einem Wandel gegenüber früheren Zeiten und der Ausdruck Luxustierhaltung, wie er bei uns üblich ist, trifft für die Hunde- und Katzenhaltung des modernen Menschen eigentlich gar nicht richtig zu. Der Psychiater Prof. Teyrich verwendet mit Erfolg Tiere sogar als »Heilgehilfen« für seelisch erkrankte Menschen. Daß also das persönliche Verhältnis, die soziale Partnerschaft, Kumpanbeziehung zwischen dem Tierbesitzer und seinem Tier verschiedener Art sein kann, ist verständlich, daß dabei aber an Tiere recht verschiedenartige, mitunter nahezu unerträgliche Anpassungsanforderungen durch das Verhalten ihrer Besitzer – mit dem sie oft weitgehend isoliert zu leben gezwungen sind – gestellt werden, das wird allerdings nur selten einer Würdigung wert befunden. Wir werden im Verlaufe dieses Buches noch davon hören, was alles ein Stubentier ertragen muß und wie es darauf reagiert.

Dieses Kapitel abschließend, noch ein Wort zum Problem der Stabilität der individuellen Verhaltenseigenschaften eines bestimmten erwachsenen Lebewesens im Sinne der Unveränderlichkeit eines einmal scheinbar fertig ausgeformten Charakterbildes. In diesem Zusammenhang müssen Beobachtungen herausgestellt werden, denen zufolge außer den besonderen angeborenen Eigenschaftsanlagen und deren Modifikation durch frühkindliche und in der späteren Jugend stattfindende Umwelteinflüsse vor allem die *Art der jeweils aktuellen sozialen Partnerschaft* für das individualtypische Verhalten maßgeblich ist. Mit anderen Worten, ein und dieselbe Katze kann je nach der Gesellschaft ihres jeweiligen menschlichen Pflegers resp. der Bezugsperson ein anderes Charakterbild an den Tag legen. Deshalb zeigt der Besitzerwechsel bei einem unleidlichen Tier oft verblüffende Wirkungen, zumindest im Bereich des Sozialverhaltens. Auch das Umgekehrte ist möglich, es kann aus einem guten Heimtier ein »verdorbenes«, neurotisiertes nach einem Besitzerwechsel werden, und um dieses Problem wurden schon etliche Gewährleistungsprozesse bei Gerichten geführt und tierpsychologische Gutachten verfaßt. Unter Menschen ist ähnliches geläufig: ein gestrenger Chef im Betrieb kann seinen Freunden gegenüber als guter Kamerad und zu Hause als Diener seiner herrschsüchtigen Gattin auftreten. Hätte er aber eine Gattin anderen Charakters, könnte er auch im Kreise seiner Familie gefürchtet sein. In wieder anderen Fällen kann ein im Beruf friedliebender Mensch gezwungen sein, sich zu Hause als zänkischer oder intriganter Typ zu beweisen, während nach einer Scheidung und Neuvermählung derselbe Mann mit einer Frau anderen Charakters eines harmonischen Zusammenlebens fähig ist und kein Mensch seines gesamten Bekanntenkreises ihm Streitlust oder Falschheit zutrauen würde. Die Art der sozialen Umwelt kann also nicht nur ausschließlich im Laufe der Jugendentwicklung ein maßgeblicher, Wesenseigenschaften überformender Faktor sein! Obgleich unbestritten sei, daß während der Jugendentwicklung die wichtigsten und nachhaltigsten Grundeinstellungen erworben werden.

Die Welt der Stubenkatze

Anpassungsprobleme in großer Zahl – Voraussetzungen für den harmonischen Kontakt mit der Katze – Zuneigungsäußerungen – Kennen Katzen Liebe? – Interspezifische Auslöser.

Die Lebensbedingungen in einer Großstadtwohnung unterscheiden sich wesentlich von jenen natürlichen Umweltbedingungen, auf die das angeborene Verhaltensinventar der Katze ausgerichtet ist. Diese Verschiedenartigkeit stellt Mieze vor Anpassungsprobleme, die nicht immer so ohne weiteres verkraftet werden können. Oft kommt es zu Frustrationen oder unlösbaren Konfliktsituationen.

Konfliktsituationen können schon allein durch das Kumpanverhältnis zum Menschen entstehen. Schließlich ist es ja oft der einzige Ersatz für artgemäße Sozialpartner oder Reviernachbarn, mit denen man sich – sozusagen von Katze zu Katze – viel leichter verständigen könnte als mit dem zweibeinigen Sozialpartner: unterschiedliches soziales Ausdrucksverhalten infolge Artverschiedenheit beschert der Katze eine Kette von Mißverständnissen. Daß Mieze selbst artgemäß richtig und situationsangepaßt *normal* reagiert, bringt ihr außer neuerlichen Problemen nicht viel ein.

Besonders bedauernswert sind manchmal jene Stubenkatzen, die von sogenannten Tierfreunden gehalten werden, deren Hauptmotivation Mode, Eitelkeit, Kinderersatz, Abreaktion der eigenen Herrschsucht sind.

Berücksichtigt man, wie wenig oft Menschen ihre eigenen Kinder wirklich verstehen, ist es gar nicht mehr so außergewöhnlich, daß es viele unverstandene Katzen gibt. Menscheneltern können nämlich Menschenkinder viel leichter verstehen: man hat die gleiche Ebene, die gleichen artspezifischen sozialen Auslöser und Ausdrucksmöglichkeiten. Und die darin inkludierte Sprache. Daß es trotzdem nicht immer klappt, beweist doch irgendwie, daß ein Tier noch um Klassen schwieriger zu verstehen ist. Bloßes Liebhaben und Vermenschlichen genügen bei weitem nicht. Ein gerüttelt Maß an Selbstbeherrschung, der Verzicht auf Voreingenommenheit und vorschnelles Urteil, die Abkehr von Selbstgefälligkeit, Egoismus und unbewußter Tyrannei sind notwendig, um eine Katze artgerecht und damit richtig zu behandeln!

Von Mieze werden ebenfalls Anpassungsreaktionen verlangt, die wahrlich nicht von schlechten Eltern sind. Die Katze als domestiziertes Raubtier muß sich in einer für sie teilweise völlig unverständlichen Umwelt zurechtfinden. Eine Welt, in der ihr das Ausleben ihres elementaren Jagdtriebes mit seinem ganzen Arsenal von Instinkthandlungen zeitlebens verwehrt ist. Sie muß als Tier ohne absolute Rangordnung in einer Umwelt leben, die zwar eine absolute Rangordnung kennt, sich aber nur selten daran zu halten scheint: launische, inkonsequente Ersatzpartner, die ihre eigene Rangordnung scheinbar ständig ändern, bestimmen Miezes Leben.

Wenn's dann noch passiert, daß die Katze durch ungünstige Veranlagung oder durch Aufzuchtschäden in ihrer Anpassungsfähigkeit vermindert ist, ist das Chaos perfekt. Menschen würden unter solchen Aspekten wahrscheinlich psychisch und physisch zugrunde gehen.

Das ist aber noch nicht alles. Lassen wir einmal Miezes artfremde Bezugspartner aus dem Spiel. Nehmen wir den Lebensraum der Katze. Normalerweise entspricht er der Größe eines Kleinbauernhofes, der Städter hingegen bietet bestenfalls drei Zimmer, Flur und im Idealfall ein Stück Garten. Deshalb darf es nicht verwundern, daß die Umgruppierung der Sitzecke im Wohnzimmer oder eine Änderung der täglichen Zeiteinteilung erhebliche Belastungen für Mieze bedeuten können, die sie je nach nervlicher Veranlagung mit Verhaltensstörungen beantwortet.

Schließlich geht es für die Katze im speziellen Fall um ihr Heim erster Ordnung, dessen Örtlichkeiten doppelt affektbesetzt sind, wenn dieses kleine Territorium der einzige überhaupt zur Verfügung stehende Lebensraum ist: er wird einschneidend verändert, eingefahrene Gewohnheiten werden frustriert; und es besteht nicht einmal die Möglichkeit, sich einer so belastenden Situation durch Flucht zu entziehen!

Was der Katze zur Verfügung bleibt, sind letztlich ausschließlich Ersatzhandlungen und Leerlaufreaktionen.

Für das angeblich so gesicherte Dasein ohne jedwede materielle Sorgen muß Mieze also beträchtlichen Tribut zahlen: die Anpassungsumstellungen bringen viel Triebverzicht mit sich.

Der Tierbesitzer, der ja gewiß nicht aus Böswilligkeit, aber häufig aus mangelndem Wissen das Seine zu Schwierigkeiten beiträgt, sollte sich also immer wieder die gleiche Frage stellen: »Wie mache ich es richtig, wie kann ich mit meiner Katze möglichst harmonischen Kontakt aufnehmen?«

Die spontane Antwort darauf ist simpel, aber unbefriedigend:

»Auf keinen Fall nach Schema F!« Rezepte gibt es nicht. Katzen sind keine Automaten. Abgesehen davon ist ja gerade die individuelle Gestaltung der kameradschaftlichen Beziehung das Reizvolle. Auch zur Behandlung der Ehegesponsin gibt es keine Rezepte. Wohl aber gewisse Regeln, die ganz einfach notwendig sind. Ähnliche Spielregeln gelten auch in bezug auf die Katze, und obwohl es in diesem Buch schon mehrmals ausgesprochen wurde, erscheint es so wichtig, es auch an dieser Stelle nochmals zu sagen: nur wer die Regelmechanismen geselligen Zusammenlebens und die ihnen zugehörigen Gemütszustände kennt, kann sie auch – zum eigenen Wohle und zum Vorteil der Katze – in die Tat umsetzen.

Gemeinsame Verrichtungen von Angehörigen verschiedener Tierarten zu beidseitigem biologischem Nutzen bezeichnet man als Symbiose: zum Beispiel schützt der eine den anderen, der eine reinigt den Körper des anderen und erhält dafür als Gegenleistung wichtige Tips für ein besseres »Beuterevier«: Die Haltung des Jagdhundes zu seiner jagdlichen Verwendung stellt unzweifelhaft eine Symbiose Mensch – Hund dar. Die Haltung einer Katze zum Zwecke der Ungeziefervertilgung kann als eine Art Symbiose Mensch – Katze aufgefaßt werden.

Grundsätzlich wird das Zusammenleben von Mensch und Katze in einem Haushalt von mehreren Brennpunkten beherrscht: der Fütterung und allem, was damit zu tun hat, dem wechselseitigen Zuneigungsausdruck und der Aggressionshemmung, sowie dem Wohnen und Schlafen im gemeinsamen Heim, das saubergehalten und manchmal sogar gegen echte oder vermeintliche Feinde verteidigt wird. Schließlich spielen auch noch Angst, fehlende Fluchtmöglichkeit und verschiedene andere Frustrationen und Konflikte eine tägliche Rolle.

Verhält sich eine Katze in diesen Bereichen abnorm, stört es den Tierbesitzer logischerweise weit mehr als in Verhaltensbereichen, die ihn nicht, oder nur wenig tangieren: Jagdverhalten, Sexualfunktionskreis, Mutterverhalten. Um Verständnisschwierigkeiten zu überwinden, bedient sich der Mensch unter anderem listigerweise einfach jener Appetenzhandlungen, die im Funktionskreis des Nahrungsaufnahmeverhaltens angesiedelt sind. Er füttert, lockt und ködert das Tier mit Leckerbissen, um sein Vertrauen zu gewinnen, weil Binsenweisheiten nun einmal besagen, daß Liebe durch den Magen geht und daß Angst und Freßlust einander verdrängen. Man glaubt nicht, wie viele seelische Störungen sich unter Zuhilfenahme von Leckerbissen behandeln lassen! Eine Tatsache, die den Menschen natürlich sofort zu einer Reaktion veranlaßt, deren Stupidität nur noch von seiner Überheblichkeit übertroffen wird: mit Hochmut und gönnerhafter Verachtung spricht er vom *primitiven* Tier, das sich ködern läßt. Um in der gleichen Minute ins nächste Bonbongeschäft zu laufen, weil er die ihm fremden Kinder des Chefs mit einer Tafel Schokolade oder die noch immer unwillige Braut mit einer Bonbonniere ködern will.

Der Ausdruck von Schmerz und Angst, oft auch von Bedrohung, wird von Angehörigen jeder Tierart meist spontan und ohne vorhergegangene Erfahrung verstanden, während die Ausdrucksformen demütiger Unterwerfung, des Anbettelns der Bereitschaft zum Teamwork und der Zuneigung von artfremden Gefährten ohne vorher stattgefundene Erfahrungen nicht immer auf Anhieb richtig gedeutet werden. Dies stört ein Zusammenleben in Symbiose nur dann, wenn die wenigen gemeinsamen Kontakte davon betroffen werden.

Bei der Stubenhaltung von Katzen kommen durch das innigere Miteinanderleben des Menschen und des Tieres gegenseitige Abhängigkeiten zustande, wie sie sonst nur in Partnerschaftsbeziehungen sozial eng verbundener Artgenossen auftreten. Ändert einer der Partner sein Verhalten, ändert er damit auch zwangsläufig das des anderen, was wiederum auf sein eigenes Verhalten abfärbt. Ein angeheiterter Ehemann veranlaßt seine Gattin zu einer Gardinenpredigt, die ihn so wurmt, daß er zwei Tage lang nicht mit ihr spricht.

Daraus folgert, daß man die Ursachen einer ausgebildeten Verhaltensstörung nicht nur bei Mieze, sondern auch bei sich selbst suchen muß. Die Tatsache, daß die einzelgängerische Katze, ein Tier, das von Haus aus nicht sozial eingestellt ist, eine soziale Dauergemeinschaft mit einem Menschen eingehen kann und damit sekundär zu einem Tier wird, das sozial ist, ist an sich schon Meisterleistung ökologischer Anpassungsfähigkeit. Das geht manchmal sogar so weit, daß eine Stubenkatze – ganz unkätzisch – mehr am menschlichen Freund als am Territorium hängt. Keine freilebende Katze würde so reagieren. Stubenkatzen leiden ungemein unter Veränderungen des sozialen Milieus und verhalten sich dann ähnlich wie das soziale Haustier Hund.

Die tragenden Komponenten solcher Beziehungen zwischen Menschen und Katzen sind innige Zuneigung und intensiver persönlicher Kontakt beider Partner, die sich unter anderem besonders sinnfällig in einer Distanzverminderung, neben verschiedenen charakteristischen Ausdrucksreaktionen, anzeigen. Ausdrucksbewegungen gehören bei allen Tieren und auch beim Menschen zu den Instinkthandlungen. Mimische und pantomimische Zeichen, die das Vorhandensein einer bestimmten Stimmung anzeigen, sind in artspezifischen Formen angeboren. Mit solchen – unbewußt dargestellten – Signalen soll dem Sozialpartner und letztlich auch sich selbst die soziale Beziehungsnahme, die Herstellung oder Vermeidung eines Kontaktes ermöglicht und erleichtert werden.

Bei Tieren sind es vor allem Ausdruckshandlungen aus dem Sexualappetenzbereich, aus dem Komfortverhalten (Ruhe und Körperpflege), Mutterverhalten, sowie Kindverhalten (et-epimeletischem Verhalten), welche als Analogien zu jenen Zeichen aufzufassen sind, mit denen auch Menschen Sympathie, Zuneigung, Wertschätzung und Liebe ausdrücken. Wobei Liebe – hier im weitesten Sinn verstanden – unzweifelhaft den biologischen Zweck hat, die Aggression auszuschalten, Hemmung von Rang-, Futter- und Territoriumskonkurrenz zu bewirken, die Beutelust zu hemmen, sowie Fluchttendenzen und Angstgefühle zu beschwichtigen. Körperliche Annäherung oder Berührung bedeutet im Tierreich häufig eine der vielen Erscheinungsformen von Aggression, außer dieser Mechanismus ist durch »Liebe« unter Hemmung gesetzt.

Bei ausgesprochen sozialen Tierarten ist das Zusammenleben der Herde oder Meute auf relativ engem gemeinschaftlichen Raum stets durch Rangordnungen genau geregelt – also begrenzt –, und die Überschreitung des Toleranzspielraumes – der Individualdistanz – in irgendeiner Richtung würde ernste Drohung, ja Tätlichkeiten zur Folge haben.

Aus systematischer, vergleichender Betrachtung der verschiedenen Zuneigungsäußerungen bei den einzelnen Säugetierarten kann der Schluß gezogen werden, daß im allgemeinen Zuneigungsäußerungen um so vielfältiger sind und um so häufiger zur Anwendung kommen, je intelligenter das Tier bzw. die Tierart ist, je wehrhafter das Tier und je selbständiger sowie pflege- und schutzbedürftiger seine Jungen sind; es erscheint demnach geradezu als selbstverständliche stammesgeschichtliche Weiterentwicklung, daß das »Säugetier« Mensch die Äußerungen der Zuneigungsfähigkeit ganz besonders entwickelt und kultiviert hat. Bei ihm vervollkommnen auch erlernte Handlungsweisen die instinktmäßig gegebenen Grundlagen der Ausdrucksmöglichkeiten dieser Gefühls- und Triebtendenzen.

Beim Mutterverhalten und bei der sexuellen Werbung kennen wir bei allen Säugetieren *zahlreiche*, im Bereich einer langdauernden »eheartigen« Haus- und Wirtschaftsgemeinschaft kennen wir bei vielen Säugetierarten *einige* und in den Belangen der überfamiliären Rudelgemeinschaft mit dem Zweck des Nahrungserwerbes, der gemeinsamen Verteidigung gegen biologische Feinde, der gegenseitigen Körperpflege und dem Spiel kennen wir bei einigen Säugetieren *manche* Ausdrucksweisen, die ohne Zweifel am treffendsten als Zuneigungsäußerungen gedeutet werden.

Das Zusammenleben mit dem Menschen in einer engen Hausgemeinschaft veranlaßt besonders die höherstehenden Säugetiere zu häufigen und ausgeprägten Akten der Zuneigung. Der menschliche Pfleger, dem sie gelten, versteht diese Zuneigungsäußerungen oft rein unbewußt und erwidert sie in einer für das Tier verständlichen Art, weil bei allen höheren Säugetieren einige pantomimische Ausdrucksformen der positiven sozialen Zuwendung prinzipielle Ähnlichkeit aufweisen: so z. B. belecken, oder dessen Ersatz, streicheln mit der Hand und reibende körperliche Berührung, das Anbieten von Futter, statt dem Versuch, es wegzunehmen, der Wegfall der sozialen Rangordnung beispielsweise durch Unterlassung einer vertreibenden, aggressiven Verhaltensweise am Schlaf- oder Ruheplatz und innerhalb der Territoriumsgrenzen. Die Verteidigung des »Sozialpartners« oder dessen Kindes gegenüber Fremden oder fremden Artgenossen sind prinzipiell ähnliche Ausdrucksweisen der Zuneigung. Es sind Haushalte bekannt, in denen die Katze den Hund verteidigt, wenn dieser von einem anderen Hund angegriffen wird.

Weder von Angstausdruck gefolgte, noch durch Drohverhalten geahndete Mißhandlungsduldung seitens artfremder oder artgleicher Sozialpartner gehört ebenfalls zu den vielfältigen Anzeichen bestehender Zuneigung. Gerade Katzen lassen sich oft von mit ihnen aufwachsenden Kindern mehr gefallen, als von Erwachsenen.

Die Skala der prinzipiell ähnlichen Ausdrucksformen der Zuneigung durch die gesamte Säugetierreihe ist reichhaltig. Die häufige Aufforderung zum Spiel kennen wir beim Menschen ebenso wie bei der Katze. Die Überlassung des Gästezimmers oder gemeinsames Schlafen innerhalb einer Wohnung oder im selben Bett ist zoologisch der Duldung eines bestimmten Paares oder einiger spezieller Genossen der gleichen oder einer anderen Tierart im Heim erster Ordnung gleichzusetzen. Das Mitschleppen eines verwundeten Soldaten findet sein Pendant in der Tierwelt unter anderem auch bei Affen: auch sie tragen einander auf der Flucht. Und weil diese Äußerungen eben prinzipiell ähnlich sind, werden sie auch von den Angehörigen anderer Arten prinzipiell richtig gedeutet. Die feinere Ausprägung einer dieser aufgezählten Ausdrucksformen mag von Art zu Art verschieden sein, aber vorhanden ist sie in prinzipiell ähnlicher und damit allgemeinverständlicher Form auf jeden Fall.

Der Existenz solcher Ausdrucksformen ist es zu danken, daß ein Verständnis zwischen höheren Lebewesen verschiedener Arten – wenn auch durch Mißverständnisse getrübt – überhaupt möglich ist. Diese sogenannten interspezifischen d.h. zwischenartlichen Auslöser ermöglichen die Haltung von gemischten Tiergruppen beispielsweise in zoologischen Gärten. Sie erlauben auch die Haltung von Hunden und Katzen unter einem Dach. Und diesen interspezifischen Auslösern verdanken wir auch das Grundverständnis zwischen Mensch und Katze.

Das Mittagsmenü freiwillig und ohne jeden Zwang dem Artgenossen anzubieten, den eigenen Körper einem überlegenen Feind hinzuhalten, um damit einen Gefährten zu schützen, obwohl man eigentlich auch Fersengeld geben könnte, die Flöhe zuallererst im Fell des anderen zu suchen, obwohl das eigene genau so juckt, den anderen zu streicheln und zu belecken, um ihn zu reinigen und zu pflegen, vom anderen sich schlagen und beißen zu lassen, als Ranghöherer dem Untergebenen den besseren Schlafplatz zu überlassen, beim Jagdspiel auf den Sieg zu verzichten, obwohl man der Stärkere ist und alle Trümpfe in der Hand hat, einigen Gefährten bei der Verteidigung des Heimes zu helfen, die gemeinsame Beute gegen Außenstehende zu verteidigen, um sie dann doch nicht selbst zu fressen, um einen Toten so sehr zu trauern, daß man weder Freude am Spiel noch Appetit verspürt: würde all das der Mensch machen, spräche man bedenkenlos von Liebe. Und das mit Recht. Analog dürften wir das auch bei Tieren tun.

Alle hier aufgezählten Verhaltenseigenschaften zählen aber zumeist nur *zeitweilig* zum Verhaltensinventar. Was ja auch beim Menschen der Fall ist: psychologisches Geschehen unterliegt der Stimulierung durch Affekt, Gefühl, Stimmung und innerer Einstellung. All das ist natürlich nicht ständig aktiviert, sondern wechselnd und zeitlich begrenzt. Nur die ethische Liebe unterliegt dieser Zeitbegrenzung nicht, weshalb philosophisch Eingestellte bei Tieren doch nur von Zuneigung sprechen, anstatt von Liebe. Die hier aufgezeigten Gesetzmäßigkeiten gelten weitgehend aber auch für das Verhalten von Menschen. Was uns milder allen jenen gegenüber stimmen sollte, die ihre Katze wie ein Baby aufrecht tragen, die ihren Hund abküssen und mit dem Sittich in verkindlichten Worten sprechen.

Denn auch der Mensch muß eben zum Ausdruck seiner Zuneigung auf den vornehmlich unbewußt funktionierenden Mechanis-

Was Sie hier so treuherzig anblickt, ist die von der FIFE, der Fédération Internationale Féline d'Europe anerkannte Europäische Kurzhaarkatze. Die Rasse kommt Ihnen bekannt vor? Kein Wunder, verbirgt sich doch hinter der bombastischen Rassenbezeichnung nichts anderes als eine »gewöhnliche« Hauskatze. Sie ist wahrscheinlich deshalb zu Rassenehren gekommen, weil der Mensch nur dann glücklich ist, wenn er ein »Rasse«tier besitzt.

Katzen sind saubere Mitbewohner. Was Menschen mit der Serviette machen, erledigen sie mit der Zunge. Verhaltensweisen dieser Art zählen zum Funktionskreis des Körperpflege- und Komfortverhaltens.

Ob eine Katze Normalverhalten entwickelt, entscheidet sich in der Jugendzeit.

Kratzen und Fellputzen, dem Funktionskreis der Körperpflege zugeordnet, kann auch als Übersprunghandlung auftreten, um Aufregung und »Nervosität« abzureagieren.

Die Katze ist eine sehr fürsorgliche Mutter. Wenn keine Störung des Mutterverhaltens vorliegt, lernen die Katzen im Familienverband alles, was sie außer der angeborenen Verhaltensausstattung noch brauchen, um sich später zu behaupten.

Katzen sind in ihrem Jagdverhalten keine prädestinierten Vogeljäger. Ausnahmen bestätigen aber die Regel. Die Katze ist unmittelbar vor dem Absprung auf Vogelbeute.

Körperhaltung und Mimik zeigen an, daß diese Katze nur peripher interessiert ist. In wenigen Minuten wird sie ihre durch unser Erscheinen gestörte Tätigkeit wieder aufnehmen.

Die Lehrzeit, die eine junge Katze bei ihrer Mutter absolviert, dauert nicht lang, wird aber intensiv genützt. So kommt die Mutterkatze zunächst mit einem bereits getöteten Beutetier ins Nest. Sie frißt das Tier unter starkem Knurren selbst, bevor sie den Kätzchen das erste lebende Beutetier vorsetzt.

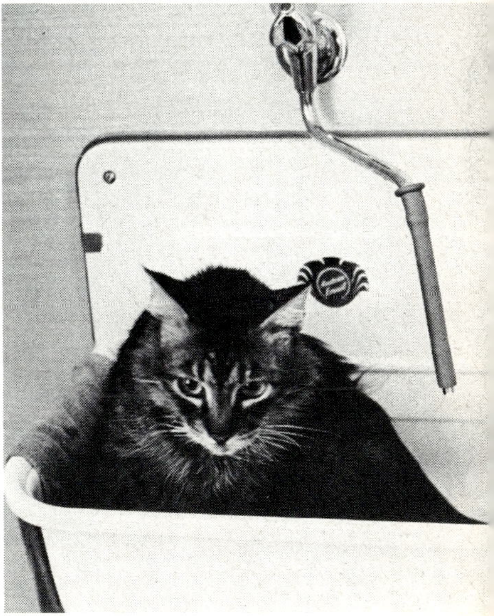

Manche Katzen bevorzugen die absonderlichsten Ruheplätze. Diese hier schätzt besonders das Spülbecken.

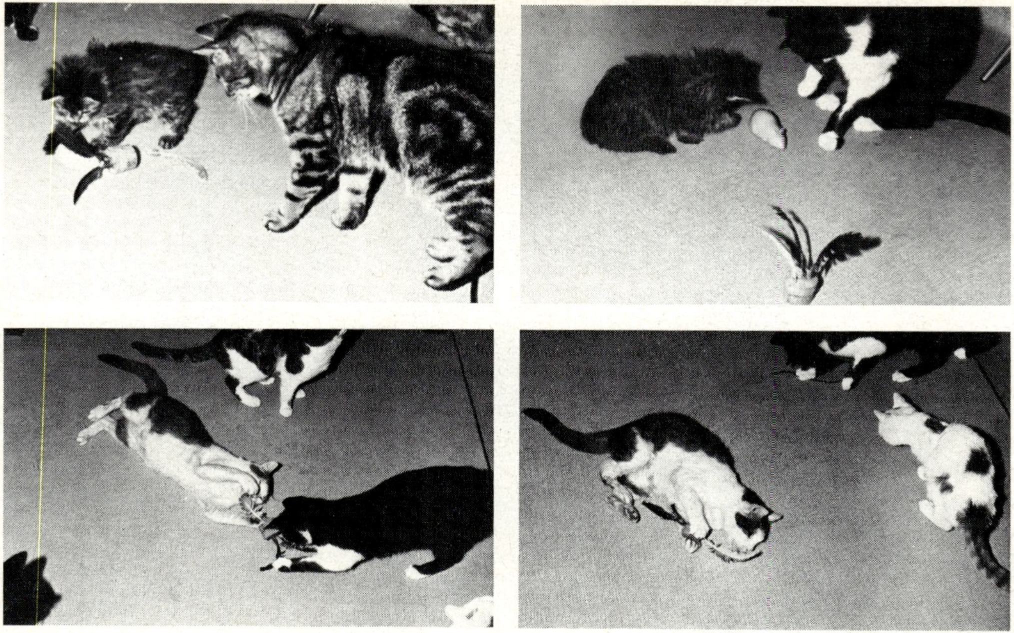

Beim Jungtier lassen sich durch entsprechende Attrappen alle Teilhandlungen des Beuteinstinktes in Tätigkeit setzen. Wie sehr Attrappen auch dazu beitragen können, Verhaltensstörungen zu neutralisieren, ist im Kapitel »Abnorme Aggressivität« ausführlich beschrieben.

Die fressende Katze ist das rangniedrigere Tier. Die plötzliche Anwesenheit der ranghöheren Katze bewirkt rasches Umschlagen der Verhaltensweise: das Nahrungsaufnahmeverhalten wird gehemmt und später von defensivem Fauchen und Flucht abgelöst.

Ambivalenz zwischen Angst und Interesse, besonders durch eine unterschiedliche Halbseitenmimik verdeutlicht.

Katzen kennen normalerweise keine hierarchischen Rangordnungen. Selbst dann nicht, wenn sie durch besondere Umstände gezwungen sind, auf engstem Raum zusammenzuleben.

mus der ihm angeborenen, spezifisch menschlichen »Brutpflege-Verhaltensweisen« zurückgreifen.

Der Mensch vermenschlicht den Hund. Der Hund verhundlicht den Menschen. Die Katze macht aus dem Menschen eine Mieze und der Mensch macht aus der Katze ein Baby: jeder drückt eben spontan seine Zuneigung mit den ihm primär gegebenen Möglichkeiten aus.

Zur besonderen Lebenssituation der meisten Stubenkatzen zählt auch eine oft lebenslange Frustration artgemäßen Sexual- und Mutterverhaltens. Nicht nur aus menschlichem Egoismus – um die störende und gelegentlich lautstarke Aktivität rolliger Kätzinnen, die Geruchsbelästigung und Tendenz zum Entweichen erwachsener Kater zu verhindern – sondern auch um den Tieren selbst das Verlangen nach etwas zu nehmen, was ihnen nicht geboten werden kann, werden Stubenkatzen üblicherweise kastriert. Diese »Verstümmelung« hat für sie nicht die Bedeutung, die sie etwa für den Menschen hätte, weshalb die gelegentliche Abneigung mancher Tierfreunde gegen derartige Notwendigkeiten der Wohnungshaltung wohl fehl am Platze ist und unzulässiger Vermenschlichung entspringt. Problemlos und spielfreudig wie ein Jungtier und befreit von unnützer periodisch wiederkehrender Triebfrustration, erleichtert man dem Stubentier mit dieser Maßnahme die Anpassung an seine erzwungenen Umwelt- und Lebensbedingungen. Katzen, mit denen nicht gezüchtet wird, zu sterilisieren ist also ein Gebot des Tierschutzes!

Ob Katzen unter solchen Haltungsbedingungen glücklich sind? Langjährige tierärztliche Erfahrung und Einblick in Tausende Haushalte bestätigen immer wieder denselben Eindruck: Die meisten Tiere erfreuen sich ganz offensichtlich großen Wohlbefindens und eines besonders hohen Lebensalters; Neurotiker sind unter ihnen prozentual seltener anzutreffen als unter ihren Besitzern. Spielen, schlafen, intensivierter sozialer Kontakt und vor allem reichliches – oft allzu intensiv ausgeübtes – »Nahrungsaufnahmeverhalten« verbleiben als hauptsächlichste Lustquellen und Betätigungsmöglichkeiten in der im Vergleich zur natürlichen, stark reduzierten Umwelt in der menschlichen Wohnung mit einigen Fenstern nach draußen als »Fernsehbildscheiben«, einer durch bewegte Objekte, wie vorbeifliegende Vögel und ähnliches oft lockenden, jedoch unwirklichen und unbekannten Welt. Einer Welt, deren Betreten oft genug mit Angst erfüllt oder mit Unheil endet. Erinnert das nicht stark an unser eigenes Dasein unter zivilisierten, ja überzivilisierten Lebensbedingungen?

Die neurotische Katze

Was ist abnorm? – Konfliktlösung bringt Verhaltensgleichgewicht – Wie ein Konflikt entsteht – Anzeichen bestehender Konfliktsituationen.

Die vergleichende Verhaltensforschung lehrt uns nicht nur die richtige, weil arttypische Behandlung der Katze. Was besonders leicht in einem Kapitel zu beweisen ist, in dem es um die Gretchenfrage geht: »Was ist normal, was ist abnorm?« Wenn's nämlich darum geht, vorschnell über andere zu urteilen, sind wir Menschen wahre Meister: wer sich anders verhält als wir, wessen Verhaltensweise wir nicht auf Anhieb verstehen, wird sofort in die große Kategorie der Spinner und Verrückten eingereiht.

Dabei ist diese Feststellung auch von Fachleuten nicht so ohne weiteres zu treffen, denn eine einheitliche tierpsychiatrische Diagnostik ist erst im Aufbau. Ob eine Verhaltensbereitschaft noch innerhalb des normalen arttypischen Bereiches liegt oder bereits außerhalb, ist nicht immer leicht und schon gar nicht schnell zu beantworten. Selbst die wesentliche Frage, wie sich ein anderes Tier derselben Rasse in derselben Situation verhalten würde, bringt nicht immer letzte Klärung. Denn schließlich kann abweichendes oder ungewohnt erscheinendes Verhalten sowohl abnorm, also krankhaft, als auch ein mehr oder minder gelungener Anpassungsversuch an eine extreme Situation sein. Wobei die Situation natürlich vom Standpunkt des Tieres aus betrachtet werden muß.

Für die Behandlung und den Versuch der Beseitigung von Verhaltensabnormitäten bei Stubentieren ist das Erkennen der Ursache von Bedeutung. Eine Binsenweisheit, die nur deshalb extra erwähnt wird, weil diesem Erkennen viele Schritte vorausgehen. So setzt es zum Beispiel exaktes und unvoreingenommenes Beobachten voraus. Denn von Verhaltensabnormitäten kann man nur dann sprechen, wenn eine Reihe von Symptomen sichtbar werden. Wie eine Schwalbe noch keinen Sommer macht, macht auch ein einziger Luftsprung aus unserer Katze zumeist keine Neurotikerin. Erst wenn alle, oder doch mehrere Symptome zutreffen, kann man annehmen, daß Mieze echte Verhaltensabnormitäten zeigt. Je mehr solcher Symptome auf sie zutreffen, desto eher kann man den sicheren Schluß auf gestörtes oder abnormes Verhalten ziehen.

Die sogenannte emotionelle Verwirrung ist eines dieser Symptome. Die Katze, die mit hocherhobenem Schwänzchen den zweibeinigen Futterbringer freudig begrüßt, um ihn dann von hinten anzufallen und schmerzhaft in die Wade zu beißen, mag Beispiel für emotionelle Verwirrung sein. Völlig regellos auftretende, hintereinander in rascher Folge ablaufende und einander widersprechende Verhaltensweisen kennzeichnen diesen Triebkonflikt.

Ein weiteres Neurosen-Verdachtsmoment ist die Unzweckmäßigkeit einer Verhaltensweise. Die Handlung Miezes ist der Situation weder angepaßt noch angemessen.

Allerdings kann man nur dann – und das ist wesentlich – vom Bestehen einer Neurose sprechen, wenn sich der Zustand Miezes, also das »abnorme« Verhalten, ständig wiederholt, wenn es chronisch ist. Meistens beobachtet man nämlich, daß abnorme Verhaltensweisen in bestimmten Situationen nicht nur einmal, sondern immer wieder in einer gleichen oder ähnlichen Situation gezeigt werden. Mieze läßt sich dann weder durch Strafe noch durch Leckerbissengabe von ihrer eingefahrenen abnormen Reaktion abbringen.

Das übliche Verhalten der Mehrzahl der Individuen derselben Art ist ebenfalls Maßeinheit, nach der man Neurosenverdacht beurteilen kann. Wenn der als abnorm bezeichnete Zustand Miezes wirklich nur bei der Minorität ihrer Artgenossen zu beobachten ist, kann man auf das Bestehen einer Neurose schließen. Außerdem – und das ist ebenfalls bedeutungsvoll – muß sich Miezes inkriminierter Zustand auffallend und grundlegend von dem bisherigen »Normalverhalten« der Katze unterscheiden. Daß sich die Verhaltensabnormität nicht als Folge oder Begleiterscheinung eines organischen Schadens neurologischer Art begründen läßt, ist schließlich die letzte Forderung, die erfüllt werden muß, um eine Verhaltensstörung als neurotisch zu klassifizieren.

Die Materie ist also ein wenig kompliziert: plötzlich tauchen ungewohnte und dem Tierbesitzer höchst unerwünschte Verhaltensweisen auf, die nicht immer alle vorgenannten Merkmale tragen. Trotzdem kann Mieze unter einer Neurose leiden. Dafür gibt es auch Verhaltensweisen, die ebenso plötzlich auftreten und genauso unerwünscht sind, ohne daß es sich um abnormes Verhalten handelt. Mieze reagiert durchaus artgemäß, situationsangepaßt und natürlich. Daß es dem Tierhalter nicht gefällt, ist noch kein Neurosebeweis.

Und dann gibt es wiederum Verhaltensweisen, die zunächst »nur« auf eine schlechte Anpassung Miezes auf eine bestimmte

Situation, nicht aber auf eine Neurose deuten: plötzlicher Verlust der Stubenreinheit, die Gewohnheit, sich ständig zu belecken oder zu benagen, obwohl garantiert kein Ekzem oder Floh dazu Anlaß gibt.

Der Themenkreis dieses Buches erstreckt sich auf all diese »gestörten Verhaltensweisen« und nicht nur auf hieb- und stichfeste Neurosen. Denn wer eine verstandene Katze haben will, muß sich auch mit den Extremformen individueller Variationen des arttypischen Verhaltens, mit Mangelzuständen, Hormonstörungen, Vergiftungen, organischen Gehirnerkrankungen und ähnlichem befassen.

Außerdem gibt es auch hartnäckige Verhaltensabnormitäten, die eine natürliche Reaktion auf frühere Erlebnisse oder Erfahrungen darstellen und dann als »unverständliches Gebaren« Miezes erscheinen, weil man von dieser traumatischen Fixierung nichts weiß. Was leider allzuoft der Fall ist. Denn zur traumatischen Fixierung genügt gelegentlich bereits ein einziges schweres Schockerlebnis. Vor allem dann, wenn es sich um ein von der Veranlagung her besonders labiles oder sehr junges Tier handelt. Das Geräusch eines vorbeifahrenden Lastwagens als Schreckreiz in einer Phase des Aufwachens aus dem Schlaf genügt mitunter, um zu seelischer Überempfindlichkeit gegenüber gleichen oder ähnlichen Reizen zu führen.

Auch normale und durchaus vernünftige Lernakte können durch zufällige Fehlverknüpfungen manchmal recht hartnäckige und unerwünschte Reaktionsbereitschaften oder Ablehnungshaltungen heraufbeschwören. Ein Beispiel für viele: Mieze flieht jedesmal ängstlich in ein Versteck, wenn sie den Transportkorb besteigen soll. Ein Verhalten, das seit jenem Tag auftrat, an dem sie in diesem Korb zu unangenehmer ärztlicher Behandlung gebracht worden war. Dem Tierarzt riß die Katze aus, das führte zur Verfolgungsjagd und zur Zwangsbändigung. Genug, um bei Katzen, die unter besonders isolierten Entwicklungsbedingungen (wie sie eine Wohnung im fünften Stock darstellen kann) groß geworden sind, eine traumatische Fixierung hervorrufen: Phobie vor dem Katzenkorb.

Auch bei Tierdressuren wird darauf geachtet, daß nicht eine Überforderung des Tieres auftritt, denn diese kann zu Fehlverknüpfungen führen. Was an sich dann das genaue Gegenteil des Dressuraktes bringen kann.

Die Übergänge von Verhaltensabnormitäten zu besonderen individuell erworbenen Charaktereigentümlichkeiten sind recht fließend. Zudem erscheint manches abnorm, ohne deswegen krankhaft im Sinne gestörten arttypischen Verhaltens zu sein. Es gibt Verhaltenseigentümlichkeiten, die für die Wildform normal sind. Kann man sie aber beim Haustier ebenfalls auslösen, gelten sie als Abnormität. Ein Beispiel dafür ist die Scheu. So sind nicht zähmbare, trotz guter Behandlung scheu bleibende Katzen zweifellos als abnorm zu betrachten.

Verhaltensbehinderungen gelten hingegen nicht als Verhaltensstörungen: eine blinde oder taube Mieze ist keinesfalls abnorm, obwohl sie sich in vielen Situationen ungewöhnlich verhält. Mitunter ergeben sich recht große diagnostische Schwierigkeiten: Erbrechen kann auf eine entzündete Magenschleimhaut zurückgehen, aber auch das Zeichen eines allzu starken seelischen Konfliktzustandes sein, es kann die Folge eines Reizes auf das Brechzentrum im verlängerten Mark (im Gehirn) darstellen, aber auch durch fortgesetzte Überforderung des empfindlichen Gleichgewichtsorganes hervorgerufen werden.

Es hängt also vielfach von der Art der Begleitumstände ab, ob eine Verhaltensweise als normal oder aber als abnorm zu bezeichnen ist. Erblich abnorm veranlagte Tiere machen mitunter einen recht normalen Eindruck, solange sie nicht seelisch belastet werden. Solche seelischen Belastungen oder außergewöhnliche Situationen können aber durchaus einmal unter normalen Haltungsbedingungen – vom Tierbesitzer ungewollt und unbemerkt – auftreten. Sind die Konfliktsituationen von längerer Dauer, dann kommt es zu den sogenannten Entlastungsphänomenen. Unter den Ausweichmöglichkeiten, die einem Tier zur Verfügung stehen, wenn es in einem unter natürlichen Bedingungen sich ergebenden Triebkonflikt steht, sind ambivalente Bewegungen, wie z. B. der bekannte Katzenbuckel, Übersprungbewegungen, wie etwa das Kratzen hinter dem Ohr ohne Grund, Reaktionen auf suboptimale Reize (sogenannte Leerlaufhandlungen) und objektübertragende Bewegungen (Stauungsspiel mit Spielzeugmaus), sowie unorientiertes Verhalten (Aggression auf Tierbesitzer im Zimmer, wenn ein feindlicher Hund vor dem Fenster vorbeiläuft) uns ja schon bekannt. Alle diese Bewegungen verfolgen den Zweck, das Verhaltensgleichgewicht durch Konfliktlösung wiederherzustellen und das Nervensystem vor Schäden zu bewahren. Nun gibt es aber auch Miezen, die konstitutionell oder auf Grund besonderer Haltungsbedingungen nicht in der Lage sind, solche Entlastungsreaktionen durchzuführen. Diese neurosedisponierten Katzen reagieren anders.

Zum Beispiel durch Hemmungssymptome: Steifheit, stumpfsinnige Reaktionslosigkeit, Futterverweigerung, körperliche Erschlaffung, Schlaf oder auch Schlafstörungen, Unterlassung von Körperpflegehandlungen, Störungen im Raum-Zeit-System, Rangverzicht, Impotenz.

Auch Erregungssymptome können auftreten; motorische Unruhe, Bewegungsstereotypien, Bösartigkeit gegenüber Menschen und Artgenossen, klagende oder wütende Lautäußerungen, ja Schmerzlaute, unermüdliches sinnloses Rennen an die Wand, Hochspringen, Zerstörung von Gegenständen. Letzteres bezeichnet man als Aggression auf unbelebte Objekte. Besonders beliebt ist diese Vorgangsweise beim Schwein und beim Menschen.

Vegetative Störungen sind häufige Begleiterscheinungen zu starker oder blockierter Erregungsvorgänge: Herzklopfen, Zittern, Atemnot, verstärkter oder verminderter Speichelfluß, Verlust der Stubenreinheit, Beschmutzung des eigenen Körpers mit Exkrementen und Erbrechen.

Zu neurodystrophischen oder psychosomatischen Symptomen können sogar Ekzeme, Furunkulose, Sarkome, Gastritis, Dünndarmgeschwüre, Unfruchtbarkeit, Versiegen der Milchsekretion, Darmentzündung und dergleichen zählen.

Zu den besonders häufigen Anzeichen bestehender Konfliktsituationen bei Tieren zählen: Schwitzen an den Sohlenballen, sich Kratzen, vermehrtes Gähnen in unpassenden Situationen, Zittern, bei Katzen besonders heftiger Speichelfluß, sinnloses Hin- und Herlaufen, Scharren auf dem Boden oder an den Wänden, aggressive Lautäußerungen, Harn- und Kotabsatz, Erbrechen.

Das weiß man deshalb so genau, weil es auch Möglichkeiten gibt, Konfliktsituationen künstlich zu erzeugen. Experimentell erzeugte Neurosen wurden zum Nutzen des Menschen an vielen Tierarten vorgenommen: um seelisch bedingte Erkrankungen des Menschen und deren leib-seelische Begleitumstände genau erforschen und Medikamente zu deren Linderung erproben zu können.

Aus solchen Versuchen wissen wir, wie gravierend eine Konfliktsituation das gesamte Verhalten ändern kann. Dauert die seelische Belastung lange an und ist sie außerdem genügend intensiv, dann kann ein tagelang, ja monatelang anhaltender Zustand eintreten, der als Verhaltenszusammenbruch bezeichnet wird. Überreizung des Nervensystems durch Überängstigung kann sogar zum Tod führen, und zwar durch Erschöpfung des Schilddrüsenkolloides. Eine Konfliktsituation kann beispielsweise auch dazu führen, daß eine Mutterkatze ihre eigenen Jungen frißt.

Und weil gut 50% aller Verhaltensabnormitäten bei Katzen

durch Konfliktsituationen hervorgerufen und ausgelöst werden, müssen wir uns hier länger damit beschäftigen.

In besonderen Versuchsanordnungen kann es zu lange einwirkenden, nicht einfach lösbaren Konflikten kommen, die das Tier dann belasten.

Eine der bekanntesten Versuchsanordnungen, über die auch ein Film existiert, ist die von Prof. Massermann. Sie wird in den Entwicklungslaboratorien der pharmazeutischen Industrie häufig zur tierexperimentellen Testung der Wirkungsqualitäten von Beruhigungsmitteln benützt. Hier sei eine Beschreibung von Hotovy wiedergegeben:

»Der Versuchskäfig war nach den Angaben von Massermann gebaut. Die Tiere (Katzen) wurden so dressiert, daß sie nach Drücken auf eine Taste, die sich auf der einen Käfigseite befand, durch Öffnen eines Deckels aus dem Futterkasten auf der anderen Seite des Käfigs beim Aufleuchten einer grünen Lampe und Ertönen eines Schnarrgeräusches von 5 Sekunden Dauer sich den Leckerbissen holten. Durch ein unerwartetes, sehr starkes Anblasen mit Stickstoff (1–3 Atmosphären) beim Öffnen des Futterkastens und vorherigem Aufleuchten einer roten Lampe konnte eine Konfliktsituation ausgelöst werden. Diese äußerte sich in einem größeren Zeitintervall bis zur nächsten Bedienung der Taste zum Zwecke des Futterholens (in Würfel geschnittene, geräucherte Pferdefleischwurst), andererseits in einem wiederholten Niederdrücken der Taste. Außerdem wurde das Verhalten der Tiere verändert.

Die dressierten Katzen verhielten sich vor dem Erschrecken durch Anblasen gesellig und zufrieden. Je nach Veranlagung der Katzen bedienten diese die Taste entweder mit der Pfote oder mit dem Kopf. Die Ausführung der gestellten Aufgabe – Niederdrücken der Taste, Abwarten des Niederfallens des Futterwürfels bei Beendigung des akustischen Signales und Verlöschen der grünen Lampe, Öffnen des Futterbehälters und Entnahme des Futters, Aufsuchen der gegenüberliegenden Käfigseite und Wiederbedienen der Taste – erfolgte bei den Katzen – im Gegensatz zu den Hunden – ruhig und ohne Hast (im Mittel in 20 bis 30 Sekunden). Nur die Futterentnahme aus dem Kasten wurde meist durch einen raschen Pfotenschlag ausgeführt. Die Katzen verfolgten während der Tastenbedienung ab und zu mit den Augen die Bewegungen des Versuchsleiters, kamen an die Käfigseite, an der dieser sich befand und rieben sich dort in typischer Art und Weise an der Käfigwand, miauten, schnurrten, putzten sich und gingen dann mit erhobenem Schwanz von der Taste zum Futterkasten. Bei Ingangsetzung der Anblasevorrichtung sprangen die Tiere zurück, liefen unruhig im Bogen um den Kasten, miauten langgezogen und kläglich, die Schwanzhaare wurden gesträubt und der Schwanz ringelte sich schnell hin und her. Dies sind alles Zeichen einer Erregung (Furcht) nach Norton und DeBeer. Sie beachteten den Versuchsleiter nicht mehr, und es konnte zu der von Norton und DeBeer beschriebenen feindseligen Verhaltensweise mit Knurren, Fauchen und Zittern kommen. Nach einiger Zeit (30 bis 270 Sekunden) drückten die Katzen einmal, bzw. je nach Schreckwirkung mehrmals die Taste nieder und näherten sich langsam und vorsichtig dem Futterkasten. Sie probierten vorsichtig öfters den Deckel des Kastens zu heben, wobei sie bei dieser Tätigkeit noch mehrmals zurücksprangen. Die Anzahl der Tastendrucke und das Öffnen des Kastens bzw. die Zeitabstände zwischen Tastendruck – Deckelöffnen – Tastendruck und den einzelnen Tastendrucken wurden mit Hilfe von Druckzählwerken bzw. Zeitwerken registriert. Die verschiedenen Arbeitsvorgänge waren so gestaltet, daß nach einmaligem Niederdrücken der Taste ein akustisches Signal ertönte. Dieses konnte erst bei Erfüllung des Programmes (Hochheben des Deckels) wieder ausgelöst werden. Die eingeschaltete rote Warnlampe erlosch nach Ablauf von 20 Sekunden, wobei anschließend beim Hochheben des Kastendeckels die Anblasevorrichtung blockiert war. Durch geeignete Abstimmung der Arbeitsvorgänge durch verschiedene Relaisschaltungen konnte eine genaue Einhaltung der Versuchsbedingungen erzielt werden. Das von den Katzen bzw. Hunden erzielte Arbeitspensum wies eine bemerkenswerte Regelmäßigkeit auf.«

Der Konflikt besteht in dieser Anordnung also zwischen Nahrungsaufnahmeverhalten und Furcht vor Schreckreiz. Verschärft wird die Situation dadurch, daß das Versuchstier durch die Käfigwände daran gehindert wird, sich der belastenden Situation durch Flucht zu entziehen, was wohl eine zusätzliche Frustration darstellt. Der Umstand, sich unerträglichen Reizgegebenheiten nicht entziehen zu können, spielt auch bei Wohnungskatzen manchmal die tragende Rolle bei der Entstehung neurotischen Verhaltens.

Nach einer weiteren, ähnlichen wissenschaftlichen Versuchsanordnung müssen Katzen lernen, ihr Futter nur während (10 Sekunden) des Aufleuchtens (oder spätestens bis 6 Sekunden nachher) einer Lampe einem Versuchskasten zu entnehmen, andernfalls erhalten sie einen elektrischen Schlag (der Käfigboden besteht aus einem elektrisch aufladbaren Gitter). Von vielen Katzen lernten nur einzelne, diese Aufgabe zu meistern, für andere stellte sie ein unlösbares Problem und damit eine unentrinnbare Konfliktsituation dar, sie begannen nach kurzer Zeit schon beim Einsetzen des Signalreizes (dem Ertönen einer Glocke, die sie – zufolge früherer Lernmöglichkeit – zum Futterkasten locken sollte) sich zu verkriechen, kläglich zu heulen und, da die Käfigwände einen Fluchtweg versperrten, in die Gitterstäbe zu beißen.

Auch Menschen zeigen, wenn man sie vor unlösbare Aufgaben in einer ausweglosen Situation stellt, die verschiedensten Konfliktentlastungsreaktionen, wie Weinkrämpfe, Wutanfälle und andere situationsunangepaßte Verhaltensweisen (bis zum unwillkürlichen Kotabsatz in die Hose).

Das eigentlich Pathologische eines neurotischen Zustandsbildes ist jedoch, nach H. D. Schmidt, erst durch chronische, also längere Zeit (auch nach Wegfall der auslösenden Situation) anhaltende Überängstlichkeit, verstärkte Neigung zu Schreckreaktionen mit erhöhter Fluchtneigung, Rückschritte auf kindliche Verhaltensweisen oder aber (bei anderen Charaktertypen) in anhaltender (erworbener) Neigung zu extrem leicht auslösbaren Aggressionshandlungen, selbst gegen die gewohnten, vertrauten Sozialpartner und manchmal sogar auch gegen Ranghöhere, kurz in einer Dauerhaltung der Unangepaßtheit an jegliche Umweltanforderung gegeben.

Auf die zahlreichen weiteren Methoden, mit denen man ebenfalls experimentell Neurosen erzeugen kann, sei hier nicht weiter eingegangen, da derartig verschärfte Nervenüberreizungen im natürlichen Leben eines Tieres niemals auftreten, so daß uns diese Kunstprodukte seelischer Vivisektion hier nur am Rande interessieren.

Gewiß kommen – Gott sei Dank – unter üblichen Stubenhaltungsbedingungen, selbst unter unzukömmlichsten Umständen dermaßen extreme seelische Belastungen nicht vor. In der eingeengten Welt einer Stadtwohnung bedingen trotzdem manchmal scheinbar geringfügige Veränderungen der gewohnten Umgebung bereits Konfliktbedingungen, deren Dauereinwirkung sich das Tier nicht entziehen kann, so z.B. Verstellung von Möbeln, Neuanschaffung eines weiteren Haustieres oder Geburt eines Kindes, Ankunft eines Besuches, der den gewohnten Tagesablauf stört, Abreise oder Tod eines Familienangehörigen oder mitwohnenden Tieres, ja sogar Berufswechsel des Besitzers, wenn dadurch die Zeiteinteilung bei betreuenden Verrichtungen verändert wird, und sogar ungewohnte Geräusche aus der Nachbarwohnung. Gelingt es, die Konfliktursachen zu entdecken und zu beseitigen, so verschwindet meist schlagartig die »Verhaltensabnormität«. Es wird

Gegenstand der folgenden Kapitel sein, an Hand praktischer Fälle im Detail aufzuzeigen, wie verschiedenartig auf solche Umwelteinflüsse Katzen verhaltensgestört reagieren können und was man dagegen tun kann.

Flucht und Angst

Wie glücklich ist ein freilebendes Tier? – Situationsunangepaßtes Angstverhalten: die häufigste Verhaltensstörung bei der Stubenkatze – Aufzuchtschäden – Kastrationsschock.

Angst- und Aggressionszustände spielen nicht nur beim Menschen, sondern auch im Leben der Tiere eine große Rolle. Während der Mensch diese Zustände beherrscht und verdrängt, weil gesellschaftliche Konvention ein unverhülltes Zur-Schau-Tragen von Affekten verbietet, treten sie beim Tier ehrlich und offen wie bei einem Kind zutage.

Angst, dieses vitalste Urerlebnis, ist so ein Affekt. Auf der subjektiven (erlebnishaften) Seite wird intensive Unlust empfunden, verbunden mit Vorstellungen über deren Verursachung und Handlungsmöglichkeiten, sich dieser zu entziehen. Je nach Bewußtseinsgrad der Begleitvorstellungen resultiert scheinbar eine aktionsaktivierende oder handlungshemmende Wirkung. Die Aktionsaktivierung kann je nach weiteren, besonderen Umständen durch Verteidigungsaggression oder durch Flucht – und bei Fehlen der Fluchtmöglichkeit (oder konflikthafter Sperrung) – durch Handlungszusammenbruch und Auftreten sinnloser, ungerichteter Intentionsbewegungen verschiedenster Instinkthandlungen gekennzeichnet sein. Bei der Aktionshemmung, begleitet von raschem Anstieg von Angst höchster Intensität, spricht man auch vom sogenannten Totstellreflex. Bei deutlich bewußt erlebten Begleitvorstellungen über die, wenn auch nur vermeintlichen (!) Unlustursachen oder »Gründe« sprach die ältere Psychologie von *Furcht vor etwas* und unterschied somit zwischen einer mehr vorstellungslos erlebten Angst und der Furcht. Diese subtile Begriffsunterscheidung wurde aber von vielen Fachleuten wieder verlassen.

Für die Stärke der Unlust, also die erlebte Intensität der Angst ist es nämlich völlig belanglos, ob dieser Affekt mit Vorstellungen von Tod und Vernichtung, sozialem Rangverlust resp. Unterlegenheit in Rivalenkämpfen, echter oder vermeintlicher Schuld oder sonstigem assoziiert erlebt wird. Dies gilt, wie die vergleichende Verhaltensforschung heute mit guten Gründen vermutet, für Menschen und höhere Säugetiere gleichermaßen.

Es ist erbstrukturmäßig festgelegt, welche Umweltreize (und in welcher Situation) bei den verschiedenen Tierarten Fluchtverhalten auslösen und wie weit diese angeborenen Auslösemechanismen durch erlebnishafte Umwelteinflüsse, also durch Lernakte ergänzt oder gehemmt werden können.

Den Höhepunkt der Unlust scheint ein Individuum in einer Situation der Ausweglosigkeit zu erleben; in solchen Situationen, besonders wenn sie wiederholt auftreten, kann das Nervensystem ernstlichen Schaden erleiden. Damit sind wir beim zweiten, dem physischen, also dem körperlichen Aspekt der Angst: Das physiologische Bild der Angst repräsentiert sich in der Ausschüttung gewisser Hormone und dadurch Veränderungen des Verteilungsmusters der Durchblutung, Blutdrucksteigerung und Herzfrequenzänderung, sowie in höchster Aktivität bestimmter Gehirnteile, in Tonusveränderungen der Muskulatur und des sogenannten unwillkürlichen Nervensystems und dessen Erfolgsorganen, was zur Veränderung der Pupillenweite ebenso wie zu Kotabsatz, Urinieren oder Übelkeit bis zum Erbrechen führen kann. Aus den körperlichen Begleiterscheinungen der Angst sind objektive Maßstäbe zur Messung der Stärke des Angstaffektes gewinnbar.

Das Leben des Tieres in freier Wildbahn verläuft keineswegs so frei und glücklich, wie man vielleicht bei oberflächlicher Betrachtung anzunehmen geneigt wäre; das Wildtier lebt ständig unter der Rahmeneinstellung der Angst, immer bereit zur Flucht vor Artfeinden und anderen Bedrohungen. Der Hirsch, der mit dem anderen einen Kommentkampf ausficht, ist dabei ebensowenig frei von Angst, wie zwei einander duellierende Offiziere oder schlagende Studenten, nur ist hierbei der durch die Rangstellung verpflichtende Prestigeanspruch, kurz die Aggressivität, stärker aktiviert als die Angst. Diese Ambivalenz zeigt sich z. B. in Kampfpausen, wo Flucht- und Aggressionsbereitschaft, einander gleichstark, einen Konflikt ergeben, der inadäquat in Form von sogenannten Übersprungsreaktionen – Scheinäsen im Falle der Hirsche – abreagiert wird.

Als wichtig betont in diesem Zusammenhang Prof. Hediger, der sich mit diesen Fragen als einer der ersten besonders befaßt hat, die Tatsache, daß man zwischen Pseudoaggressivität, die reinen Notwehrcharakter trägt und durchaus dem Rahmen des Flucht- bzw. des Feindvermeideverhaltens angehört, und grundsätzlich verschiedener, sozialer Aggressivität und der davon weiterhin grundsätzlich verschiedenen Beuteaggression zu unterscheiden habe.

Weder territorial noch zeitlich, ist das Tier frei, es ist – nach

Hediger – ebenso eingespannt in ein unerbittliches Raum-Zeit-System wie wir und bangt oft genug, ebenso wie wir, um persönliche Sicherheit, sein Heim, seinen »Besitz«, sowie um das Wohlergehen der mit ihm wohnenden Kumpane, sei es nun im Instinktkreis des Sexualverhaltens, oder der Jungenaufzucht oder sonstiger integrierter Gemeinschaft. Aus der Tatsache, daß eine Tiermutter auch gegen übermächtige Gegner ihre Jungen zu verteidigen bereit ist, darf nicht geschlossen werden, daß sie diesen Kampf angstfrei auf sich nähme, oder daß sie, im Falle der Flucht, sich nicht mehr um ihre Kinder sorgte! Selbstverständlich bestehen tierartliche Unterschiede und man darf nicht erwarten, daß das einfach gebaute Vogelhirn hier ähnliche Leistungen vollbringt, wie das wesentlich höher integrierte Säugergehirn.

Nach diesem orientierenden Überblick wieder zurück zu unseren Katzen!

Es ist sicher kein Zufall, daß die häufigsten Verhaltensstörungen bei Katzen, die bisher festgestellt werden konnten, situationsunangepaßtes Angstverhalten betrafen. *Die Ursachen dafür sind aber verschiedene!*

Bei Stubenkatzen, die durch widriges Schicksal ähnlich den Bedingungen eines Kaspar-Hauser-Versuches ohne Kontakt zu Mutter, Geschwistern oder anderen Lebewesen in Großstadtwohnungen vom Menschen künstlich aufgezogen wurden, konnte man besonders häufig Angst vor anderen Tieren beobachten. Eine solche Katze fürchtet sich vor fremden Artgenossen genauso, wie vor weißen Mäusen. Solange sich die Mäuse oder andere Lebewesen nicht bewegen, werden sie von Mieze neugierig beschnuppert. Liefen die Mäuse aber auf die Katze zu, floh Mieze und setzte sich mit einem defensiven Tatzenhieb bei angelegten Ohren ängstlich zur Wehr. Bewegten sich die Mäuslein daraufhin von der Katze weg, so wurden sie in vielen Fällen – und das ist das Abnorme – weder verfolgt noch belauert. Manche Katzen verdrückten sich in solch einem Fall ängstlich in die nächste Ecke oder unter das Sofa.

Leider wurde die Frage, ob sich diese Reaktion Miezes durch häufigen Kontakt mit biologischen Beutetieren geändert hätte, nicht immer untersucht. Von einigen Fällen wissen wir aber, daß die Katze ihre anfängliche Scheu nach geraumer Zeit ablegte. Mieze begann ein Beutehasche-Spiel, das aber so ungeschickt durchgeführt wurde, daß die Maus wohl beschädigt, nie aber zielgerichtet und kunstgerecht getötet wurde.

Ein weiteres Beispiel für Angstreaktionen im Katzenbereich lieferte ein kastrierter Siamkater, der mit drei Katzendamen verschiedenen Alters gemeinsam in jenem Haushalt lebte, in dem sie auch geboren wurden. Sobald fremde Personen die Wohnung betraten, flohen die vier wie die wilde Jagd in ihre Lieblingsverstecke. Blieb der Besucher etwa dreißig Minuten lang möglichst reglos sitzen, wagte sich eine der Miezen vorsichtig hervor. Aus einem der Fluchtdistanz eines wild aufgewachsenen Raubtieres entsprechenden Respektabstand von mehreren Metern betrachteten sie den ungewohnten Eindringling und ihre Ambivalenz zeigte sich durch ungleiche Stellung der Ohren an.

Diese Tiere aus der Wohnung, ihrem Heim erster Ordnung, fortzubringen, artete jedesmal in eine kleine Katastrophe aus: sie speichelten vor Erregung, verloren Haare und selbst nach dem Zurückbringen in die gewohnte Umgebung konnten sie sich nicht so rasch beruhigen: stundenlang gebärdeten sie sich verändert, verkrochen sich und verweigerten die Annahme von Futter.

Selbstverständlich würden solche Tiere die Wohnung nie verlassen. Wollte man sie zum Tierarzt bringen, mußte man sie unter den Einfluß von Beruhigungsmitteln setzen, um die empfindlichen Störungen des Gemütsgleichgewichtes zu verhindern. Eine Umerziehung, die durchaus möglich gewesen wäre, wurde bei diesen Tieren leider nie konsequent und lange genug versucht. Eine Langzeitkur mit Beruhigungsmitteln scheiterte am Widerstand der Katzen, die sich diese Beruhigungsmittel nicht einmal mit dem Futter verabreichen ließen.

Solche Tiere – Opfer ihrer allzu isolierten Aufzucht – erinnern deutlich an das Verhalten von Raubkatzen, die im Käfig geboren und aufgezogen werden. Öffnet man die Käfigtür, muß man das Raubtier mit Gewalt herauszerren. Läßt man es laufen, flüchtet es sofort wieder in den Käfig zurück. Es ist der einzige Ort, an dem sich das Tier sicher fühlt, weil es außer seinem Miniaturlebensraum nichts anderes kennenlernen konnte.

Abnorme Angstreaktionen zeigten auch mehrere einjährige, wildgeborene und in Häuserruinen ohne menschlichen Kontakt aufgewachsene Katzen, die gemeinsam mit einem angeblich ebenso als Streuner großgewordenen gleichaltrigen Vorstehhundbastard gefangen und in ein Tierasyl gebracht worden waren. Die beiden Miezen verkrochen sich in Gehegeecken und Schlupfwinkeln und verweigerten die ersten zwei Tage hindurch jegliche Nahrungsaufnahme. Sie wurden in dem Gehege allein und ohne ihnen unbekannte Tiere gehalten: trotzdem wagten sie sich nicht aus ihren Schlupfwinkeln und Verstecken hervor. Der Hund fraß wohl gierig das ihm dargebotene Futter, sobald sich der Pfleger entfernt hatte, berühren ließ er sich aber nicht. Betrat man die Quarantänestation, um sie zu reinigen, flüchtete er sich in die äußerste Ecke. Näherte man sich dem verängstigten Tier, setzte es vor Angst Harn und Kot ab und fletschte die Zähne wie ein wildes Tier, dessen kritische Distanz unterschritten wurde. Nach etwa vier Monaten ließ sich der Hund gelegentlich von seinem Pfleger berühren, aber die Berührungsscheu gegenüber Fremden blieb erhalten.

Die beiden Katzen änderten nach einigen Tagen ihr Verhalten insoweit, als sie zu fressen begannen, wenn sich der Pfleger entfernte und die Tiere sich unbeobachtet fühlten. Nach einem halben Jahr ließen sich die Miezen jedoch immer noch nicht berühren oder gar in die Hand nehmen. Es bestand eine etwa zwei Meter betragende Fluchtdistanz.

Später wurde dann die Fluchtdistanz durch das Gehegegitter wesentlich verringert und die beiden Katzen an Privatpersonen übergeben, die Erfahrung im Umgang mit Wildkatzen hatten. Nach weiteren zwei Monaten, also insgesamt nach acht Monaten, war es es dann soweit: die Katzen ließen sich von den ihnen bekannten Personen berühren und zeigten sich halbwegs zutraulich. Die sechs Wochen lang erfolgte Dauerverabreichung von Beruhigungsmitteln und die stets passive Haltung des neuen Besitzers trugen wesentlich zu dem »Zähmungserfolg« an diesen in der Jugend nicht an Menschen sozialisierten Tieren (versäumte Prägung) bei.

Ein weiteres Beispiel haben wir in Murli zur Verfügung. Er war schon von Geburt an stets ein scheues Tier (erbliche Veranlagung). Im Alter von etwa einem Jahr passierte ihm das, was wohl allen in der Wohnung gehaltenen Katern passiert: er wurde in einer Tierklinik kastriert. Und dabei muß irgend etwas schiefgegangen sein: vielleicht war die Betäubung nicht stark genug, vielleicht lief der scheue Murli davon und mußte eingefangen werden. Was immer auch die Ursache war, vom Tage der Kastration an war der zum Eunuchen gewordene Kater wie ausgewechselt. Die Umstände unter denen er operiert worden war, mußten ein Schockerlebnis gewesen sein, was normalerweise nie der Fall zu sein pflegt. Murli verkroch sich drei Tage lang hinter dem Schrank oder unter dem Bett. Nicht einmal die Besitzerin konnte ihn hervorlocken. Griff sie nach ihm, reagierte der Kater auf seine Weise: er biß, kratzte, urinierte und verlor dünnbreiigen Kot. Zeitweise zitterte er und speichelte stark. Murli saß starr und mit geweiteten Pupillen reglos in seinem Versteck. Die Nahrungsaufnahme verweigerte er. Auch dann nahm er kein Futter an, wenn es ihm hingeworfen wurde und sich die Besitzerin entfernte. Allmählich begann er wenigstens

Getränke anzunehmen: vorausgesetzt, die Besitzerin verließ den Raum.

Eine solche Schreckneurose, so weiß man heute, kann man durch unmittelbar darauffolgende ein- bis zweitägige medikamentöse Dauerschlafkuren beseitigen. Es verschwindet nicht nur der akute neurotische Zustand, sondern auch die im unbehandelten Falle sich anschließenden, oft montagelang andauernden chronischen Folgeerscheinungen bleiben aus.

Bei Murli war man aber noch nicht so weit. Er zeigte lang andauernde chronische Folgeerscheinungen: erst nach vielen Wochen ließ er sich streicheln; hochheben durfte man ihn aber immer noch nicht. Als seine Besitzerin nach etwa sechs Monaten die zweite Katze anschaffte, erlitt Murli einen Rückfall. Wieder verkroch er sich, obwohl er ja der Revierinhaber war. Außerdem verlor er die Stubenreinheit: man mußte die beiden Tiere zeitlebens getrennt halten. Alle Versuche, die beiden Tiere behutsam aneinander zu gewöhnen, scheiterten. Obwohl das zweite Tier jünger und eine sehr kontaktfreudige Katzendame war. Kann sein, daß sie Murli als zu draufgängerisch erschien. Der Kater gewann seine Stubenreinheit erst nach einem Jahr wieder: An dem Tag, an dem sich die Besitzerin von der Katzendame getrennt hatte.

Aber auch andere seelisch erschütternde Vorgänge können bei Katzen zu schockähnlichen Zuständen führen, auf die längere Zeit hindurch verändertes Verhalten oder vegetative Regulationsstörungen, ähnliche denen, die wir bei der experimentellen Neurose kennenlernten, folgen können.

Unter den zahlreichen, global als abnorm ängstlich und schreckhaft zu bezeichnenden Fällen, lassen sich vorerst einmal drei verschiedene Verhaltenstypen unterscheiden: Typen, die die Fluchtreaktion bevorzugen, solche, die das Meideverhalten »bevorzugen« und sich verkriechen und jene Typen, die sich aus beiden beschriebenen Reaktionsweisen etwas »wählen«.

Bei einem Teil der Patienten werden die beiden erstgenannten Reaktionsweisen nur durch stets gleichbleibende, bestimmte, eng begrenzte – also differenzierte – Reizgegebenheiten ausgelöst. Miezen, die so reagieren, sind zumeist keine allgemein besonders ängstliche Charaktertypen. In manchen derartigen Fällen zeigt sich jedoch die Tendenz zur Erweiterung der Auslösemöglichkeiten: gibt Mieze anfangs nur Fersengeld, wenn ein bestimmtes Auto vorfährt, so werden später alle Autos mit laufendem Motor und schließlich überhaupt alle Autos gefürchtet. Glücklicherweise sprechen alle diese Fälle auf gezielte Umkonditionierung unter unter-

Erlebnisse der frühen Jugend formen das individuelle Wesen und Verhalten jeder Katze. Ein Igel, weder als Feindtier, noch als Beutetier, sondern als Kumpan bekannt, darf sogar an der gemeinsamen Mahlzeit teilnehmen.

Jungtiere haben an allen Vorgängen lebhaftes Interesse. Das Bild zeigt die Körperhaltung, wenn Mieze gelockt wird.

Den Ruhe- und Schlafplatz, das Zentrum des Heimes erster Ordnung, verteidigt die Katze manchmal auch gegen jene Tiere vehement, mit denen sie sonst in friedlicher Koexistenz zusammenlebt.

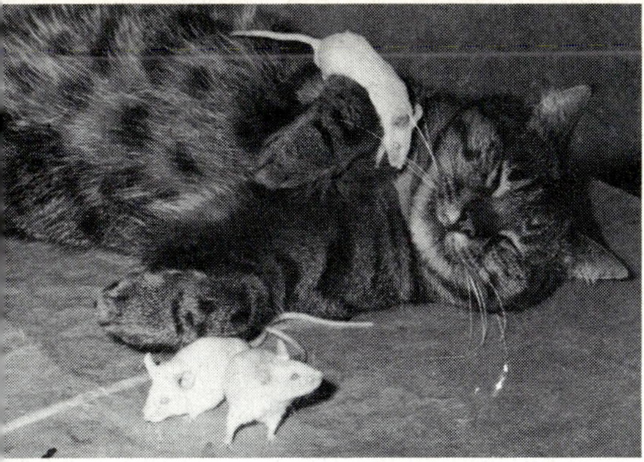

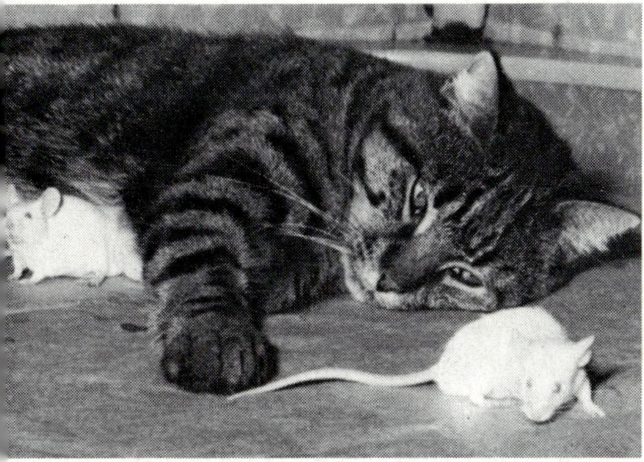

Katzen, die isoliert aufgezogen wurden, sagt die Konfrontation mit dem klassischen Beutetier Maus absolut nichts. Wie harmlos solche Katzen dabei sein können, zeigt diese Bildfolge. Das funktioniert aber nur so lange, wie die Maus nicht durch bestimmte Fluchtbewegungen den angeborenen auslösenden Mechanismus für Beutehandlungen anspricht.

Katzen beobachten gern und ausdauernd. Der Gesichtsausdruck ist für diese Tätigkeit typisch.

Überlagerung verschiedener Stimmungen führt bei Katzen zu ambivalentem Verhalten. Der Kater zeigt Flucht- und Kampfbereitschaft, wobei die Kampfbereitschaft stärker ist: Fauchen, Spukken, Drohen mit entblößten Fangzähnen. Würde die Fluchtbereitschaft überwiegen, hätte der Kater die Ohren stärker nach unten gezogen und flacher an den Kopf gelegt.

Bei Mehrfachhaltung behaupten »rang«-höhere Katzen den besten Ruheplatz.

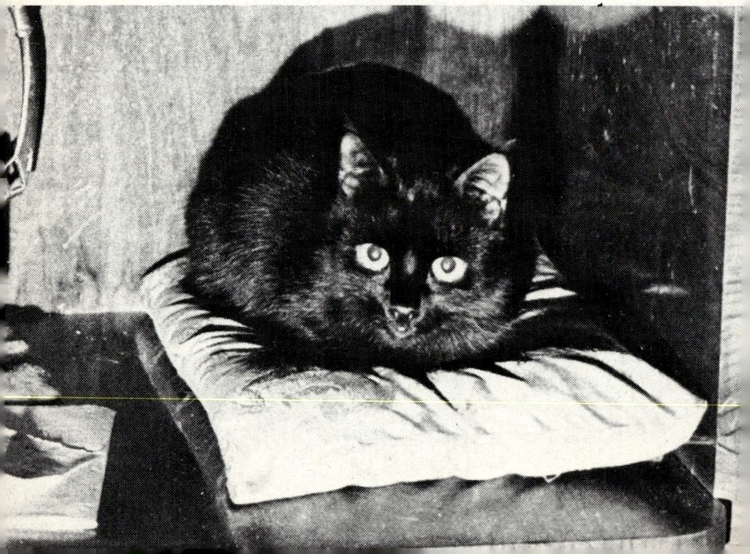

Katzenkampf in vollem Gange: das vordere Tier zeigt Abwehrdrohen, die Katze dahinter Hochabwehr. Das ist eine besonders unerbittliche Kampfesweise, die bei Revier- und Jungen-Verteidigung häufig zu sehen ist.

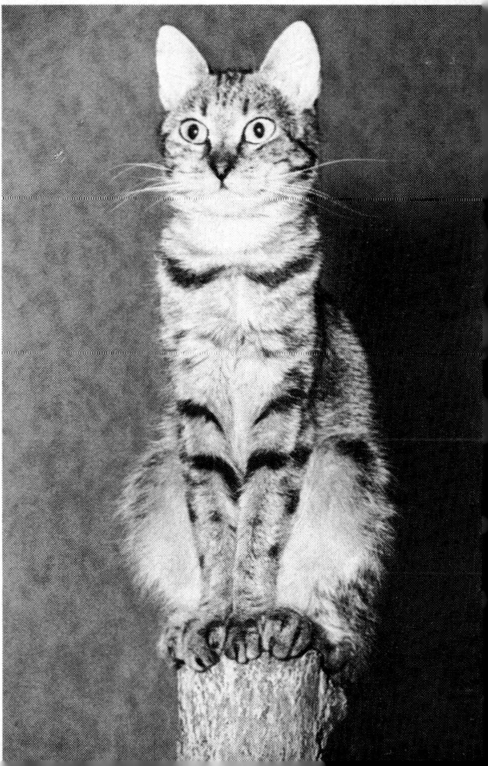

Wenn's ums Revier geht, ist mit Katzen nicht zu spaßen. Das Bild zeigt eine Katze in Siegerpose. Kein Wunder: sie hat soeben einen siegreichen Kampf an der Reviergrenze hinter sich.

Katzen setzen sehr subtile Signale, die der zweibeinige Partner oft nicht versteht. Diese Katze zeigt angst- und aggressionsfreies Interesse.

Die Katze ist weder auf Kind-Ersatz noch auf Streicheltier programmiert. Sie ist das höchstentwickelte Raubtier, das wir kennen.

Nach den Mahlzeiten hält die Katze gerne gemütlich vor sich hindösend Siesta.

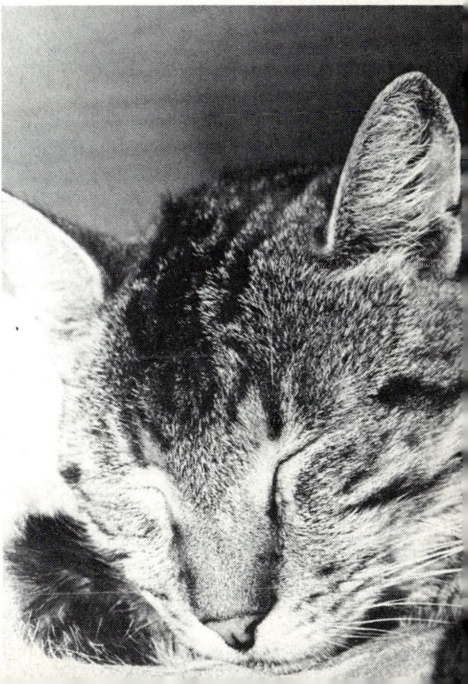

Der Tagesablauf der Katze kennt viele Ruhepausen, die in wohligem Schlaf verbracht werden.

Begegnen einander zwei Katzen auf »gleichem Niveau«, hat jene Katze Vorteile, die als erste eine höhere Position erreicht. Körperhaltung und Ohrenstellung verdeutlichen dies sehr genau: die unsichere Katze hat die Ohren flachgelegt und weit zurückgezogen.

stützendem Einsatz von Beruhigungsmitteln besonders rasch und sicher mit Dauererfolg an. Was unter »Umkonditionierung« zu verstehen ist, wird im letzten Kapitel ausführlich erläutert. Es handelt sich dabei um eine Art Dressurakt besonderer Art, um ein »Verlernen« fälschlicherweise auftretender Angstreaktionen. Bei einem anderen Teil der Patienten werden die vorerwähnten Reaktionsweisen nicht durch bestimmte, situativ begrenzte Reize ausgelöst, sondern durch fast alle starken, ungewohnten und plötzlich auftretenden Einflüsse. Hier liegt die Ursache entweder in isolierten Aufzuchtverhältnissen oder an besonderer erblicher Veranlagung, sog. Wesensschwäche. Im ersteren Falle sind Langzeitkuren mit Beruhigungsmitteln meist sehr hilfreich. Liegt aber der Grund in erblicher Veranlagung zu besonderer Ängstlichkeit, dann ist von keiner bisher bekannt gewordenen Behandlungsmethode ein Erfolg zu erwarten.

Außer durch angeborene Veranlagung bedingt, kann allgemein gesteigerte Ängstlichkeit aber auch gelegentlich durch Vitaminmangelerscheinungen, Vergiftungen, Hormonstörungen, wie beispielsweise durch Schilddrüsenüberfunktion und durch organische Gehirnerkrankung allein oder als Begleiterscheinung weiterer Krankheitssymptome auftreten.

Die gefürchtete Tollwut, eine Virusinfektion, die durch Biß tollwütiger Tiere übertragen wird und nach kurzer Erkrankung zum Tode führt, beginnt beispielsweise ebenfalls mit derartigen Wesensveränderungen. Bei Katzen können auch Darmparasiten oder seltene Epilepsieformen plötzliches Fluchtverhalten, Hautzuckungen, defensive Ohrenstellung und abwehrendes Fauchen, als ob ein Feind anwesend wäre, auslösen. Tiere mit inneren Schmerzzuständen benehmen sich ebenfalls auffällig »ängstlich«: sie sind scheuer als gewöhnlich. Tierärztliche Untersuchung und eine entsprechende Behandlung ist in solchen Fällen notwendig.

Bleibt noch die bedauerlicherweise relativ große Gruppe jener herumgestoßenen armen Teufel, die ihre Ängstlichkeit und ihr »gestörtes Verhalten« menschlicher Roheit und Dummheit zu verdanken haben. Solche Tiere stammen vorzugsweise aus Tierasylen. Ihr Verhalten ist eine natürliche Folge der Erfahrungen und Erlebnisse, die ihnen die »Krone der Schöpfung« vermittelt hat, eine höchst zweckmäßige Anpassungserscheinung an »ihre Umwelt«, also keineswegs krankhaft. Glücklicherweise kann aber ein ehemals durch rohe Behandlung sozial entmutigtes, »rangtiefes« Tier durch verständnisvolle Betreuung in der Hand eines neuen Besitzers relativ rasch seine Einstellung ändern lernen und ein vollkommen normal zutraulich reagierender Hausgenosse werden. Es sei denn, es hätte sämtliche Sozialisierungsphasen der Jugendentwicklung unter hierfür extrem ungünstigen Bedingungen verbracht. Dies ist allerdings leider manchmal bei Katzen der Fall, die in völliger Freiheit und ohne jeglichen Kontakt zum Menschen aufwachsen. Wir erwähnten solche Beispiele bereits.

Viele derartige Katzen können sich bis zu einem gewissen Grad persönlicher Distanz später dann schon noch an einen einzelnen menschlichen Betreuer anschließen. Anderen Personen gegenüber, auch Familienmitglieder zählen dazu, verhalten sie sich aber vielfach so, wie ein in Freiheit großgewordenes Wildtier, das es in Gefangenschaft nur bis zur Futterzahmheit gebracht hat: Fluchtdistanz, Wehrdistanz, Angstaggressivität sind graduell unterschiedlich erhalten geblieben. Individuell unterschiedliche angeborene Faktoren, die Variationsbreite der Scheuheit betreffend, oder deren Fehlen bei gleichzeitiger verstärkter Neugierde spielen sicherlich dabei auch mit eine Rolle.

Psychosomatische Störungen und Trauerverhalten

Organneurosen – Seelische Störungen und Infektionskrankheiten – Reaktive Depressionen.

Alles, was im positiven wie im negativen Sinne die Seele beeinflußt, beeinflußt letztlich auch den Organismus. Das ist die Kurzformel, auf die man psychosomatische Störungen und Organneurosen bringen kann. Denn das sogenannte unwillkürliche Nervensystem und die Hormonausschüttung gewisser Drüsen mit innerer Sekretion steuern eine Reihe von Organfunktionen: Blutverteilung, Atmung, Herz, Schweißdrüsen, Verdauungsorgane u. a. m. Diese Organfunktionen werden mit dem Ziel verändert, dem Organismus mehr Abwehrbereitschaft oder mehr Fluchtbereitschaft zu ermöglichen. Im Normalfall handelt es sich dabei also um Situationsanpassungsvorgänge des Gesamtindividuums: Ein ausgewogener Regelmechanismus beginnt seine Tätigkeit.

Wenn nun durch zu starke oder zu häufige Erregungen, aber auch durch besonders überempfindliche Organe dieser ausgeglichene Regelmechanismus gestört wird, treten sogenannte psychosomatische Störungen oder Organneurosen auf: Die Übersteuerung einer Organfunktion bringt die Mindererregung einer anderen mit sich, so daß die biologische Anpassung an eine Notfallsituation nicht nur nicht erreicht, sondern sogar besonders gefährdet wird. Im Zuge von psychischen Entlastungsreaktionen lassen sich deshalb immer wieder auch Organfunktionsänderungen beobachten. Erstreckt sich die Organstörung auf den Verdauungsapparat, kommt es zu stundenlangem Speichelfluß, Appetitlosigkeit, Erbrechen, Gastritis, Darmentzündung, Durchfall, Verstopfung, Speiseröhrenkrämpfen, Magenkrämpfen, Darmkrämpfen, ja zur Geschwürsbildung. Bei Störungen des Kreislaufes treten Herzbeschleunigung, Herzfrequenzsenkung, Herzkrämpfe, Herzinfarkt, Hochdruck, Unterdruck und Durchblutungsstörungen einzelner Organe auf. Verstärkte Nasensekretion, Hecheln, Bronchitis und asthmaähnliche Symptome kennen wir bei Störungen des Atmungsapparates. Aber auch der Harn- und Geschlechtsapparat kann beeinflußt werden: Störung der Nierendurchblutung, Nierenentzündung, vermehrter Harnabsatz, Zyklusstörungen, Ausbleiben der Brunst,

Unfruchtbarkeit, Geburtsstörungen durch Wehenschwäche oder ungenügende Eröffnung der Geburtswege. Bei männlichen Tieren zeigen sich in diesen Fällen mangelnde Geschlechtslust, Deckunfähigkeit (Impotenz) oder aber Hypersexualität. Darüber hinaus konnten in seltenen Fällen sogar psychoreaktiv bedingte Störung der Blutbildung, gesteigerte Infektionsanfälligkeit sowie Haarausfall und andere dermatologische Erkrankungen beobachtet werden. Häufige Begleiterscheinung leib-seelischer Belastungen sind Pupillenerweiterung, Überempfindlichkeit von Hautbezirken, Muskeln und Gelenken, Bewegungseinschränkung mit gesteigerter Muskelspannung oder aber Müdigkeit und Muskelspannungsverlust und totale Unempfindlichkeit für Schmerzreize.

Für das Auftreten von Organneurosen ist die Dauer der psychischen Belastung von Bedeutung: Kürzere Belastungen führen nur zu vorübergehenden Funktionsstörungen, längere können hingegen zu chronischen Erkrankungen mit anatomisch feststellbaren Organschäden führen.

Nicht bei jedem Neurotiker – egal, ob Mensch oder Tier – treten bei gleichen äußeren Ursachen die gleichen Organstörungen auf. Bei ein und demselben Neurotiker, der in langen Intervallen an Neurosen leidet, müssen auch nicht immer dieselben Organstörungen auftreten. Häufig »reagiert« jenes Organ mit einer Funktionsstörung, das knapp vor dem Auftreten der Neurose aus irgendeinem Grunde erkrankt war: Hatte Mieze mehrmals eine durch Vergiftung oder Infektion hervorgerufene Gastritis, so ist mit hoher Wahrscheinlichkeit anzunehmen, daß im Falle einer darauffolgenden, zur Neurose führenden seelischen Belastung der Magen in Mitleidenschaft gezogen wird. Auch angeborene und erbliche Disposition zu individuell besonderen »Organminderwertigkeiten« können eine wichtige Rolle spielen. Beim Menschen kennt man darüber hinaus noch eine sog. Organwahl, weil die Funktionsstörungen manchmal symbolisch »gewählt« werden – und dann tatsächlich eintreten. Als Beispiel für eine solche Umwandlung eines seelischen Konfliktes in Organfunktionsstörungen mit Ausdruckscharakter steht sowohl die klassische Hysterie, die in ihrem Krampfanfall einen Orgasmus darstellt und solcherart unterdrückte sexuelle Triebtendenzen unbewußt offenbart, als auch die hysterische Erblindung: Sie ist gewissermaßen Selbstbestrafung und kommt aus dem unbewußten Wunsch, nichts sehen zu dürfen oder etwas nicht wahrhaben zu wollen.

Auch zufällige, ungewollte Lernvorgänge nach dem Mechanismus der bedingten Reaktionen können eine Rolle spielen. Gibt man experimentell einer möglichst isoliert gehaltenen Katze oftmals bei einem gleichbleibenden Geräusch ein herzfrequenzsteigerndes Mittel, wird nach gewisser Zeit auch dann die Herzfrequenz steigen, wenn nur mehr das Geräusch – ohne Medikament – »verabreicht« wird. Mancher Mensch, der tagelang einen besonders starken Kaffee trinkt, nach dessen Genuß Herzklopfen eintritt, wird dieses Herzklopfen medizinisch einwandfrei auch dann feststellen, wenn er schon drei Wochen lang ein Konzentrat gleichen Geschmackes trinkt, das koffeinfrei ist, sofern ihm dieser Umstand unbekannt geblieben ist. Einsicht und Wissen um vorher unbewußte Zusammenhänge erleichtern beim Menschen manchmal das Löschen einer bedingten Reaktion. Bei der Katze steht uns diese Möglichkeit nicht oder nur auf Umwegen zur Verfügung.

Warum manche Katzen aber bei einer seelischen Belastung nur Verhaltensstörungen, eine andere Verhaltensstörungen und Organneurosen, und andere wieder nur Organneurosen zeigen, gilt als noch nicht genügend erforscht. Sicher ist jedenfalls eines: nur Tiere mit besonderer neuroendokriner Konstitution (der sogenannte schwache und der starke, zügellose Nerventyp nach Pawlow) tragen organische Schäden nach seelischen Belastungen davon.

Psychogene Organstörungen dauern in der Regel zwei bis zwölf Monate: es sind aber auch solche bekannt, die über mehrere Jahre währen.

Seelische Störungen beeinflussen das organische Verhalten viel häufiger, als man annehmen möchte. Nur zu leicht ist man als Tierarzt versucht, die bereits geschilderten Organstörungen ausschließlich auf materielle Schadeinflüsse zurückzuführen, die ja selten mit Sicherheit auszuschließen sind.

Die Katze, deren Operationswunde nach einem Kaiserschnitt nicht recht verheilen will, ist nämlich manchmal gar nicht physikalisch, chemisch oder bakteriell geschädigt. Man hat ihr *nur* die Jungen weggenommen: eine seelische Belastung, auf die ihr Organismus mit schlechter Wundheilung reagiert! Trotz erhöhter Infektionsgefahr, trotz mechanischer Irritation durch die Jungtiere, heilt die Bauchwunde rascher und versiegt die Milch weniger stark, wenn man die Jungtiere der Mutter beläßt. Das konnte man auch bei Löwinnen in zoologischen Gärten beobachten.

Seelische Störungen können sogar durch Schwächung der natürlichen Abwehrkräfte den Ausbruch von Infektionskrankheiten beträchtlich begünstigen: Der Prozentsatz der verhätschelten Lieblinge, die als Urlaubsgäste in einem Katzenheim logierten und

Infektionskrankheiten bekamen, war wesentlich höher als bei Stammgästen. Die depressiven Erscheinungen solcher Zöglinge waren weit gravierender als bei jenen Katzen, die sich bereits vom ersten Tag an der neuen Situation nahtlos anpaßten.

Für den Einfluß großer seelischer Belastungen auf Organfunktionen gibt es viele Beispiele. Jeder Kleintier-Arzt weiß, daß Katzen, wenn sie im Wartezimmer sich lange fürchten müssen, oder sich durch Anhören von Schmerzenslauten anderer mehr als gewöhnlich ängstigen, erhöhte Blutzuckerwerte aufweisen und daß die Körpertemperatur vom Besitzer in der gewohnten Umgebung gemessen, niedriger ist, als in der Praxis des Tierarztes. Hier bestimmen Angstzustände das veränderte Stoffwechselverhalten des Organismus.

Manche Katzen speicheln besonders stark vor Aufregung nach einer mit Zwangsmaßnahmen verbundenen ärztlichen Behandlung, wie man sie beispielsweise beim Zahnziehen oder einer länger dauernden Röntgenuntersuchung vornehmen muß. Kommen weitere ungünstige Belastungen – etwa schwüles Sommerwetter – dazu, dann kann eine entsprechend disponierte Katzenpatientin sogar nach relativ harmlosen, kurzen Behandlungen, wie beispielsweise der Verabreichung einer Injektion, kollabieren. Das ist dann besonders häufig der Fall, wenn die Injektion auf Miezes eigenem Territorium und nicht in der Sprechstunde verabreicht wird.

Aus all diesen Gründen ist es besonders wichtig, daß der Tierarzt sein Augenmerk auf *alle* Komponenten legt, die den Ausbruch einer Krankheit begünstigen können. Also auch auf seelische. Der Tierbesitzer kann dem Arzt seine Aufgabe wesentlich erleichtern, wenn er ihm über *alle* Beobachtungen und Ereignisse berichtet, die ungünstige Wirkungen auf Mieze ausgeübt haben könnten.

Eine der gewaltigsten seelischen Belastungen ist die Trauer. Nicht nur der Mensch ist dieser Reaktion fähig, auch das Tier. Und zwar in einem Ausmaß, das man nicht unterschätzen sollte. Daß Katzen unter dem Verlust eines geliebten Partners leiden können, daß sie ehrlich und intensiv trauern, ist allgemein bekannt. Daß ein Hund wirklich so lange am Grab seines Herrn sitzt, bis auch er stirbt, ist absolut möglich – wenn auch selten – und entspringt nicht der Phantasie von Illustrierten-Redakteuren. Bei mehreren Untersuchungen wurde sogar beobachtet, daß Rinder weinen können. Der Stier dann, wenn er mehrere vergebliche Sprungversuche unternommen hat, die Kuh, wenn man ihr das Kalb wegnimmt. Weinen, nicht nur in dem Sinn, daß halt ein paar Tränen fließen.

Nein: in seltenen Fällen wurde dieses Weinen stundenlang beobachtet.

Das Fehlen liebgewordener Gewohnheiten löst bei Katzen im allgemeinen Trauerverhalten aus: Dauer und Grad hängt von dispositionellen Faktoren, also gewissermaßen vom Temperament ab. Die äußerlichen Anzeichen einer solchen »reaktiven Depression« kann man zumeist einen bis drei Tage lang deutlich beobachten. Wobei wieder einmal die Ausnahme die Regel bestätigt: man weiß auch von Katzen, deren Trauerverhalten sich über einen längeren Zeitraum erstreckte. Und hier machen viele Tierbesitzer einen gravierenden Fehler: sind Umstände schon so zwingend, daß man eine Katze in eine Tierpension geben muß, dann sollte man sie dort nicht auch noch besuchen. Jedes Weggehen bereitet dem Tier neuerlichen Schmerz! Manchmal führt das zu schweren Komplikationen. Inhaber von Tierpensionen und Tierkliniken wissen ein Lied darüber zu singen.

Das Bild der reaktiven Depression hat viele Erscheinungsformen: Bewegungseinschränkung, Verkriechen, Interesselosigkeit, Schlaflosigkeit, Appetitlosigkeit, Futterverweigerung, gesteigerte Fluchtbereitschaft, Verlust der Spielfreude, sexuelles Desinteresse, völlige Apathie, ja Reaktionslosigkeit, auch dann, wenn dem Tier Schmerz zugefügt wird, Pupillenerweiterung, Verzögerung der Pupillenreflexe bei Lichteinfall, Stuhlverstopfung, Durchfall, Erbrechen. In vielen Fällen läßt sich Verminderung der Herzfrequenz und Steigerung oder aber starkes Absinken der Körpertemperatur feststellen.

Oft beobachtet man den Verlust der Stubenreinheit, Verschwinden des Körperpflegeverhaltens, Nichtbewachen des eigenen Territoriums und kampflose Aufgabe der eigenen sozialen Vorrangstellung.

Je nach Intensität der Trauer ist Mieze echt entwurzelt und mit genaueren Methoden würde man wahrscheinlich zahlreiche weitere Störungen der inneren Organe feststellen können. Der gestörte Stoffhaushalt als körperliche Begleiterscheinung des Trauerverhaltens bringt es mit sich, daß oft banale Krankheiten einen ungünstigen Verlauf nehmen. Zwangsfütterung und Sedativagaben vermögen da manchmal Fehlregulationen abzukürzen, Komplikationen zu verhüten und den ganzen Zustand wesentlich zu kupieren.

Schreckerlebnisse und plötzliche außergewöhnliche seelische Belastungen, die zu einem Schockzustand geführt haben, sind mitunter von länger dauernden Zuständen gefolgt, die denen der reaktiven Depression ähnlich sind. Viele Umstände, die bei der einen Katze zu einer reaktiven Depression – also einem Überwiegen von Hemmungserscheinungen und psychosomatischen Störungen – führen, können aber bei einer anderen eine sogenannte reaktive Manie auslösen. Darunter versteht man einen Zustand der Unruhe und Übererregbarkeit, verbunden mit »Ungehorsam« und erheblicher Aggressivität, die selbst vor dem vertrauten Besitzer nicht haltmacht. Dieser Zustand dauert meist längere Zeit an. Es können auch Entlastungshandlungen in Form von Zerstörungssucht, Verlust der Stubenreinheit, Freß- und Trinkzwang oder dergleichen auftreten. Nicht selten werden gesteigertes Mißtrauen, Schreckhaftigkeit und erhöhte Fluchtbereitschaft beobachtet. Solcherart maskiertes Trauerverhalten kann in Ausnahmefällen zu einem völlig untragbaren Zustand führen: Ein Kater veränderte nach dem Tode seines Besitzers, von dessen Bett er anfänglich nicht weichen wollte, sein Wesen zunächst in Richtung allgemeiner Verhaltenshemmung, nach einigen Tagen wurde er aber so mürrisch und gefährlich aggressiv gegen alle Familienmitglieder, daß man den Raum, in dem er sich befand, nicht zu betreten wagte. Er mußte getötet werden, da der Zustand wochenlang unverändert anhielt und das Tier kaum noch Futter zu sich nahm. Außer starker Abmagerung lieferte der Sektionsbefund keinerlei Anhaltspunkte für eine etwaige organische Erkrankung.

Glücklicherweise fügen sich jedoch die meisten Katzen komplikationslos in veränderte Umweltbedingungen ein. Der Mehrheit genügt eine kurze Adaptionszeit.

Stubenunreines Verhalten

Hat Bestrafung einen Sinn? – Instinktverluste – Auch der Mensch kann schuld sein – Territoriumsansprüche – Schmerzzustände – Markierungsverhalten bei Großkatzen – So schafft man Abhilfe.

Der Verlust der Stubenreinheit geistert so ziemlich durch alle Kapitel dieses Buches und nicht nur dieses Buches, auch immer wieder durch Tierzeitschriften. Das liegt daran, daß diese »übelriechende Vorgangsweise« eine sehr häufige und natürlich in der gepflegten Wohnung besonders gravierende Verhaltensstörung der Katzen darstellt, die nicht immer leicht zu beeinflussen ist. Der Tierliebhaber, der sich mit der Katze ein sprichwörtlich reines Tier ins Haus geholt hat, steht meist fassungslos vor dem am falschen Platz abgesetzten Urin und läßt sich nur allzuoft zu einer dem Tier völlig unverständlichen und das Übel zumeist nur verschlimmernden »Erziehungsmaßnahme« hinreißen: Er verprügelt die Katze, oder taucht ihr das Näschen in die Pfütze. Im Falle einer 19 Monate alten Katze hat diese allzumenschliche Spontanreaktion ausnahmsweise sogar einmal geholfen. Die Katze Mauzi hatte sich nicht ins Katzenschüsselchen, sondern ins Bett der Besitzerin zum Urinabsatz gesetzt und dies, während die Besitzerin im Bett lag und las. In begreiflicher Wut wurde Mauzi in flagranti eine gewaltige Tracht Prügel verabreicht, denn sie hatte dies schon öfter getan, aber noch nie so dreist in Gegenwart Frauchens. In Hinkunft vermied Mauzi »Körperausscheidungsverhalten an unerwünschten Plätzen«. Dies ist einer der wirklich seltenen Fälle, wo mit harter Bestrafung, wahrscheinlich, weil man sie unverzüglich applizierte, Stubenunreinheit unter Hemmung gesetzt werden konnte. Da dies aber im allgemeinen »technisch« nicht möglich ist und später erfolgende Strafreize nichts nützen, wird es Zeit, daß wir uns mit der Thematik des Verlustes der Stubenreinheit und mangelnder Stubenreinheit nochmals genauer beschäftigen. Vorerst eine Klarstellung: Als Stubenreinheit bezeichnet man jenes Verhalten einer Katze, bei dem sie im Freien in der Erde oder – wenn ihr diese Möglichkeit durch ausschließliche Zimmerhaltung genommen wurde – auf einem eigens dafür vorgesehenen Schüsselchen (mit geeigneter Einstreu gefüllt) Harn und Kot absetzt und verscharrt. Alles, was nicht so funktioniert, bezeichnet man demnach als Stubenunreinheit.

Dieses Verhalten gibt es in mannigfachen Variationen und aus den verschiedensten Gründen. Fehlende Stubenreinheit kann beispielsweise auf Instinktverluste zurückgehen: ist die Katze nicht spätestens im Alter von drei Monaten rein, so wird sie es wahrscheinlich nie mehr. Es kann sich auch um angeborene Sinnesdefekte oder um krassen Intelligenzmangel handeln. Beides kann durch Inzucht – bei einseitiger Zuchtwahl nur auf Schönheitsmerkmale – besonders begünstigt werden und tritt daher bei Edelrassekatzen häufiger auf als bei den als »gewöhnliche Hauskatzen« bezeichneten Spielarten des europäischen Kurzhaares.

Ein typisches Beispiel ist Elsie: eine prachtvolle, mehrmals preisgekrönte Perserkatze, die niemals verläßlich stubenrein war. Wenn Elsie sich an den dargebotenen Leckerbissen in ihrer Futterschüssel delektierte, setzte sie gelegentlich eine halbe Minute aus, um etwa 10 bis 20 Zentimeter neben der Futterschüssel Kot abzusetzen und dann weiterzuessen. Döste Elsie auf der Samtcouch, ließ sie den Harn einfach laufen. Ein anderes Mal benützte sie den Raum zwischen Küchenherd und Wand als Kotplatz: eine akrobatische Meisterleistung, die sich bis heute niemand erklären kann. Natürlich benützte sie gewissermaßen zufällig zwischendurch auch einmal ihre ständig mit frischer Torfeinlage gefüllte Schüssel; dann, wenn sie nicht gerade darin schlief. Elsie brachte es auch fertig, eine Stunde lang wie eine Statue auf dem Schrank zu sitzen, was einem Handwerker beinahe das Leben gekostet hätte: als sich die Statue nämlich plötzlich bewegte, wäre er fast von der Leiter gefallen. Manchmal hielt sich Elsie aber auch 24 Stunden oder länger versteckt. Jedwedes Rufen oder Locken ignorierte sie, auch das bekannte Geräusch des Futterschneidens konnte die ansonsten mehr als gefräßige Katze nicht aus ihrem Versteck locken. Glücklicherweise gab es im gleichen Haushalt einen Vorstehhund. Hätte er auf Befehl nicht Elsie aufgestöbert, und so ihr jeweiliges Versteck verraten, wäre sie vielleicht sogar verhungert.

Soviel über Katzen, die nie stubenrein waren. Es gibt aber nicht wenige, die dies lange Zeit verläßlich sind und plötzlich diese »guten Manieren« aus zunächst unbekannten Gründen gelegentlich oder dauernd mißachten. Nicht selten hat das seinen Grund in vorübergehend aktuell gewordener Sexualappetenz: zu Markierungszwekken wird für einige Tage Kot und Harn überall dort abgesetzt, wo das der menschliche Pfleger nicht gerne hat. Nicht nur rollige Katzen reagieren so, sondern besonders häufig unkastrierte Kater, speziell dann, wenn sie in ihrer Umgebung eine mögliche Braut wittern. Bei diesen Vorgängen handelt es sich nicht etwa um neurotischen Verlust der Stubenreinheit, sondern um ganz natürliches Markierungsverhalten. Es wird deshalb bevorzugterweise in der Nähe von Fenstern oder Türen durchgeführt.

Hohes Alter und der Verlauf verschiedener Krankheiten können ebenfalls Stubenunreinheit im Gefolge haben: die Exkremente können ganz einfach nicht gehalten werden. Dies ist dann keine psychologisch bedingte, sondern eine organische Störung, die tierärztlicher Behandlung bedarf.

Was uns hier aber am meisten interessiert, sind jene Fälle, in denen Katzen ihre bereits verläßlich besessene Stubenreinheit aus Gründen seelischer Störung verlieren. Das passiert dann, wenn sie durch irgendwelche Gründe in einen seelischen Zwiespalt geraten sind und längere Zeit in einem Konfliktzustand leben müssen. Sie tritt gewissermaßen als Reaktion auf Vorgänge in der Umwelt auf. Gewisse Umstände verhindern die Befriedigung eines Triebes. Ein Bedürfnis kann nicht gestillt werden, ein Wunsch nicht erfüllt und eine gewohnte Tätigkeit nicht ausgeführt werden: das alles stört das seelische Gleichgewicht. Plötzlicher Verlust der Stubenreinheit ist dann als Entlastungsreaktion aufzufassen. Für den psychoanalytisch Eingestellten bleibt die Frage offen, ob man diese Erscheinung theoretisch als konfliktbedingte Regression auf Kleinkindverhalten oder aber als unbewußte Protesthandlung, also eine maskierte Aggression deuten soll.

Der bereits in dem vorhergehenden Kapitel ausführlich geschilderte Fall des Katers Murli ist Beweis dafür, daß sogar ein einziges Schockerlebnis genügt, um langdauernden Verlust der Stubenreinheit nach sich zu ziehen.

Grundsätzlich gibt es Katzen, die auf jedwede Art Störung ihres psychischen Wohlbefindens mit dem Verlust der Stubenreinheit reagieren, während andere eher auf reaktive Depression oder in Richtung gesteigerter Aggressivität ausweichen. Es scheint eine gewisse angeborene Veranlagung mit eine Rolle zu spielen.

Die Stubenunreinheit, und das sei noch vor der konkreten Schilderung einiger weiterer charakteristischer Fälle erwähnt, kann letztlich auch durch grobes Versäumnis des Katzenhalters hervorgerufen werden. Viele Katzen benützen ihre Kloschüssel nur ein einziges Mal. Wird sie nicht zeitgerecht gereinigt und die aus feuchtem Torf, Sand, Ziegelschrot, Sägespänen, Hobelspänen oder Zeitungspapierschnitzel bestehende Einstreu gewechselt, setzt sich Muschi nicht in, sondern neben die Schüssel. Wird die Katze also für längere Zeit in der Wohnung allein gelassen, ist die Aufstellung mehrerer Schüsseln empfehlenswert.

Doch nun zu einem besonders interessanten Fall, bei dem der

Verlust der Stubenreinheit mehrfache, einander ablösende Gründe hatte, was erst durch die Art der Heilung dieser Verhaltensabnormität bewiesen werden konnte. Es geht dabei um eine ältere Perserkatze und um einen etwas jüngeren kastrierten Kater derselben Rasse. Jahrelang wohnten sie friedlich mit- und nebeneinander in einer Villa, ohne auch nur den bescheidensten Anlaß zur Klage zu geben. Mit dem Frieden war es in jenem Augenblick vorbei, als ein Neuling, ein junger Siamkater, angeschafft wurde, der noch nicht stubenrein war. Nicht nur für die Katzenschar war das harmonische und friedliche Zusammenleben damit beendet, auch für die Besitzerin: denn die eingesessenen Katzen hielten sich formal an das Sprichwort von dem »schlechten Beispiel«, das die guten Sitten verdirbt und wurden, wie der junge Siamkater, ebenfalls stubenunrein. Worauf die Besitzerin die Katzen in getrennten Zimmern hielt, um eben vermutete Beispielsfolgen zu vermeiden.

Was selbstverständlich überhaupt nichts nützte, denn bei genauer Nachforschung stellte sich ein völlig anderer Sachverhalt heraus. Die Besitzerin nahm den Neuen nämlich mit in ihr Schlafzimmer. War er doch der Jüngste und der am meisten Schutzbedürftige. Was die beiden anderen keineswegs freute, denn bisher durften sie mit ins Schlafzimmer gehen. Wobei der junge Perserkater das Zimmer nur tagsüber benützte, während die ältere Katze dort auch die Nacht zu verbringen pflegte. Versetzt man sich in die Lage der beiden alteingesessenen Katzen, dann ist ihre Reaktion absolut verständlich. Die alteingesessenen Katzen fühlten sich sowohl in ihren Territoriumsansprüchen als auch in ihren Rechten auf Liebe zurückgesetzt, weil sie sowohl Zimmer, als auch Menschen mit dem brandneu ins Haus gekommenen Siamkater teilen mußten. Es störte sie ganz einfach, daß sich der geliebte menschliche Freund plötzlich inmitten des katzeneigenen Territoriums, denn das ist die Wohnung, mit einem anderen, dahergelaufenen Jungtier beschäftigte.

Die Folge war der Verlust der Stubenreinheit. An sich gar nicht so abwegig, bedenkt man, daß nicht verscharrter Kot und Harn bei Katzen Rotlicht bedeutet: nicht weitergehen, dieses Territorium ist besetzt. Außerdem wissen wir, daß Erregungen über den Liebesentzug bei gehemmter Aggression zu Übersprunghandlungen auf Körperausscheidungsverhalten führen kann: auch von dieser Warte her gesehen eine den Tierhalter störende, aber an sich recht naheliegende Entlastungsreaktion.

Als dann, neben Liebesentzug und deutlicher Bevorzugung des Neuen, die alteingesessene Katze sogar aus dem bisher gewohnten

Zimmer in ein anderes verbannt wurde, war dies für sie wohl der Gipfelpunkt seelischer Grausamkeit.

Weniger klar ersichtlich ist die Ursache der plötzlichen Stubenunreinheit des zweiten Tieres. Es dürfte aber auch bei diesem etwas scheuen, kastrierten Perserkater vornehmlich die Änderung seiner Lebensgewohnheiten gewesen sein, die ihn verunsicherte. Auch Angst steigert die Neigung zu häufigem und dann oft wahllosem Kotabsatz. Es geht sozusagen ins Höschen. Sein sonstiges Verhalten legte eine Deutung in dieser Richtung ebenfalls nahe.

Beseitigt wurde der gesamte Spuk schlagartig durch eine Umgruppierung bzw. Wiederherstellung der altgewohnten Lebensweisen: die alte Perserkatze durfte wieder das Schlafzimmer der Besitzerin bewohnen, und zwar völlig allein. Der inzwischen erwachsen gewordene und ebenfalls kastrierte Neue benützte mit dem Perserkater die übrigen Räume der Villa. Von dieser Stunde an waren alle Tiere stubenrein. Es gab nicht einen einzigen Rückfall.

In einem anderen Fall reagierte eine Katze mit Verlust der Stubenreinheit auf die plötzliche Anschaffung eines Hundes. Eine mehrere Wochen dauernde Unterbringung der Katze in einem Tierheim brachte sie dazu, nach Rückkunft ihre früheren Alleinherrschaftsansprüche aufzugeben und ihr Territorium mit dem Hund widerspruchslos zu teilen. Auch bei Entlastungsreaktionen wegen der Ankunft eines Babys konnte mit dieser Methode einige Male erfolgreich vorgegangen werden.

Fälle, in denen Katzen als Reaktion auf den Verlust eines liebgewordenen Menschen oder Tierkameraden plötzlich ihre Stubenreinheit verlieren, sind naturgemäß schwierig zu beheben, weil ja die Konfliktsituation nicht aus der Welt geschafft und der alte Zustand nicht wieder hergestellt werden kann. Beruhigungsmittel besonderer Art, insbesondere solche mit Zusätzen, die auch das vegetative Nervensystem dämpfen, haben sich da schon öfters bewährt.

Tritt diese Reaktion auf, weil der gewohnte menschliche Lebenskamerad verreist und damit für die Katze verschwunden ist, gibt sich die Stubenunreinheit mit der Rückkehr, wenngleich die Katzen ihren ungetreuen Freund manchmal zwei Tage lang wie einen Fremden behandeln.

Die Gründe, die für Katzen zu einer schweren Konfliktsituation führen können, sind oft – vom menschlichen Standpunkt aus – lächerlich. So etwa im Fall einer Katze, die deshalb ihre Stubenreinheit verlor, weil die Möbel in jenem Zimmer umgestellt worden waren, das das Tier bewohnte. Das Tier fühlte sich frustriert, weil es den stets gewohnten Weg vom Fensterbrett auf die Kommode, von da auf den Schrank und schließlich auf das Sofa nicht weiter beibehalten konnte. Solcherart reagierenden Katzen Beruhigungsmittel mit dem Ziel zu verabreichen, daß sie sich unter geringerer Erregung an eine ungewohnte Situation anpassen kann, nützen deswegen nur selten, da es oft mißlingt, sie mehrmals täglich mit Futter für eine Zeitspanne von 2 bis 3 Wochen lang als volle Dosis zu applizieren: Futter mit Beigeschmack wird abgelehnt, da hungern wir lieber tagelang!

Daß Strafe in solchen Fällen nichts nützt, ist an sich logisch: Steigert sie doch die bereits bestehende unlustbetonte Erregung noch weiter, was wiederum Gründe für neue Entlastungsreaktionen liefert.

Auch dem Tier unerklärliche Schmerzzustände können Beunruhigung und Verunsicherung hervorrufen. So im Fall eines fünfjährigen kastrierten Katers, der in Behandlung gegeben wurde, weil er seit 10 Tagen seinen Kot einmal vorzugsweise vor dem Bett der Besitzerin, ein anderes Mal vor dem Kühlschrank abzusetzen pflegte. Beobachtungen an Ort und Stelle ergaben, daß die Katze gewohnt war, sowohl auf den Kühlschrank als auch auf das Bett zu springen, was seit Beginn der Verhaltensstörung viel seltener der Fall war als vorher. Die klinische Untersuchung zeigte, abgesehen von einer Überempfindlichkeit einiger Rückenhautabschnitte, keinerlei pathologische Veränderungen. Eine Wurzelneuritis durch eine etwa nicht beobachtete traumatische Einwirkung könnte dazu geführt haben, daß der Kater deshalb seine gewohnten Sprünge nicht durchführte oder nur unter Schmerzen. Dieses Schmerzerlebnis, immer in der gleichen Situation, immer an den Absprungspunkten zu liebgewordenen Örtlichkeiten, bildete die Frustration, die zum Verlust der Stubenreinheit führte. Eine entsprechende tierärztliche Behandlung mit schmerzstillenden und entzündungshemmenden Injektionen hatte bereits nach dem dritten Behandlungstag den gewünschten Erfolg.

Katzen können mit neurotischen Handlungen aber nicht nur auf regelmäßig sich wiederholende oder längere Zeit hindurch einwirkende aktuelle, sondern auch auf längst zurückliegende Konflikte und Frustrationen reagieren. So schien es z. B. in einigen Fällen zunächst gänzlich unmöglich, plausible Motive für stubenunreines Verhalten zu ergründen, sie ergaben sich nämlich nicht aus der aktuellen Lebenssituation, sondern waren in der Vergangenheit zu suchen: manche Katzenschüsselchen sind so ungünstig geformt, daß sie beim Betreten kippen können, was Lärm macht und Schreckerlebnisse bedingen kann. Verständlich, daß ein braves Miezchen zwar seine Ausscheidungen möglichst nahe neben, aber nach einem »abschreckenden« Erlebnis nicht mehr in dem Schüsselchen absetzt. Abhilfe: Ersatz des »Unglücksklos« durch ein möglichst völlig anders aussehendes mit stabilerem Stand. Auch der Aufstellort muß in manchen Fällen gewechselt werden, um selbst die letzten möglichen Reste, die an unangenehme Erlebnisse erinnern könnten, aus der Welt zu schaffen.

In manchen Fällen treten nicht situationsgerechte Handlungsweisen nur einmalig auf: als Reaktion auf plötzliche, ungewohnte, unerwartete und einmalige Ereignisse. Was nicht nur für Hauskatzen, sondern auch für Großkatzen gilt.

Da ist z.B. ein Fall bekannt, der besonders bei Bengalkatzen beobachtet werden kann: geraten zwei Tiere aneinander, zieht sich ein Tier als unterlegenes zurück. Ob es dabei zu einem Schlagaustausch gekommen ist oder nicht, hat dabei keine Relevanz. Das unterlegene Tier wendet sich ab, verläßt meist das Gesichtsfeld des anderen und verspritzt auf einer bevorzugten Sprühstelle seinen Harn. Mag sein, daß es zu menschlich betrachtet ist, dieses Harnverspritzen als das berühmte »Ätsch, das hast du davon« hinzustellen. Man kann sich aber des Eindrucks nicht erwehren, daß dies tatsächlich beabsichtigt ist. Man wird kaum fehlgehen, diese »maskierte Aggression« als Trotzgeste zu deuten (in verhaltensphysiologischer Sicht handelt es sich natürlich um eine Übersprungsreaktion). Daß die siegende Großkatze nach heftigem Kampf ihren Siegeslauf unterbricht, um an jeder Ecke ebenfalls Harn zu verspritzen, steht zur Trotzgeste in keinem Widerspruch. Es ist Markierungsverhalten (da es übertrieben intensiv auftritt: Übersprung auf Markierungsverhalten).

Bei Stubenkatzen kann auch ein in Unordnung geratener Zeitsinn Konflikte bringen. So sind Fälle von Katzen bekannt, die immer dann Harn im Bett der Besitzerin absetzen, wenn diese sich »erfrechte«, die Katze ein wenig früher als gewohnt zu füttern, um dann für ein paar Stunden das Haus zu verlassen. Andere Katzen urinierten wiederum ins Bett, wenn sich die Besitzerinnen »anmaßten«, das Futter später, als sonst üblich, anzubieten.

Ein kastrierter Perserkater sonnte sich mit Vorliebe auf dem Balkon. Wenn seine menschlichen Familienmitglieder die Wohnung verlassen hatten, ohne die Balkontüre nur wenigstens einen Spalt offenzulassen, fanden sie regelmäßig ein Häufchen vor der Tür, wobei das in einer Ecke stehende Katzenklosett manchmal ebenfalls benützt, meistens aber unberührt war.

Ansonsten war der Perserkater aber verläßlich stubenrein. In diesem besonderen Fall gelang es, das Körperausscheidungsverhalten als Entlastungshandlung umzukonditionieren auf Nahrungsaufnahmeverhalten: Man ließ den Kater vorerst einmal 24 Stunden lang hungern, um anschließend mehrere mit Futter gefüllte Schüsselchen vor die geschlossene Balkontüre zu stellen. Nie mehr wurde dort ein Häufchen vorgefunden. Als Entlastungshandlung in der Frustration wegen der verschlossenen Türe trat Nahrungsaufnahmeverhalten anstatt Körperausscheidungsverhalten auf. Aber nicht immer gelingt eine Umkonditionierung so leicht.

Katzen, die im Sommer mit ihren Besitzern in einem Häuschen mit Garten wohnen, sind davon so angetan, daß sie sich manchmal wochenlang stubenunrein verhalten, wenn die gesamte Familie wieder ins Winterquartier zieht. Eine seelische Belastung, die sich auch in gesteigerter Aggression ausdrücken kann. Auffällig ist, daß sich Kot und Harn dieser »Urlaubskatzen« immer in der Nähe der Wohnungseingangstür befinden: Wahrscheinlich möchten sie fortlaufen, um wieder in den Garten zu kommen. Das unüberwindbare Bollwerk der verschlossenen Türe hindert sie daran und das ist eine Frustration. Es ist einleuchtend, daß Verkauf oder die Übersiedelung einer älteren Mieze ebenfalls solche Erscheinungen auslösen kann.

Es gibt aber auch noch die ganz heiklen Katzen: steht das Katzenschüsselchen nicht in einer ganz bestimmten Zimmerecke, werden sie stubenunrein und deponieren Kot und Harn in allen nur möglichen – und manchmal auch unmöglichen – Ecken und Winkeln der Wohnung.

In wieder anderen Fällen benutzen Katzen bevorzugt das Bett eines neuen Besitzers als Ausscheidungsort: wenn er ihnen nicht gestattet, im Bett zu schlafen und sie dies vom Vorbesitzer gewohnt waren.

Das menschliche Bett als Ausscheidungsort ist vergleichsweise häufig zu finden. Außer in den genannten Fällen, kann man diese Tatsache nicht immer einleuchtend begründen.

Oft läßt es sich nur über Umwege verhindern, daß Mieze ständig das Bett ihres Besitzers mit dem Katzenklosett verwechselt. Eine glatte Plastikfolie ist so ein Umweg, denn glatte Unterlagen bieten viel geringere Auslösereize für die Instinkthandlung der Körperausscheidung. Um zu vermeiden, daß Mieze die Plastikdecke beschädigt oder darunterkriecht, sprüht man die Ränder der Decke am besten mit Zitronenöl ein. Diesen Geruch mögen auch Hunde nicht sehr, was Katzenbesitzern nützlich ist: Zitronenöl gibt es nämlich unter den verschiedensten Markenbezeichnungen als Rüdenabschreckungsmittel in Sprühdosen zu kaufen (man besprüht damit die hinteren Körperpartien einer läufigen Hündin, um Rüden fernzuhalten).

Eine einmal mit dem Geruch von Körperausscheidungen Miezes behaftete Stelle ist ungemein schwer zu desodorieren. Gelingt das aber nicht, fühlt sich die Katze immer wieder aufs neue hingezogen. Parfum, Ammoniak, Terpentinöl oder Essig hilft nur in den seltensten Fällen. Es gibt einige der vielen Präparate, die als Sprühmittel gegen Schweißgeruch in Schuhen Verwendung finden, die auch Katzenharngeruch überdecken. »Nurped« und »Pedan« eigneten sich von allen bisher erprobten Mitteln am besten zur Desodorierung von an falschen Stellen errichteten Katzenklosetts. Diese Stellen müssen aber vorher gründlich gereinigt werden, am zweckmäßigsten mit einem enzymhaltigen Einweichmittel. Seit einiger Zeit gibt es ein neues Mittel, speziell gegen Tiergerüche und andere organische Mißdünste: »Zero B 1« (Fa. Zero, Montabaur); seine Wirkung ist ausgezeichnet.

Alles in allem genommen gibt es also eine ganze Menge von Ereignissen, die zur Stubenunreinheit führen können. Es bedarf gleichermaßen Beobachtungsgabe wie Erfindungsgeist, um nicht zu sagen kriminalistischen Scharfsinnes, um die jeweils individuell angepaßte Methode zur erfolgreichen Behandlung und Beeinflussung der Katze herauszufinden.

Da der Akt des stubenunreinen Verhaltens selten in unmittelbarer Gegenwart eines Menschen, sondern viel häufiger dann ausgeführt wird, wenn sich das Tier unbeobachtet fühlt oder allein in der Wohnung ist, kann auch Langeweile mit eine Rolle spielen. Dies ist einleuchtend: Frustrationen und Konflikte empfindet man besonders dann belastend, wenn ablenkende Betätigungsmöglichkeiten fehlen. Schließlich geht es uns Menschen genauso: Müßiggang ist aller Übel Anfang!

Ablenkungsmöglichkeiten, wie z. B. kleine Spielgegenstände als Beuteattrappen, allerlei Schachteln, worin Katzen sich gerne verkriechen, und dergleichen mehr, sowie Geräuschkulissen, wie z. B. Radiomusik können daher als Zusatzmaßnahmen empfohlen werden. Wenn man zu Hause ist, sollte man mit seinem Kätzchen viel spielen und auf seine Betätigungswünsche eingehen, damit möglichst wenig unbefriedigte Resterregung für die Zeit des Alleinseins aufgestaut bleibt. Unter dem Alleinsein an sich leidet die Katze keineswegs so wie ein Hund.

Abnorme Aggressivität

Asoziales Verhalten – Der Sprung nach den Beinen – Spiel mit Attrappen – »Du undankbares Kind!« – Eine Neue kommt ins Haus.

Wild aufgewachsene Katzen, die während ihrer Jugend keine Sozialisierungsmöglichkeit mit Menschen hatten, flüchten bei Annäherung über die Grenze der Fluchtdistanz, und bei Unterschreiten der Wehrdistanz setzen sie sich mit dem Mut der Verzweiflung zur Wehr.

Kätzchen haben nach einem psychisch stark traumatisierenden Erlebnis oder nach kurz dauernder Überforderung durch Konfliktsituationen die Tendenz, je nach Nerventyp in Depressionen oder länger dauernde Angstzustände zu verfallen oder aber ihr Wesen in Richtung chronisch erhöhter Aggressionsbereitschaft zu verändern. Aggressives Verhalten gegen die betreuenden menschlichen Hausgenossen kann also Folge versäumter Prägungsvorgänge oder Ausdruck neurotisch gestörten Sozialverhaltens sein. Leider gilt auch hier, was wir schon bei der Besprechung der Entwicklungsphasen feststellen mußten: über die Katze existiert bedeutend weniger wissenschaftlich gesichertes Material als beispielsweise über den Hund. Generell gilt, daß jedwede Veränderung des sozialen Milieus bei entsprechenden Charaktertypen zu vorübergehender oder länger anhaltender Aggressivität führen kann. So wurde schon früher ein Fall genannt, bei dem die Wesensveränderung durch den Tod des Besitzers ausgelöst wurde, eines Besitzers, mit dem seine Katze besonders eng verbunden war. Scheinbar unmotivierte Angriffe auf die gewohnten menschlichen Hausgenossen machten aus der bislang sanften Katze einen kleinen Teufel. Dieser Zustand gesteigerter Aggressivität hielt wochenlang an. Was immer auch versucht wurde, die gesteigerte Aggressivität des Tieres konnte nicht behoben werden. Die Katze wurde dann auf Wunsch des Besitzers eingeschläfert. Die Untersuchung ergab keinerlei Anhaltspunkte für das etwaige Vorliegen einer organischen Gehirnschädigung, wie etwa durch einen Tumor oder Nervenzellendegenerationen, Veränderungen, die sich je nach Lokalisation auch einmal in gesteigerter Angriffslust manifestieren können.

In einem weiteren Fall handelte es sich um asoziales Verhalten gegenüber Artgenossen beiderlei Geschlechts. Leider ist über das

Vorleben dieser Katzendame nichts bekannt. Die Schwierigkeiten begannen, als die Katze aufgegriffen und in das Katzenheim Freudenau (ein Wiener Tierasyl) gebracht wurde. Während Neuankömmlinge normalerweise in einem Gehege, das schon von vier oder fünf Katzen bewohnt wird, eher unauffällig agieren und sich zu verbergen trachten, um nicht als Fremde den Aggressionen der Revierinhaber ausgesetzt zu sein, suchte unsere Mieze förmlich den Kampf. Jede Artgenossin prügelte sie mit Ohrfeigen, Bissen und Ansprüngen so lange, bis die Alteingesessenen Fersengeld gaben und aus den Schlupfwinkeln nicht mehr hervorzubringen waren. Ein Verhalten, das sich auch dann nicht änderte, als man die Furie in ein anderes Gehege brachte, das mit Katern und Kastraten besetzt war. Schließlich mußte sie einzeln gehalten werden. Als man das Tier durch Einzelhaltung an den Anblick von Artgenossen in Nachbarkäfigen gewöhnt hatte, versuchte man es nach einigen Wochen neuerlich: die Unverträglichkeit hatte um nichts nachgelassen. Nach wie vor traktierte dieser weibliche Berserker alle anderen Tiere, die gemeinsam im Sammelgehege untergebracht waren.

Gegenüber Menschen zeigte die Katze ein freundliches, anschmiegsames Wesen, ja selbst angesichts fremder Hunde zeigte sie weder Fluchtstimmung noch Angstabwehr oder spontane Angriffslust. Man konnte sie deshalb an einen Privathaushalt weitervermitteln und verlor sie dadurch aus den Augen.

Interessant an diesem Fall ist auch, daß diese Katzenwalküre bei ihren ungestümen Kämpfen alle Anzeichen und Ausdrucksformen des Rivalenkampfes, wie man ihn bei Katern kennt, zeigte. Sogar das arttypische Imponiergehabe war zu beobachten. Eine Untersuchung der Geschlechtsorgane dieser Katze ließ – zumindest äußerlich – jedoch keinerlei Anomalien erkennen. Sie hatten das Aussehen der Ruhephase.

Nicht jede sonderbare Verhaltensweise muß aber zwangsläufig eine Verhaltensstörung sein. Individuelle Charakterunterschiede, die es bekanntlich bei Katzen in besonderem Maße gibt, spielen da eine große Rolle. Beispiel dafür ist ein Rabauke von einem Siamkater in vollster Blüte seiner Männlichkeit, der alle Käfiggenossen wütend attackierte. Mit einer Ausnahme: Die mit ihm aufgewachsene und gleichzeitig im Tierheim eingelieferte Siamdame war ihm ans Herz gewachsen.

Obwohl dieses Verhalten ungewöhnlich ist, weil es von neu eingestellten Tieren sehr selten gezeigt wird, kann man in diesem Fall nicht von einer Verhaltensstörung sprechen. Der besonders kräftige und vitale Kater war nur bestrebt, für sich und seine Gattin das Territorium in Besitz zu nehmen. Daß er sich um die bisherigen Territoriumsinhaber einen Pfifferling kümmerte, ist keine Verhaltensstörung, sondern ein Mutbeweis ersten Ranges. Denn die Fremdheit eines Gebietes hemmt die Angriffslust und steigert normalerweise die Fluchtbereitschaft.

Dieses Katzenpärchen mußte anschließend einzeln gehalten werden, um die anderen vor Beschädigungen zu bewahren. Als man ihm die Gattin entführte, reagierte der Kater durchaus verständlich: Voller Unruhe begann er, stundenlang gleichförmig im Kreis zu laufen, und zwar in einer 45 Grad geneigten Bahn, in die er das Dach seiner Wohnhütte und das Sitzbrett mit einbezog. Eine echte Käfigstereotypie.

Verbleibt also dem Katzenfreund die Erkenntnis, die sich auch im Umgang mit Menschen zeigt: Es gibt wehrhafte, angriffslustige und aggressive, es gibt mürrische und griesgrämige, es gibt aber auch zärtliche und sanftmütige Individuen.

Diese individuellen Unterschiede in der Ausprägung arttypischen Verhaltens sind teils das Ergebnis des Zusammenwirkens mehrerer bis zahlreicher Erbfaktoren, teils sind sie aber auch, wie wir schon wissen, von der Art der sozialen Umwelt während der Aufzucht abhängig.

Um eine einfachere, höchstens von einzelnen wenigen Faktoren abhängige Besonderheit handelt es sich hingegen bei der Stärke des Beuteansprung-Instinktes. Bei triebstarken Individuen, die keine Gelegenheit haben, die diesem Instinktfunktionskreis zugehörigen Instinkthandlungen auf natürliche Weise zu betätigen, kommt es zur Reizschwellensenkung. Diese Reizschwellensenkung kann durch die Stubenhaltung bedingt sein: Es werden der Katze keinerlei Schlüsselreize für echte Beuteaggression angeboten. Der Effekt ist für den Katzenbesitzer genauso unangenehm, wie an sich einleuchtend: Mieze beißt in Beine und Füße des Besitzers. Beine und Füße werden als Beuteersatz behandelt, wann immer sie sich vorbeibewegen; zufällig, nach Verabreichung der Nahrung, oder um in ein anderes Zimmer zu gelangen. Diese Verhaltensweise tritt auch gegenüber fremden Personen oder im gleichen Haushalt wohnenden Hunden auf. Die Verletzungen aus dieser – selten vor dem ersten Lebensjahr auftretenden Scheinaggressivität – können erheblich sein. Versuche mit solchen Tieren haben gezeigt, daß jedes – nicht zu große – Objekt angesprungen wird. Die Form des Objektes ist dabei gleichgültig. Mieze springt um so eher, je schneller sich das betreffende Objekt vorüber oder von ihr weg bewegt. Dieser »Scheinaggressivität« unterliegen auch Katzen, die ansonsten die harmlosesten Wesen sind und keinerlei absonderlichen Eindruck erwecken. Mit echter, also sozialer Aggressivität hat diese Verhaltensweise nicht das Geringste zu tun. Aus der Mimik, den angelegten Ohren und ähnlichem ist ersichtlich, daß es sich ausschließlich um Endhandlungen des Beuteinstinktes handelt. Der Verhaltensforscher nennt eine solche Erscheinung »Reaktion auf suboptimale Reize«, der Leerlaufhandlung verwandt. Manchmal kommt es zu geradezu kuriosen Szenen: Dieselbe Mieze, die in die Beine ihres Frauchens beißt, kann unter Umständen dann eine Aggressionshemmung zeigen, wenn man ihr statt der mehr oder minder wohlgeformten Beine eine echte Maus hinsetzt, und diese, wenn ebenfalls erfahrungslos, nicht gleich flüchtet. Das läßt sich besonders bei Kaspar-Hauser-Katzen beobachten, die erst im Alter von zwei bis drei Jahren in der bisher nie verlassenen Wohnung eine Original-Maus zu sehen bekommen.

Was den Katzenbesitzer interessiert, so er eine mit »Beute-Aggressivität« reichlich aufgeladene Katze hat, ist ein einziges Problem: Wie kann man diese »Raubtieransprünge« verhindern?

Zu dieser Frage liegen eindeutige Versuchsergebnisse vor. Eines sei vorweggenommen: Häufiges Spiel mit unbeweglichen Attrappen, die an einer Schnur vor Miezes Nase vorbeigezogen werden, genügen nur in wenigen Fällen, um die Katze diese Verhaltenstendenz ersatzweise befriedigen zu lassen. Trotzdem sind bei dieser Methode Teilerfolge zu verbuchen: Die Häufigkeit der Ansprungversuche auf menschliche Körperteile kann reduziert werden. Das Aussehen der Attrappe muß nicht unbedingt originalgetreu sein. Ein Flaschenkorken, in dem eine Feder als Schwanz steckt, genügt oft, um Mieze eine Originalmaus vorzutäuschen.

Bessere Erfolge werden erzielt, wenn man solchen Salontigern in wöchentlichen Abständen lebende graue oder weiße Mäuse als echte Beutetiere offeriert: natürliche Triebbefriedigung wird ermöglicht! Auch mit beweglichen Spielzeugmäusen wurden gute Ergebnisse erzielt. Unter einer Voraussetzung: Die Blech- oder Gummimaus darf nicht zu laut sein und nicht direkt auf die Katze zulaufen.

Immer wieder gibt es Katzen, die nur gegenüber einer bestimmten einzelnen Tierart wie z. B. Hunden oder auch gegenüber Kindern in einem bestimmten Alter sich außergewöhnlich aggressiv oder außergewöhnlich scheu verhalten. Den Schlüssel zu diesen Verhaltensweisen findet man meist in der Kenntnis vorausgegangener Erlebnisse, oft eines ganz frühen Jugenderlebnisses. Vorausgesetzt man nimmt sich die nötige Zeit und Geduld, um individuelle

Versuchsanordnungen auszudenken und konsequent zu wiederholen, sind Umkonditionierungsmaßnahmen hier fast immer sehr erfolgreich. Worauf es dabei ankommt, wird im letzten Kapitel behandelt.

Die Motivation zu aggressiven Verhaltensformen kann bei Katzen, wie man sieht, ungemein verschiedenartig sein. Es sind sogar Fälle bekannt, in denen sich Katzen gegen allzu aufdringliche Liebkosungshandlungen seitens ihrer Besitzer mit Aggression zur Wehr setzten. Klassisches Beispiel für diese Katzenaversion gegen aufgezwungene Liebkosungen lieferte wieder einmal eine Mieze im Wiener Katzenheim Freudenau. Dort wurde eines Tages aus einem Privathaushalt eine Katze eingestellt, die wegen besonderer »Bösartigkeit« im Haushalt ganz einfach nicht mehr zu dulden war. Die Besitzerin der Katze kam aber das ihr ans Herz gewachsene »böse« Katzentier häufig besuchen. Dann kroch sie auf allen Vieren vor ihrem Liebling herum und versuchte ihn zu liebkosen, was absolut nicht die gewünschte Wirkung hatte: Je heftiger die Liebkosungen wurden, desto aggressiver wurde die Katze. Suchte sie zuerst ihr Heil in der Flucht, so wurde sie dann aggressiv und schlug mit den Tatzen abwehrend auf die Besitzerin ein. Diese schlug nach der Methode »Du undankbares Kind!« zurück, um gleich darauf wieder ihre Annäherungsversuche zu wiederholen, worauf die Katze wieder fauchte. Ein Teufelskreis, der keinen Ausweg bot, solange die Besitzerin ihre egoistischen und exzessiven Liebkosungswünsche nicht beherrschte. Wurde die gleiche Mieze von anderen Personen normal behandelt, war sie das freundlichste Tier: Sie nahm Futter aus der Hand des Pflegers ebenso wie aus der von fremden Besuchern und suchte sogar – wenn sie dazu in Stimmung war – schmeichelnd Kontakt!

Auch Schmerzzustände der verschiedensten Art, Darmparasitenbefall, gehirnschädigende Prozesse und vieles andere mehr lösen gelegentlich gesteigerte Aggressivität bei Katzen aus, die sich von wütendem Schwanzpeitschen, aggressiven Lautäußerungen und abwehrenden Tatzenhieben bei Berührung bis zu wütenden Ansprüngen auf den menschlichen Pfleger und dessen Verfolgung erstrecken können.

Eifersucht und Revierverteidigung sind Motive für gehäuft auftretende Aggressionen in Fällen, in denen zu einer bereits vorhandenen Katze eine zweite in den Haushalt aufgenommen wird. Die Wut der alteingesessenen Katze muß nicht nur gegen die Neue, sie kann gegen alle im Haushalt lebenden Personen, manchmal auch nur gegen einige, gerichtet sein. Zur Vermeidung dieser Schwierigkeiten sind keine allgemein gültigen Rezepte zu liefern; scharfe Beobachtung und Einfühlungsvermögen sind die Methoden, mit denen man sich helfen kann, ergänzt durch tierärztliche Maßnahmen, wie z. B. die Verabreichung von Beruhigungsmitteln (Art und Dosierung wird im letzten Kapitel zusammenfassend mitgeteilt). Aus diesem Einfühlungsvermögen und der exakten Beobachtung resultiert dann eine kluge Regie bei der Einführung des neuen Hausgenossen und die richtige Antwort auf Fragen wie: gleichzeitige oder getrennte Fütterung, gemeinsamer oder separater Schlafplatz, Art der Unterbringung während der Abwesenheit des menschlichen Betreuers, soziale Einflußnahmen in Form von Ermunterung, Streicheln, Spiel, Verteilung der Spielgegenstände usw.

Natürlich gibt es für diese Situation auch Grundregeln, zum Beispiel: bevorzugte Behandlung des alteingesessenen Tieres oder Vermeidung bzw. rasches Abbrechen von Situationen, die Konflikte auf die Spitze treiben. Es liegt aber leider in der Natur der Sache, daß es auch von diesen Grundregeln immer wieder seltene Abweichungen und Ausnahmen gibt.

Es hat sich aber oft bewährt, schon Wochen vor dem Neuzuwachs die alteingesessene Katze nicht zu sehr zu verwöhnen. Ist dann die Neue da, sollte man diese tunlichst auf einen erhöhten Platz in der Wohnung setzen: Dort fühlt sie sich nicht so bedroht. Den ersten Kontakt zur »alten« Katze führt man zweckmäßigerweise erst dann herbei, wenn beide Tiere üppig gespeist haben und daher vollgefressen sind. Außerdem ist es besser, den ersten Kontakt nicht in Schlafplatznähe oder im bevorzugten Aufenthaltsraum zu provozieren: Beim Betreten des Heimes erster Ordnung macht der Inhaber begreiflicherweise keine freundlichen Nasenlöcher. Während des Essens der menschlichen Familienmitglieder sollte anfangs keines der beiden Tiere im Raum sein. Ist das doch der Fall, kommt es häufig zu starken Affektausbrüchen, wobei sich die Aggressivität der Katze auch gegen den menschlichen Sozialpartner richten kann, wenn dieser den aufgewallten Affekt zu besänftigen sucht. Spielsachen sollte man in der Eingewöhnungsphase ebenfalls wegräumen.

Probleme kann es aber nicht nur dann geben, wenn ein neues Tier ins Haus kommt. Die Aufnahme eines menschlichen Babys oder eines anderen neuen Familienmitgliedes in den bisherigen Sozialverband ist besonders für recht verhätschelte und sensible Tiere eine arge Belastung. Möglichst wenig aktive Zuwendung ist besser als aufdringlicher »Tröstungsversuch« in der gespannten Atmosphäre. Manchmal ist es notwendig, den Alteingesessenen für einige Wochen außer Haus zu geben, damit er aufhört, auf seine Alleinherrschaftsansprüche zu pochen. Abnorm gesteigertes und abnorm gerichtetes Aggressionsverhalten kann also vielerlei Ursachen haben: erbliche Veranlagung, Aufzuchtbedingungen unter mangelnder Sozialisierungsmöglichkeit mit menschlichen Personen, ungünstige Erfahrungen in der Jugend, Störungen des gewohnten sozialen Milieus oder der räumlichen Ordnung im Heim erster Ordnung oder der gewohnten Zeiteinteilung im Tagesablauf ebenso wie aufgezwungene übertriebene Liebkosungen, frustrierter Beuteinstinkt, Territoriumsverteidigung, Eifersucht, Schmerzzustände und gehirnschädigende Erkrankungen verschiedenster Art, so z. B. auch die gefürchtete Tollwut. Letztere natürlich nur in Gebieten in denen eine entsprechende Ansteckungsmöglichkeit durch Biß von einem an der Tollwut erkrankten Tier gegeben ist.

Je nach Ursache sind auch die Behandlungsmöglichkeiten und Erfolgsaussichten verschieden.

Abnormes und gestörtes Sexualverhalten

Aufzuchtschäden – Triebhandlungsperversionen – Der Rückfall in kindliche Verhaltensweisen – Nymphomanie – Medikamentöse Behandlung – Kastration und Sterilisation.

Den Schürzenjäger, der allem nachsteigt, was nur einen Kittel trägt, die frigide Schönheit, die sich nicht und nicht für die natürlichste Sache der Welt erwärmen kann, die Nymphomanin mit unstillbarem Verlangen und den leider inaktiven Ehemann: all das kennen wir in abgewandelter und übertragener Form genauso im Reich der Katzen. Störungen des Sexualverhaltens gibt es wohl bei jeder Säugetierart. Die Katze macht hier keine Ausnahme. Wobei man den Begriff »Störungen des Sexualverhaltens« nicht leichtfertig verwenden und so etwas auch nicht leichtfertig diagnostizieren sollte. Zu mannigfaltig – und zu verständlich, weil von jeder abnormen Verhaltensweise weit entfernt – sind hier die Erscheinungsformen. Der Kater, der vor der rolligen Katze flieht, muß nicht sexualgestört sein; er würde die liebesbereite Mieze halt viel lieber in seinem eigenen Territorium hofieren. Die Mieze, die sich trotz Rolligkeit und Hitze absolut nicht beglücken läßt, muß auch nicht sexualgestört sein: Vielleicht stört sie nur die Anwesenheit einer gefürchteten Person, z. B. der Tierarzt in seinem weißen »Berufskostüm«.

Das gleiche gilt für wiederholt beobachtete onanierende Kater. Ihre Verhaltensweise ist nicht Perversion, sondern das, was es bei vielen Menschen auch ist: der einzige Ausweg aus sexueller Not. Das gilt sogar für homosexuelle Tätigkeiten bei Katzen und Hunden, obwohl sehr selten auch echte Homosexualität in Form von völlig unbegründeter Ablehnung paarungsbereiter und hitziger Katzen bei ausschließlichem sexuellen Interesse an Geschlechtsgleichen beobachtet wurde. Viele Sexualstörungen resultieren aus unbiologischen Aufzuchtsituationen. Kater, die als Kaspar Hauser aufgezogen wurden, können zeitlebens Scheu vor Artgenossen beiderlei Geschlechts beibehalten. Ihre späteren Aufreitversuche und ihre sexuelle Werbung richtet sich dann bisweilen auf Personen oder Gegenstände, in Extremfällen sogar auf die Futterschüssel. Wenn sie dabei nicht nur aufreiten, sondern auch zur Instinktendhandlung gelangen, spricht man von echter Triebobjektperversion oder der Sexualhandlung, die aufs falsche Objekt gerichtet ist. Ähnlich dem Fetischismus beim Menschen etwa. Es sind noch weitere Ähnlichkeiten bekannt. So z. B. ein Kater, der eine Hündin zu begatten versuchte. Beim Menschen würde man so etwas als Sodomie bezeichnen.

Überstarker Geschlechtstrieb tritt bei Tieren oft gemeinsam mit Rauflust und Drang zum Entweichen in Erscheinung. Außer in diesen normalen Formen von Sexualappetenz kann unbefriedigter Geschlechtstrieb aber nicht nur am Rande des diesem Funktionskreis zugehörigen Instinktverhaltens zutage treten und das Verhaltensgleichgewicht empfindlich stören, sondern auch in maskierter Form als Überaggressivität, Zerstörungslust und vieles andere mehr. Fehlt dabei das Bedürfnis für normale sexuelle Befriedigung, *obwohl* die Möglichkeit dazu bestünde, dann spricht man von Triebhandlungsperversion. Eine sehr seltene Erscheinung bei Tieren. Sadismus, Masochismus und Kleptomanie, ja der Lustmord, wären dann Beispiele für analoge Verhältnisse beim Menschen.

Das Gegenteil überstarken Geschlechtstriebes ist die Unlust, einen Geschlechtsakt auszuführen. Die Gründe dafür können sowohl im organischen als auch im seelischen Bereich gefunden werden. Angeborene Anomalien und unterentwickelte Hoden, dadurch verringerte Sexualhormonproduktion und in weiterer Folge absolut kein Interesse an der körperlichen »Liebe« ist nur ein Beispiel. Gewisse Hirnanomalien und Hirnstörungen können ein weiterer Grund im organischen Bereich sein: Gestörtes oder vermindertes Sexualverhalten ist die Folge. Im seelischen Bereich genügt bei Katzen, so wie bei anderen Säugetieren, die Tatsache tiefer sozialer Rangstellung, die nicht nur zu zeitweiliger Hemmung, sondern sogar zur Unterdrückung jeglicher Instinkthandlung aus dem Sexualfunktionskreis führen kann.

So kennen wir z. B. die Geschichte eines Katers – und das ist kein Einzelfall – der sexuell völlig inaktiv blieb, solange sein ihm an Entschlossenheit des Auftretens weit überlegener Vater neben mehreren weiblichen Katzen im selben Haushalt mitwohnte. Auch dann, wenn Väterchen nicht zugegen war oder der rangtiefe Kater zu einer rolligen Katze außer Haus gebracht wurde, wollte es partout nicht klappen: Er war völlig desinteressiert, obwohl mit 4 Jahren längst im besten Mannesalter. Erst einige Monate nach dem Tode des Katzenvaters rückte der Sohn in seiner sozialen Stellung vor. Im gleichen Augenblick wurde er auch sexuell aktiv und deckte erfolgreich eine der mitwohnenden sowie fremde Katzen. Daß es sich dabei nicht nur um eine angstbedingte Hemmung in Gegenwart eines überlegenen Rivalen handelt, was auch möglich ist, beweist der Umstand, daß es in einem solchen Fall sogar zu einer meßbaren Hodenverkleinerung kommen kann: Ein Kater gab seine sexuelle Aktivität in dem Augenblick auf, als in den gemeinsamen, aus Katzendamen und einem Kastraten bestehenden Haushalt ein neuer Kater eingestellt wurde, an den er seine Spitzenposition nach mehreren erbitterten Kämpfen abtreten mußte.

Im letztgenannten Fall handelt es sich nicht um umweltreaktiv verzögerte Reifung, sogenannte Retardation, wie im ersteren Fall, sondern um reaktive Regression, d. h. Rückfall in kindliche sexuelle Inaktivität durch sozialen Rangverlust. Wobei sich hier die krankmachende Wirkung von Konfliktsituationen unter Stubenhaltungsbedingungen wieder einmal besonders deutlich demonstriert: In »freier Wildbahn« würde der besiegte Kater keine Sexualstörungen zeigen, sondern auf ein anderes Revier ausweichen. In der Wohnung hingegen fehlt diese Ausweichmöglichkeit, wodurch künstlich ein unerträglicher Zustand aufrechterhalten wird, der schließlich sogar zu psychosomatischen Störungen und Erkrankungen führen kann. Im geschilderten Falle konnte eine Beseitigung der Verhaltensstörung dadurch erreicht werden, daß man den neuen Kater vom alteingesessenen getrennt in anderen Räumen der Wohnung hielt. Nach zwei Monaten stellte sich die sexuelle Aktivität des Katers wieder ein. Beide Kater, wertvolle Rassetiere, kamen dann ihren männlichen Pflichten jahrelang bestens nach und verdienten damit ihrem Besitzer ihre Futterkosten.

Stubenhaltungsbedingungen können auch zum Gegenteil des Vorerwähnten führen, nämlich zu Reifungsbeschleunigung, d. h. reaktiver Akzeleration im Sexualfunktionskreis: Müßiggang, allzu reichliche Ernährung und gemeinsame Haltung beiderlei Geschlechter bei Fehlen von »Autorität« durch zu geringe soziale Rangunterschiede begünstigten sexuelle Frühreife.

Tiere sind sensibler, als manche glauben. Das dokumentiert sich auch beim Trauerverhalten, das sozusagen als Nebeneffekt für kürzere oder längere Zeit auch zu sexueller Inappetenz führen kann.

Von Zuchtkatern abgesehen, ist es schon aus Gründen der unerträglichen Geruchsentwicklung und der Neigung, viele Gegenstände als Markierungsobjekte zu mißbrauchen, im allgemeinen nicht üblich, vollreife Kater in Wohnungen zu halten, sondern 6 bis 8 Monate zu warten, um sie dann der Entmannung zuzuführen, womit alle Erscheinungen abnormen und normalen Sexualverhaltens mehr oder weniger ein Ende haben. Kater, die vor der

Kastration das Deckgeschäft schon gewöhnt waren, können Lust und Fähigkeit zum Bespringen rolliger Weibchen beibehalten, wenn auch sehr eingeschränkt und natürlich ohne Befruchtungserfolg. Wird erst nach dem vollendeten ersten Lebensjahr kastriert, dann behalten manchmal solche Tiere die bereits gereifte und gewohnte Neigung zu markieren bei.

Bei Katzendamen sind Störungen des Sexualverhaltens seltener als beim Kater. Unter den üblichen Stubenhaltungsbedingungen spielen eigentlich nur zwei Verhaltensstörungen zahlenmäßig wirklich eine Rolle. Sie sind einander diametral entgegengesetzt: Da ist einmal die mangelnde Deckbereitschaft trotz Rolligkeit (Brunst), was die Zuchtverwendung erschwert, und auf der anderen Seite die Nymphomanie oder Dauer-Deckbereitschaft. Letzteres stellt das große praktische Problem bei der Haltung der Stubenkatze dar. Denn Miezen werden mitunter nicht nur zwei- bis viermal im Jahr, sondern, wenn keine Befruchtung erfolgt, alle 8–14 Tage rollig. Da rollige Katzen sich im allgemeinen sehr unruhig und laut, manchmal auch stubenunrein benehmen, weil sie außerdem noch ausgeprägten Drang zum Streunen entwickeln und infolge Appetitlosigkeit abmagern, ist dieser Zustand für den menschlichen Pfleger zumeist untragbar, stellt aber keine Abnormität im psychiatrischen Sinne dar. Der Tierarzt verfügt hier über eine Reihe von Medikamenten, die eine Änderung dieses Zustandes bewirken können. So zum Beispiel eine der menschlichen Anti-Baby-Pillen ähnliche Therapie auf hormoneller Basis in Tabletten- oder Injektionsform. Da alle diese Mittel, unrichtig angewendet und dosiert, auch Schaden stiften können, weshalb sie streng rezeptpflichtig sind, soll hier nicht konkreter darauf eingegangen werden. Man wende sich im Bedarfsfalle an seinen Haustierarzt.

Ein gewisser Nachteil einiger, nicht aller derartiger Präparate liegt in den unerwünschten Nebenerscheinungen, wie Appetitstörung und gelegentlicher Begünstigung von Gebärmutterentzündungen. Außerdem ist die brunstunterdrückende Wirkung nicht immer hundertprozentig: vor allem dann nicht, wenn Eierstockzysten vorliegen oder wenn es sich um eine Siamkatze handelt. Das Mittel der Wahl ist derzeit immer noch, vor allem für junge Katzen, die nicht zur Weiterzucht bestimmt sind, die operative Entfernung der Eierstöcke. Gegenwärtig sind an mehreren wissenschaftlichen Instituten Untersuchungen im Gange, die Entwicklung und Reifung des Eierstockgewebes durch bestimmte Hormongaben an Jungtiere zu unterdrücken, so daß die Eierstöcke zeitlebens funktionsunfähig bleiben. Praxisreife Ergebnisse zeichnen sich noch nicht ab. Auch Versuche mit Röntgenstrahlen haben bei Katzen enttäuscht. Interessant ist die Tatsache, daß manchmal auch mit dem recht harmlosen homöopathischen Mittel Platinum D3 allzu häufige und allzu heftige Rolligkeitserscheinungen vermindert werden können. Von diesem Mittel streut man täglich 2mal eine Messerspitze voll ins Futter. Einen antiöstrogenen, also brunstverhindernden Effekt kann man angeblich auch mit Elektroschockbehandlungen und neuerdings durch chinesische Akupunkturbehandlung erzielen, was aber unsicher, umständlich und zeitraubend und somit z. Zt. noch ohne praktisches Interesse ist.

Im Gegensatz zum Menschen treten bei kastrierten weiblichen Katzen viel seltener unerwünschte Nebenerscheinungen in Form verschiedener körperlicher Störungen auf, da ja ein langer Zustand ruhender Sexualdrüsentätigkeit bei diesen Tieren normalerweise vorkommt und durch die Operation nur sozusagen auf Lebenszeit ausgedehnt wird. Außerdem fehlt den Tieren die Einsicht in ihre entstandene Geschlechtslosigkeit, so daß etwaige autosuggestive Wirkungen durch Minderwertigkeitskomplexe unterbleiben. Die verbreitete Meinung, daß kastrierte Tiere verdummen oder temperamentlos werden, ist absolut unrichtig.

Gestörtes Mutterverhalten

Umwelteinflüsse – Wann beginnt die Mutterliebe? – Die Rangordnung der Triebe – Scheinträchtigkeit und Scheinmutterschaft.

Zu den Hauptinstinkten jedes weiblichen Tieres gehört das Mutterverhalten. Auch hier treten Störungen auf. Sie können durch Umwelteinflüsse und durch angeborene Instinktausfälle entstehen. Letztere sind bei Katzen eigentlich recht selten zu beobachten. Wahrscheinlich deshalb, weil früher bei Hauskatzen mit Ausnahme der sogenannten Edelrassen kaum jemals Geburtshilfe betrieben wurde. Die Katzenkinder kamen also in naturausleseähnlichen Verhältnissen zur Welt. Hat ein Kätzchen schlechtes Mutterverhalten geerbt, dann gelangt es kaum selbst zur Weitervermehrung: Zumeist stirbt sein ganzer Wurf in den ersten Lebenstagen, weil ja die adäquate Fürsorge der Mutter, die für die Kleinen existenzwichtig ist, fehlt.

Häufiger sind Störungen des Mutterverhaltens durch umweltbedingte Einflüsse. Beispiel dafür ist Susi, eine ganze gewöhnliche Hauskatze: Sie kam hochträchtig ins Katzenheim und wurde vorerst, wie jeder Neuzugang, in einem Quarantänegehege gehalten. Susi mußte aus Platzmangel ihr Gehege mit drei anderen, ebenfalls neu eingelieferten Katzen teilen.

In diesem Gehege kamen Susis Kinder zur Welt. Die Neugeborenen hatten den Mutterleib noch nicht einmal ganz verlassen, als sich die drei mit Susi im Gehege befindlichen Katzen auf die Jungen stürzten und diese auffraßen. Dies, obwohl die Tiere selbstverständlich ausreichend versorgt waren. Fleisch und Wasser standen in reichlichem Maße zur Verfügung.

Susi reagierte auf diesen Angriff überhaupt nicht. Sie zeigte keinerlei Abwehrreaktionen und schaute nur teilnahmslos zu. Trotzdem ist die Frage, ob man in diesem Fall von einer echten Störung des Mutterverhaltens sprechen kann. Katzenmütter verteidigen ihre Jungen normalerweise zwar verbissen und heftig, allerdings erst *nach* dem ersten Saugen.

Mutterverhalten beginnt bereits vor der Geburt, als »Nestbau«. Die hochträchtige Katze gewinnt besonderes Interesse an versteckten Orten, wie Kästen, Schubladen und – nicht selten – am Bett des Besitzers. Ein günstiges Wurflager wäre eine flache Kiste, gepolstert und mit leicht auswechselbaren Tüchern belegt. Katzen haben aber oft ihre eigenen Vorstellungen und benützen vorbereitete Kinderstuben dann doch nicht.

Zum Mutterverhalten zählt natürlich auch die Geburt selbst, das richtige Durchbeißen der Nabelschnüre, das Trockenlecken der noch blinden und tauben Neugeborenen, das Lecken der Afterregion als Reiz zur Kotabgabe, das Freimachen und Präsentieren des Gesäuges usw. Wir wollen auf die mit der Geburt zusammenhängenden und sich unmittelbar daran anschließenden Vorgänge hier jedoch nicht näher eingehen, da dies in nahezu jedem anderen Katzenbuch ausführlich genug behandelt wird und derjenige, der Katzen züchtet, sich ohnehin weitere Literatur verschaffen wird (z. B. Wolff; Wink und Ketsch).

Zum Mutterverhalten gehört eine ganze Reihe von Pflegehandlungen, die eine Katze den Jungtieren angedeihen läßt. Bei entsprechender Triebstärke sind die Auslösemechanismen für Pflegehandlungen gelegentlich recht weit und unspezifisch. So erzählt Prof. Schneider, der Direktor des Leipziger Zoos, von einer Katze, die mit ihrem Katzenkind nicht genug zu haben schien: Sie wieselte hinüber in Nachbars Garten, stahl dort ein Küken und zog es gemeinsam mit dem eigenen Kind auf.

Prof. Schneider stellt in seinem reich illustrierten Büchlein »Mutterliebe bei Tieren« als Überschrift je eines Kapitels die interessanten Fragen »Wann fängt die Mutterliebe an?« und »Wann hört die Mutterliebe auf?« und belegt die nicht einheitlich für jede Tierart gleich ausfallenden Antworten mit zahlreichen interessanten Beispielen aus Beobachtungen an seinen Zooinsassen. Auch Frau Prof. Meyer-Holzapfel, ehem. Direktor des Berner Zoos, und das Hundeforscherehepaar Menzel befaßten sich eingehend mit den Störungen und Abnormitäten des Mutterverhaltens (bei Hunden). Der Interessent sei diesbezüglich auf die ausführlichen Darstellungen in dem Buch »Der unverstandene Hund« verwiesen.

Hat Mieze zum Wurflager kein Vertrauen, erscheint es ihr zu unsicher oder ganz einfach für die weitere Aufzucht des Nachwuchses ungeeignet zu sein, zieht sie einfach aus: Sie schleppt ihre Kinder vorsichtig und unter beachtlichem Kraftaufwand auf einen sicheren Platz.

Das Mutterverhalten wird stark durch Reize gesteuert, die vom Jungtier ausgehen. Je nach der Stärke des Auslösers zeigt sich mehr oder weniger intensives Mutterverhalten. Nimmt man einer Katze während der vorgeschrittenen Säugezeit, zu der ihr Kontakt und ihre Fürsorge nur mehr auf wenige und kurze Zeiten pro Tag beschränkt ist, die Katzenkinder weg und gibt ihr statt dessen hilflose Neugeborene hin, so intensiviert sie ihr Mutterverhalten. Sie beginnt wieder mit allen intensiven Pflegehandlungen und nimmt alle jene zeitaufwendigen Gesäugedarbietungen auf, die Neugeborene eben brauchen.

Gehen vom Jungtier keine starken Reize aus, zeigt auch Mieze kaum Mutterverhalten. Ein Jungtier, das nicht schreit, sich nicht bewegt, nicht saugt, mißgebildet ist oder fremdartig riecht, wird meist nicht gepflegt. Mehr noch: Solche Tiere werden aus dem Wurflager gestoßen und bisweilen sogar gefressen. Dieser Instinktteil scheint vielen Katzenmüttern aber verlorengegangen zu sein.

Mutterverhalten kann nicht nur durch Hemmungen blockiert werden, die zu diesem speziellen Funktionskreis gehören. Auch andere Triebe können Störungen auslösen, eine totale Blockade bringen oder Teile des Mutterverhaltens sogar in einen entgegengesetzten Effekt verkehren. Diese vor allem dann, wenn solche dem Funktionskreis des Mutterverhaltens an sich fremde Triebe zu stark entwickelt oder anlagebedingt hypertrophiert sind und wenn negative Umwelteinflüsse dominieren. Ein Chaos in der »Rangordnung der Triebe«, also eine Veränderung im Instinktgleichgewicht, führt nicht nur Katzen zu biologischen Anpassungsschwierigkeiten. So sind bei Schweinen, Hunden, Mäusen und – Katzen Fälle bekannt, in denen die mütterliche Schutzaggression statt gegen Feinde auf die eigenen Kinder gerichtet ist. Sie werden totgebissen und manchmal sogar aufgefressen.

Verschiedene Forscher haben dafür anderslautende Erklärungen. Es dürfte aber mehrere Ursachen geben, die zu ähnlichem Effekt führen, so daß die verschiedenen Erklärungen miteinander nicht in Widerspruch stehen müssen. Folgender Sachverhalt scheint sehr häufig zuzutreffen: Während der Mutterschaft ist bei vielen Mutterkatzen und Mutterhündinnen das Bewachungs- und Verteidigungsverhalten besonders stark aktiviert. Aggressionen gegen fremde Menschen und Tiere (sogar gegen den eigenen Besitzer) sowie gegen kleine artfremde Lebewesen, die sich dem Versteck der hilflosen Kleinen nähern, sind dann als durchaus artgemäße Verhaltenserscheinungen anzusehen, die während der Mutterschaft nur durch die von den eigenen Jungen ausgesandten Schlüsselreize so weit unter Hemmung gesetzt werden, daß sie nicht auch gegen sie gerichtet werden können. Viele Tiermütter von Nesthockern bewachen übrigens das Nest deutlich mehr als die Jungen. Bei aggressionserregenden Störungen in der Umgebung des Wurflagers kann es, insbesondere bei entsprechend aggressiv oder »labil« veranlagten Katzen mit schwachen Hemmungen, dazu kommen, daß die Hemmschwelle für Aggressionen gegen die eigenen Jungen überschritten wird und dann nach Art umorientierten Verhaltens diese wie Feinde oder Eindringlinge den aggressiven Handlungen zum Opfer fallen. Man sollte daher das Wurflager der Katze – wie auch eine Abferkelbox für ein Mutterschwein – so aufstellen, daß das Muttertier von Reizen aus der Umgebung und von anderen Artgenossen möglichst wenig gestört wird. Bei gut ausgewogen veranlagten Muttertieren kommen aber selbst unter ungünstigen Verhältnissen keine Entgleisungen vor. Sogar die entfernt ähnlichen Reize, wie sie von kleinen Kindern und Jungen anderer Tierarten ausgehen, bewirken bei Katzen Aggressionshemmungen (auch außerhalb der Mutterschaft und selbst beim männlichen Geschlecht). Dies ist der Grund, warum viele Katzen sich von Kindern viel mehr ohne Gegenwehr gefallen lassen als jemals von Erwachsenen (sofern nicht ungünstige Erlebnisse der Katze diese Verhaltensbereitschaft verändert haben).

Außer den vorgenannten gibt es auch noch andere Entstehungsursachen für das Auffressen der eigenen Jungen. Die hormonellen Steuerungsvorgänge für den Muttertrieb einerseits und den Milchfluß andererseits und die Geburtsauslösung sind sehr kompliziert und dementsprechend vielseitig störungsanfällig, und auch sie können ursächlich an solchen Verhaltensentgleisungen beteiligt sein.

Bei Mäusen, Ratten, Kaninchen und anderen Tierarten soll Auffressen einzelner Jungen gar nicht so selten vorkommen, doch scheint die Ursache dafür gänzlich verschiedener Art zu sein. Im schon genannten Buch »Der unverstandene Hund« wurde auf diese Probleme näher eingegangen.

Die sogenannte Scheinmutterschaft, deren Ursache in Entgleisungen im Zusammenwirken mehrerer Hormondrüsen zu suchen ist, ist eine bei Hündinnen sehr häufige, bei Katzen nur ausnahmsweise beobachtbare Erscheinung ohne praktische Bedeutung, weshalb hier nur kurz darauf eingegangen sei. Es kann vorkommen, daß solche Katzen für eine Zeitspanne von ca. 4-6 Wochen (die rund 2 Monate *nach* der Rolligkeit beginnt), andere Tiere, ja sogar kleine Vögel, die sonst als Beutetiere behandelt würden, oder leblose Gegenstände in ein Versteck tragen und symbolisch umsorgen, belecken, bewachen: Leerlaufendes Mutterverhalten. Wenn man das Gesäuge untersucht, kann man manchmal sogar Milch aus den Zitzen drücken.

Die Neigung mancher Katzen, dem Besitzer zeitweilig tote Mäuse zuzutragen, ja sogar ins Bett zu legen, könnte möglicherweise eine abgeschwächte Variante des sich an die Säugezeit anschließenden Mutterverhaltens darstellen.

Infantilität, Bewegungsstereotypien, Vagabundieren, Lagerkoller

Nicht alles ist krankhaft – Mieze saugt am Polster – Bewegungsstereotypien – Die Katze ist weg! – Raumnot.

Zwei Männer sitzen beisammen und diskutieren engagiert ein Problem. Die Argumente des einen sind stichhaltiger, logischer und begründeter. Der andere fühlt sich geistig unterlegen, kann die Argumente nicht mehr entkräften und widerlegen, statt dessen beginnt er zu schreien, zu drohen, zu schimpfen. Ein typischer Fall eines Rückschrittes bzw. Rückgriffes auf die Ebene einer primitiven Verhaltensorganisation: Statt die Argumente zu zerpflücken, kommt es zu Wutausbrüchen und zum Versuch, den anderen einzuschüchtern. Bei Affen und menschlichen Kleinkindern im Trotzalter finden wir die Neigung, auf Frustrationen mit Affektausbrüchen dieser Art zu reagieren, besonders ausgeprägt. Es gibt auch einen anderen Reaktionstyp angesichts unlösbarer Aufgaben oder eines übermächtigen Gegners: sich kindlich hilflos, unterwürfig und naiv zu geben. In vielen Fällen wirkt dies ja tatsächlich aggressionshemmend.

Wir sprachen schon davon, daß sich in die Enge getriebene Katzen im Falle aussichtslosen Kampfes nicht nur durch abwehrende Tatzenhiebe und Zubiß verteidigen, sondern – wie dies für Jungtierverhalten typisch ist – sich auf den Rücken fallen lassen, um die Krallen aller vier Pfoten gleichzeitig zum Einsatz zu bringen. Gleichzeitig wird Harn, Kot und Analbeutelsekret entleert. Auch dies ist ein kurzzeitiger Rückfall auf eine früher einmal aktuell gewesene, beim Erwachsenen normalerweise nicht mehr übliche Verhaltensform: in diesem Falle von hoher biologischer Zweckmäßigkeit.

Zeitweilige oder dauernde Rückkehr (Regression) zu einzelnen oder mehreren kindlichen Verhaltensweisen, wie Futterbetteln und Sichfütternlassen u. a. m. kennen wir auch im Rahmen sexueller Werbung.

Darüber hinaus kann Regression auf Jungtierverhalten eine höchst zweckmäßige, ja geradezu lebenserhaltende Vorgangsweise sein, als Anpassungsmechanismus an eine Lage der Hilflosigkeit.

Verletzte Vögel, die sich nicht mehr selbst ernähren können, betteln Artgenossen um Nahrung an. Spricht das hilflose Tier die latent anscheinend bei Tieren genauso wie bei Menschen immer vorhandenen Pflegeinstinkte seiner Gefährten genügend an, dann wird es tatsächlich gefüttert.

Auch am Mitlaufen behinderte, verletzte Wölfe betteln: So können sie vom Rudel ernährt und wieder gesund gepflegt werden.

Aus diesen wenigen Beispielen ist bereits zu ersehen, wie vorsichtig man bei der Beurteilung eines als abnorm anmutenden Verhaltens sein sollte. Nicht alles Ungewohnte muß gleich neurotisch, also krankhaft sein.

Außer kurzzeitigen Regressionen in einzelnen oder mehreren Instinktbereichen kennen wir allerdings infolge längere Zeit hindurch einwirkender Konfliktsituationen oder anderer unbiologischer Umwelteinwirkungen auch anhaltende Rückfälle in infantile Reaktionsformen, die dann nicht immer biologisch zweckmäßig und somit als neurotisch zu beurteilen sind. Dies ist jedoch bei Katzen viel seltener und weniger deutlich ausgeprägt als beispielsweise bei Hunden. Das Persistieren infantiler Verhaltensformen, also das Verbleiben auf einer kindlichen Stufe der Verhaltensentwicklung von Kindheit an bis weit ins Erwachsenenalter hinein, können wir hingegen häufiger beobachten.

Im Kapitel über Störungen des Sexualverhaltens haben wir bereits von einem Kater berichtet, dessen verbleibende Kindlichkeit zur Reifungshemmung des Sexualverhaltens und der Geschlechtsorgane geführt hatte. Das Tier war mit 4 Jahren immer noch das Jungtier seiner Mutter. Der Leser wird sich noch erinnern: Zu Lebzeiten des ranghöheren Vaters zeigte der Kater nicht die geringste Sexualappetenz, obwohl er von rolligen Katzen förmlich belagert war. Markierungsverhalten ließ er ebenfalls vermissen. Ans Futter durfte er nur als Letzter, es sei denn, seine Mutter war zugegen, um ihn zu schützen. Sie ließ ihm, wie einem Jungtier, den Vortritt.

Nicht nur soziale Unterdrückung von frühester Kindheit an, sondern auch besonders behütete isolierte Aufzucht kann einen viele Teilbereiche umfassenden, mitunter sehr tiefgreifenden Reifungsstillstand bedingen. Unter Schoßhunden kommt so etwas besonders häufig und vielgestaltig vor. Eine hingegen durchaus als normal einzustufende Anpassungsreaktion zeigen Stubenkatzen, die durch Persistenz infantiler Einstellungen sich in ihre soziale Lebenssituation besser einfügen, indem die menschlichen Betreuer zeitlebens von ihnen als Elterntiere betrachtet werden.

Eine bei Stubenkatzen häufig beobachtbare, aber nur manchmal als Abnormität zu bewertende Erscheinung ist die Persistenz kindlichen Saugverhaltens. Wurden die Saugversuche des jungen Kätzchen von der Mutter nicht durch das bereits früher erwähnte Abschlagen unter Hemmung gesetzt, dann saugen sie als längst erwachsene Katzen immer noch an den nicht mehr milchspendenden Zitzen ihrer Mutter und anderer Tiere, sofern diese das dulden. Hinsichtlich Betätigungsobjekt des Sauginstinktes sind Katzen gar nicht wählerisch. Als Schlüsselreiz und Saugobjekt kann jede nicht zu große Erhebung dienen, die über eine ebene Fläche emporragt. Finger, Knöpfe, Polsterzipfel und sogar der menschliche Adamsapfel kommen dann in Frage. Diese Betätigung an leblosen Gegenständen, eine an sich harmlose Verhaltensabnormität vieler Stubenkatzen, kann bis zum 4. oder 5. Lebensjahr, ja zeitlebens anhalten. Manchmal wird gleichzeitig dabei mit den Vorderbeinen abwechselnd der Milchtritt ausgeführt. Die Ursache kann man als Aufzuchtschaden betrachten. Oft wird ein junges Kätzchen bereits in einem Alter von der Mutter entfernt, in dem Nahrungsaufnahmeverhalten durch Saugen noch in voller und sinnvoller Aktion ist. Durch Frustration des Saugbetriebes kommt es zu einer Triebstauung: Der menschliche Pfleger bietet ja Milchersatz und Aufzuchtfutter fast nie aus einem Puppensauger, sondern aus einem Tellerchen an. Nach solch einer Mahlzeit ist zwar der Magen befriedigt, nicht aber das Saugzentrum im Gehirn. Betätigung an Ersatzobjekten wird notwendig und, da später nicht durch »Abschlagen« unter Hemmung gesetzt, beibehalten. Auf der Basis von in der Kindheit nicht genügend abreagiertem Saugtrieb und einigen anderen Hilfsursachen entsteht auch bei Rindern eine in älteren tierärztlichen Lehrbüchern verständnislos als »Untugend« bezeichnete neurotische Verhaltensweise, das sogenannte Zungenschlagen.

Manchmal sind sich die Fachleute nicht ganz im klaren, ob eine Erscheinung verhaltensphysiologisch, also noch biologisch zweckmäßig ist. So beispielsweise beim Betteln der Zootiere, das vielfach selbst dann stattfindet, wenn die Tiere gesättigt sind, was im Verein mit Bewegungsmangel zu gesundheitlich recht bedenklicher Überernährung führt; Langeweile durch Mangel an anderer biologisch sinnvoller Betätigungsmöglichkeit und -notwendigkeit sowie Kontaktbedürfnis sind die wahrscheinlichen Triebfedern.

Ob man auch die Unerfahrenheit, ja manchmal geradezu Furchtsamkeit mancher besonders isoliert aufwachsender Stubenkatzen angesichts einer plötzlichen Konfrontation mit lebenden Beutetieren – experimentell z. B. mit weißen Mäusen – als eine Art

Infantilismus auffassen soll, ist eine Sache des Beurteilungsstandpunktes. Es spielen bei dieser Erscheinung sicherlich Instinktatrophien neben versäumten Lernmöglichkeiten mit eine Rolle (von Instinktatrophie spricht man, wenn infolge mangelnder Betätigungsmöglichkeit das Bedürfnis, eine bestimmte Triebhandlung auszuführen, völlig verkümmert, also verschwindet, anstatt, wie anzunehmen wäre, durch Triebstauung zu Leerlaufhandlungen oder Betätigung an Ersatzobjekten zu führen).

Eindeutig als neurotisch einzustufende infantile Verhaltenszüge findet man besonders häufig und ausgeprägt bei übertrieben verhätschelten und extrem isoliert gehaltenen Stubenhunden, weshalb in dem Buch »Der unverstandene Hund« diesem Thema ein ganzes Kapitel gewidmet wurde. Da gibt es unter anderem beispielsweise Tiere, die selbständig kein Futter zu sich nehmen und deshalb, würden sie nicht täglich mit dem Löffel gefüttert, abmagern, ja möglicherweise sogar zugrunde gehen würden.

Nun zu einem völlig anderen Thema. Seelische Konflikte drükken sich oft in den unwahrscheinlichsten Formen aus, so z. B. in Bewegungsstereotypien, die wohl jedem Tiergartenbesucher schon aufgefallen sind.

Bei Tierarten, die ein starkes Aktivitätsbedürfnis haben, wie Bären, Marder, Hyänen, genügt oft die Raumbeschränkung eines zu kleinen Käfigs, um einen in seiner Form stereotypen Spaziergang – von links nach rechts und zurück, oder immerzu im Kreise – entstehen zu lassen, mit dem das Bewegungsbedürfnis abreagiert wird. Dies kann so sehr zur eingefahrenen Gewohnheit werden, daß es manchmal auch ohne Notwendigkeit fortgesetzt wird, nachdem man das Tier in einem größeren Gehege untergebracht hatte. Bei den wenig aktiven, ja geradezu faulen Löwen beobachten wir im Zirkuswagen dagegen stereotypes Hin- und Hergehen hinter dem Vordergitter nur kurz vor der Fütterung. Die Tiere, denen ein guter Zeitsinn eigen ist, trachten danach, dem zunächst noch nirgends sichtbaren, futterspendenden Wärter entgegenzueilen. Das Käfiggitter vereitelt aber die Ausführung dieses Wunsches: Frustration! Wenn sie dann das Fleisch vor dem Käfig sehen und riechen, geht das Hin- und Hertraben in ein Hin- und Herjagen in höchster Aufregung über, ja die Tiere springen regelrecht am Gitter hoch, und der Bewegungssturm erreicht seinen Höhepunkt in bezug auf Geschwindigkeit.

Die Bewegungsstereotypie ist also durchaus nicht immer Ausdruck eines spontanen Bewegungsbedürfnisses. Sie kann sogar dann auftreten, wenn das Tier eigentlich Ruhe sucht, jedoch seinen

Schlafplatz nicht aufsuchen kann, etwa wenn vergessen wurde, die Tür zum Schlafgehege zur gewohnten Stunde zu öffnen.

Nicht nur bei den verschiedensten Säugetierarten in zoologischen Gärten, auch bei Haustieren, ja sogar beim Geflügel können in geeigneten Situationen Bewegungsstereotypien auftreten. So ergab es sich einmal, daß ein Geflügelzüchter einen Truthahn von seinem gewohnten Gehege und den Genossen, mit denen er aufgewachsen war, wegen allzu großer Kampflust entfernen und in eine 3 Meter daneben und 1½ Meter höher gelegene Umfriedung zu Hühnern sperren mußte. Daraufhin entwickelte sich eine stundenlang andauernde Stereotypie, indem sich das Tier vor der Ausgangstür mit Blickrichtung auf sein früheres Territorium 2 Meter nach links und 2 Meter nach rechts hin- und herbewegte und Klagelaute ausstieß. Der Zustand dauerte einige Monate lang, bis das Tier der Verwertung in der Küche zugeführt wurde.

Das aufgeregte Hin- und Hergehen frisch gebackener Väter auf den Gängen von Gebärkliniken, 5 Schritte vor der Tür nach links und 5 Schritte vor der Tür nach rechts, weil sie die Türe (zu ihrer Frau und dem Neugeborenen) noch nicht durchschreiten dürfen, ist ohne Zweifel eine echte Parallelerscheinung zu tierlichen Bewegungsstereotypien. Andere junge Väter rauchen eine Zigarette nach der anderen, wieder andere fühlen sich abgeschlagen und krank: »die Mutter bekam das Baby, der Vater liegt im Wochenbett«, andere gähnen, wieder andere suchen jede halbe Stunde das WC auf, denn sie verspüren plötzlich Stuhldrang oder immer wieder Harndrang. Alles Entlastungshandlungen, sogenannte Übersprungreaktionen, die wir auch bei Katzen und Hunden und anderen Tieren in außergewöhnlichen oder verwirrenden Situationen emotionellen Erregungsstaues kennen und von denen viele in diesem Buch schon geschildert wurden.

Das Verbleiben von Bewegungsstereotypien über die Zeit der aktuellen erregenden Situation hinaus, gewissermaßen als »konservierte Konfliktdarstellung« – bei manchen Säugetierarten eine sehr schwer zu beeinflussende Abnormität (Weben, Zungenschlagen, Koppen) – ist bei Hunden und Katzen der seltenere Fall, sicherlich wohl auch deshalb, weil Welpen und kleine Kätzchen niemand für längere Zeit in winzigen Käfigen hält oder an eine Kette legt.

Bewegungsbehinderungen spielen sicherlich bei der Auswahl einer Stereotypie vor anderen, dem Tier ebenfalls prinzipiell möglichen Entlastungshandlungen eine wichtige Rolle.

Im Katzenheim Freudenau bei Wien konnte die interessante

Entstehung, der Verlauf und das Wiederverschwinden einer Bewegungsstereotypie bei einem Siamkater gewissermaßen in statu naszendi beobachtet werden. Wir haben diesen Kater in anderem Zusammenhang in diesem Buch schon erwähnt. Er erwies sich für die Unterbringung in einem Sammelgehege als ungeeignet, da er ausnahmslos alle Katzen, männlichen wie weiblichen Geschlechts, aufs heftigste attackierte, mit Ausnahme seiner Gattin. Da seine Gattin früher an einen Tierliebhaber in Privathand vermittelt werden konnte als er, verblieb er längere Zeit in seinem kleinen Sondergehege allein. Dies hatte zur Folge, daß er alsbald eine Verhaltensweise entwickelte, die an die Käfigstereotypien von Raubtieren in zoologischen Gärten erinnerte: Er lief, manchmal stundenlang ohne Unterbrechung, annähernd kreisförmig die Käfigwände entlang, und zwar unter Einbeziehung eines Liegebrettes und eines Holzgestelles, so daß der Laufkreis in einer etwa 45 Grad zum Fußboden des Käfigs geneigten Ebene lag. Besonders wenn Besucher oder vor dem Käfig frei laufende Katzen dem Tier sichtbar wurden, begann es sofort erneut und beschleunigt mit seiner Laufstereotypie. Die Stereotypie blieb etwa 6 Monate lang bestehen. Vier Tage nachdem der Kater kastriert worden war, war die Erregbarkeit der Verhaltensstörung deutlich gemildert, sowie Dauer und Geschwindigkeit der Kreisläufe auf etwa ein Viertel gegenüber früher verringert. Da männliche Tiere nach der Kastration meist ihre Aggressivität verlieren, wagte man neuerlich die Unterbringung in einem Sammelgehege, worauf jegliche Stereotypie verschwand.

Abermals müssen wir auf ein völlig anderes Thema überwechseln. In diesem Kapitel wurden nämlich die Beschreibungen jener gänzlich verschiedener Verhaltensabnormitäten vereinigt, die bei Katzen so selten vorkommen, daß es nicht gerechtfertigt schiene, ihnen eigene Kapitel zu widmen. Da sie sich auch anderweitig weder hinsichtlich der Entstehung noch hinsichtlich ihrer Form einordnen lassen und trotz ihrer Seltenheit bei Katzen doch sehr wichtige Beispiele für gestörtes Seelenleben bei Tieren darstellen, wollen wir sie hier der Reihe nach kurz betrachten.

Katzenheime und Tierasyle sind voll mit Katzen, die sozusagen gewaltsam aus ihrem früheren Zuhause herausgerissen wurden, es sind unfreiwillige Emigranten. Es sind aber auch Vagabunden unter ihnen, die irgendwo streunend aufgegriffen wurden.

Selbstverständlich gibt es für eine Katze mehrere Motive, ihr gewohntes Territorium unter Überwindung von Hindernissen und Widerständen zu verlassen. Diese Motive müssen ungemein stark sein, um die Tendenz, das vertraute Heim nicht zu verlassen resp. zu ihm stets wieder zurückzukehren, zu überwinden.

In diese Gruppe von Antrieben gehört z. B. die Sexualappetenz. Der Geschlechtstrieb verleitet wohl nur zeitweilig zum Fortlaufen, aber so mancher Kater verläuft sich an den Rändern der Großstadt oder verunglückt und findet dann nicht mehr nach Hause zurück. Entwurzelt führt er das Dasein eines Vagabunden.

Ein starkes Motiv, vom Besitzer fortzulaufen, ist auch das Heimweh. Nach Übersiedelungen in eine neue Wohnung oder vom Urlaubsort trachten Katzen zurück in ihr gewohntes Heim zu finden, ihr Weg gleicht dann oft einer wahren Odyssee.

Als weitere Ursachen für Entweichen und scheinbares oder echtes Vagabundieren gibt es Motivationen, die für den Menschen auf den ersten Blick nicht so plausibel sind, wie Sexualtrieb, Jagdleidenschaft oder Heimweh: Eine Katze entzieht sich durch Flucht einer ihr unerträglich erscheinenden andauernden Frustrations- oder Konfliktatmosphäre. Wir haben solche schon wiederholt beschrieben.

Wachsen Katzen herrenlos und ständig verjagt von frühester Jugend an in Häuserruinen – sozusagen wild – auf, wie das in der Nachkriegszeit nicht selten der Fall war, dann kommt es zu mangelnder Bindung an ein bestimmtes Revier. Es wird ihnen sozusagen keine Verwurzelung an ein festes Heim gegönnt, und da sie den Menschen fürchten gelernt haben, fliehen sie ihn scheu wie ein wildes Tier, was ihr Schicksal abermals verschlimmert. Nur der Zufall bietet einen Ausweg aus einer solchen »Verwahrlosung«, nämlich die Gefangennahme und zwangsweise Nachsozialisierung.

Für mangelnde Bindung an Heim und Genossen können auch Erbschäden verantwortlich sein. Vorwiegend bei Inzuchtkatzen manifestiert sich ja auch krasser Intelligenzmangel. Ein solcher kann sich aber auch erworbenermaßen, als Folgeerscheinung schwerer Erkrankungen mit Hirnzellenschädigungen, einstellen. Und dies hat dann mit der Abkunft nichts zu tun. Die schon genannte Tollwut ist hier ebenfalls wieder zu erwähnen. Die Tendenz zum Entweichen, sich zu verkriechen oder zum ziellosen Drangwandern ist eines ihrer Anfangssymptome, die nur einige wenige Tage anhalten, um dann von schwereren Bewußtseins- und Nervenstörungen und dem alsbaldigen Tod abgelöst zu werden. Auch bei anderen akuten Gehirnerkrankungen, die mit Bewußtseinsstörungen einhergehen, kennen wir das Entweichen als eines der Symptome. Selbstverständlich müssen diese rein medizinischen Belange berücksichtigt werden, und bei Beurteilung einer Verhaltensstörung, bei welcher ausgeprägter Hang zum Streunen auffällig ist, darf daher genaueste fachtierärztliche Untersuchung nicht unterlassen werden.

Der Lagerkoller oder die sogenannte Stacheldrahtneurose ist uns aus den Kriegswirren bekannt. Analoge Massenreaktionen können auch in Katzenheimen auftreten. Glücklicherweise recht selten, weil es heute nicht mehr allzu viele Großzwinger und Tierasyle ohne entsprechende Raumunterteilungsmöglichkeiten gibt.

In Tierasylen kann man den Ausbruch von Massenraufereien zum Beispiel dadurch verhindern, daß man erstens einmal weibliche Tiere, Kater und Kastraten voneinander trennt. Die Schaffung möglichst vieler, gleich guter Ruheplätze und die Verabreichung des Futters nicht in einer großen, sondern in vielen kleinen Schüsseln sind weitere Maßnahmen guter Prophylaxe. Außer kleineren Reibereien den ganzen Tag über kommt es dann nie zu großen ernstlichen Massenraufereien, obwohl durch das Ansehen und Anhören eines fauchenden, drohenden und abwehrbereit pfotenschlagenden Artgenossen sich jede nicht zu entfernt sitzende Katze sofort »persönlich angesprochen« fühlt, wodurch sie ebenfalls sogleich in Angriffs- oder Verteidigungsstimmung versetzt wird und nahe daran ist, sich an der »Wirtshausrauferei« zu beteiligen. Allerdings geht das nur so lange gut, so lange ein Gehege nicht echt überbelegt ist. Was nicht nur vom Ausmaß, sondern auch von der Beschaffenheit des Raumes abzuhängen scheint. Im Katzenheim Freudenau wurden aus vorübergehender Raumnot hundert Katzen in einem Gemeinschaftsgehege gehalten, und es mußten, nach vorsichtiger Gewöhnung in kleinen Nachbargehegen, für kurze Zeit dann noch weitere zehn bis zwanzig Zöglinge in dem Gemeinschaftgehege zusätzlich untergebracht werden. Damit schien die Toleranzgrenze überschritten: Plötzlich machten alle Katzen den Eindruck, als wären sie permanent vom »bösen Geist besessen«, eine schien der anderen auf die Nerven zu gehen. Viele versuchten das Gitter hochzuklettern, um der Schlangengrube zu entgehen. Nicht einmal permanente Gaben von Beruhigungsmitteln konnten auf Dauer wesentliche Erleichterung verschaffen; eine rasch aufgetretene Seuche verminderte dann auf natürliche Weise die Population und damit ihre Schwierigkeiten.

Tiergärtnern, Geflügelfarmern, Rinderhaltern und Versuchstier-Großhändlern ist aus der Praxis her bekannt, was beispielsweise im Wiener Institut für vergleichende Verhaltensforschung auf dem Wilhelminenberg experimenteller wissenschaftlicher Forschung unterzogen wird: Die Haltung von zu vielen Artgenossen auf zu engem Raum. Wir wissen heute bereits eine ganze Menge um die schweren Schäden, die dadurch entstehen können: Aggressivitätssteigerung, sexuelle Frühreife, tiefgreifende Brutpflegestörungen, Hemmung des Mutterverhaltens zugunsten permanenter sexueller Stimulierung und weitgehende Zerstörung aller normalen sozialen Verhaltensordnungen. Tatsachen, die ihr entsetzliches Pendant auch beim Menschen haben: Slums, übervölkerte Städte, Flüchtlingslager, Jugendverwahrlosung, Kriminalität. Der bekannte Verhaltensforscher Prof. P. Leyhausen, der sich übrigens ganz besonders um die Erforschung des angeborenen Verhaltens bei Hauskatzen und Großkatzen verdient gemacht hat, prägte einmal einen sehr denkwürdigen Satz über unsere Zukunftsaussichten: Im Jahre 2000 wird man die Menschen in zwei Hälften einteilen können, in Neurotiker, die den Streß der Überbevölkerung nicht ertragen, und Psychiater, die letztere dagegen zu behandeln haben!

Schock, Bewußtseinsstörungen, epileptische Anfälle und andere plötzliche, tiefgreifende Wesensveränderungen

Auch die in diesem Kapitel beschriebenen Zustände haben, sachlich gesehen, miteinander kaum Zusammenhänge. Ihre einzige Gemeinsamkeit ist die, daß die Verhaltensstörung besonders tiefgreifend ist und daß sie plötzlich oder anfallsweise auftritt. Ihrer Häufigkeit wegen kommt ihnen praktische Bedeutung zu. Überwiegend handelt es sich um Gesundheitsstörungen, bei denen abnormes Verhalten nur einen Teil der Symptome insgesamt darstellt. Da ist einmal der neurogene Schockzustand, früher auch als Ohnmachtsanfall oder als akuter Nervenzusammenbruch bezeichnet. Eine Katze, die gewohnt war, täglich in Nachbars Garten ihre eigenen Wege zu gehen, wobei auch Straßen überquert wurden, kommt eines Tages verspätet heim, speichelt, hat die Schwanzpartie mit übelriechendem Analbeutelinhalt verschmiert (wie dies bei Schreckerlebnissen passiert), zeigt keine Lust zu fressen und verkriecht sich. Bei der tierärztlichen Untersuchung läßt sich das Tier widerstandslos alles gefallen. Man kann extrem blasse Schleimhäute und schwachen, viel zu schnellen Puls feststellen. Manche derartige Patienten zeigen statt dessen einen extrem verlangsamten Puls. Äußere Anzeichen einer Verletzung sind nicht zu finden. Die Katze mußte irgend etwas für sie Entsetzliches erlebt haben und befand sich in einem akuten Schockzustand. In manchen Fällen kann ein solcher Zustand, in dem nicht nur vegetative Regulationen gestört sind, sondern auch das In-Gang-Kommen jeder gewohnten Tagesablaufbeschäftigung, wie Sich-Durchstrekken, Körperpflegehandlungen und die Futterappetenz blockiert ist, tagelang anhalten, meist erstreckt er sich aber nur auf wenige Stunden. Als auslösende Erlebnisse für derartige Störungen konnte man bisher Autounfall (wobei das Tier aus dem Wagen geschleudert wurde, aber unverletzt blieb), Nachstellung durch Tierfänger, Schreckreize wie Hauseinsturz, Kesselexplosion und Niederlagen bei Raufereien im eigenen Territorium feststellen. Manchmal, wenn auch sehr selten und nur bei besonders disponierten Katzen, kann auch eine tierärztliche Behandlung, wenn sie mit langdauernder Zwangsfixierung oder erheblichen Schmerzen verbunden ist, einen derartigen Schock auslösen.

Solche Schockzustände sind im allgemeinen ungefährlicher als sie aussehen, können aber doch in ganz seltenen Fällen zu plötzlichem Herzstillstand führen. In dem einen Fall durch Kreislaufkollaps, in anderen Fällen durch starke Überreizung des herzhemmenden Nervus vagus. Manche labile Typen oder verfettete Individuen zeigen während einer Zwangsfixierung im Brustkorbbereich alsbald Blauverfärbung der Zunge und Atemnot, obwohl man sie einer durchaus harmlosen und schmerzfreien Behandlung unterzieht. Gewisse Begleitumstände können eine solche Situation wesentlich verschärfen. So bekanntlich schwüles Wetter, lange Erwartungsangst und das Anhören von Abwehrschreien eines Artgenossen.

Es gibt Katzen, die speicheln nach einer tierärztlichen Behandlung stundenlang vor Aufregung, besonders dann, wenn das seelische »Trauma« in der Wohnung des Tieres stattfindet und mit langdauernder Jagd verbunden war, um seiner habhaft zu werden. Solche Patienten verkriechen sich dann stundenlang, lassen sich nicht anfassen, erbrechen das vor der Behandlung aufgenommene Futter oder sind gehunfähig.

Ob die als sogenannte Schreckstarre bezeichnete Totstellreaktion, die bei vielen, insbesondere kleineren Säugetieren zum arttypischen Verhaltensinventar gehört, auf derselben Grundlage entsteht, müssen künftige Untersuchungen erst klarstellen.

Auch Blutleere im Gehirn infolge starker Blutverluste oder eines anfallsweisen Herzversagens sowie Kreislaufkollaps, Volumenmangelkollaps durch Flüssigkeits- und Elektrolytverlust und anderes mehr führen zu äußerlich ähnlichen Verhaltensstörungen.

Nach angloamerikanischen Fachautoren wird eine begriffliche Unterscheidung zwischen Schock und Kollaps nicht mehr gemacht: jede Abnahme der zirkulierenden Blutmenge, die zu Störungen der Kapillardurchblutung und damit verminderter Sauerstoffversorgung der Körpergewebe (besonders in lebenswichtigen Organen wie dem Gehirn) führt, gilt heute als Schock; man unterscheidet aber verschiedene Schockarten und -stadien, die unterschiedlicher therapeutischer Behandlung bedürfen.

Von den beschriebenen Erscheinungen sind diejenigen – manchmal äußerlich ähnlichen – Verhaltensstörungen abzugrenzen, die sich als Begleiterscheinung von Gehirnerschütterung, Hitzschlag, Sonnenstich und bei manchen Vergiftungen ergeben. Damit kommen wir in den Bereich der Bewußtseinsstörungen und Sinnestäuschungen, die die Grundlage des plötzlich geänderten Verhaltens oder der völligen Reaktionslosigkeit darstellen; sie treten auch im Gefolge akuter Gehirnentzündungen und anderer Schädigungen des nervösen Zentralorganes auf, anstatt oder im Wechsel mit verschiedenen Krampfanfällen.

Nach Meinung mehrerer älterer Autoren sollte man bei Tieren nicht von Bewußtsein sprechen, sondern von Sensorium. Statt von Bewußtseinstrübung, Bewußtseinseinengung usw. müßte man demnach von getrübtem und eingeengtem Sensorium sprechen. Man muß diesen Streit einiger Fachgelehrter nicht so ernst nehmen, im Grunde läuft das Ganze auf ein Spiel mit Worten hinaus: Daß Tiere ein Bewußtsein haben, wird niemand bezweifeln, daß dieses aber nicht identisch ist mit dem des Menschen, ist als ebenso selbstverständlich anzunehmen. Wenn ein Elefantenfuß anders als ein Menschenfuß aussieht und funktioniert, so wird man deswegen auch nicht bemüßigt sein, für den entsprechenden Körperteil beim Elefanten einen anderen Namen zu erfinden.

Ob ein Tier bewußtlos ist, kann jeder leicht erkennen. Wenn es daliegt, sich nicht rührt und weder auf Schmerzreize noch auf bekannt angenehme Reize reagiert, starre Pupillen hat, Herz- und Atemtätigkeit aber sichtlich funktionieren, dann wird man mit der Annahme kaum fehlgehen, es mit einem bewußtlosen Tier zu tun zu haben. Freilich könnte es auch schlafen, dann aber müßte es weckbar sein.

Schwieriger wird es – selbst für Fachleute –, wenn es darum geht, zu entscheiden, ob ein Tier ein getrübtes oder eingeengtes Bewußtsein hat oder infolge nicht bekannter anderer Ursachen reaktionsgehemmt ist (wie z. B. durch Starrkrampf oder eine motorische Lähmung). Nur besondere neurologische Untersuchungsverfahren, z. B. Prüfung der Reflexe, der Tiefensensibilität u. a. m., sowie längere Beobachtung unter verschiedenen Umweltbedingungen helfen dann weiter.

Im Verlauf von Bewußtseinsstörungen, aber auch manchmal knapp vor epileptischen Anfällen, kann man gelegentlich Handlungen beobachten, die so aussehen, als erlebe das Tier Wahnvorstellungen oder Halluzinationen (Sinnestäuschung ohne tatsächliche Sinneswahrnehmung). Durch Kokainvergiftungen, Gaben von LSD und anderen Drogen kann man bei Katzen kurzzeitig solche Verhaltensstörungen experimentell hervorrufen.

Besonders häufig beobachtet man da Verhaltensweisen der Flucht vor einem nicht vorhandenen Feind, Angriff auf einen nicht vorhandenen Gegner sowie heftiges Putzen und Benagen einer völlig intakten Körperstelle. Es wird sich wohl nie mit absoluter Sicherheit beweisen lassen, was das Tier während solcher an Leerlaufreaktionen erinnernden Verhaltensweisen subjektiv erlebt.

Vor vorschnellen Vergleichen mit ähnlichen Erscheinungen beim Menschen sollte man sich hüten.

Bei der Katze kommen typische epileptische Anfälle viel seltener vor als beim Hund. Sie zeigt aber bisweilen Verhaltensstörungen, die so sehr vom gewöhnlichen Bild der Epilepsie (mit anfallsweisem Hinstürzen und krampfartigen Bewegungen der Gliedmaßen unter Bewußtseinsverlust kürzerer oder längerer Dauer) abweichen, daß man zunächst an alles andere eher denkt, als an eine der verschiedenen Formen epileptischer Anfallsarten.

So kam einmal der Besitzer einer etwa zweijährigen Katze in die Praxis. Nach seinen Aussagen war sie noch nie krank gewesen, aber seit etwa einem Jahr zeigte sie ein recht merkwürdiges Verhalten, das anfänglich etwa ein- bis zweimal im Monat für ein bis drei Minuten, später jede Woche und seit kurzer Zeit ein- bis zweimal täglich auftrat. Dabei zuckte das Tier plötzlich mit der Hautmuskulatur, besonders in der hinteren Körperhälfte, und schlug peitschend mit dem Schwanz hin und her, so etwa, als ob man es in den Rücken gezwickt hätte. Manchmal urinierte die Katze während eines solchen Anfalles im Stehen, manchmal stieß sie Jammerlaute aus.

Die Katze, die guten Kontakt zu ihrem Besitzer hatte, zeigte während der Verhaltensstörung keinerlei Reaktion auf Worte oder Gesten ihres menschlichen Pflegers. Ein Zusammenhang der Anfälle mit irgendwelchen bestimmten Umweltreizen konnte nicht ermittelt werden. Zum Unterschied von ähnlichen, weiteren Fällen verschwand dieses Verhalten auch nach einer Wurmkur nicht. Ebenso erwiesen sich Beruhigungsmittel und Kalziuminjektionen als völlig wirkungslos. Bei genauer klinischer Untersuchung waren keinerlei Anzeichen einer körperlichen Erkrankung festzustellen, auch war das Tier sicher frei von Darmparasiten (die manchmal ähnliche Erscheinungen bei Katzen hervorrufen können). Versuchsweise wurde der Katze ein Medikament in geeigneter Dosis verabreicht, das beim Menschen und für Hunde als Antiepileptikum in Verwendung steht (Mysoline, d.i. Primidone). Bereits ab dem dritten Tag nach der regelmäßigen Verabreichung dieses Präparates mit dem Futter trat kein Anfall mehr auf. Als man nach sechs Wochen und dann wieder nach vier Monaten probeweise einige Tage lang das Antiepileptikum absetzte, führte dies ab dem zweiten Entzugstag prompt zum Wiederauftreten der Verhaltensstörung. Nach einem Jahr regelmäßiger Medikamentgabe war das Tier so weit, daß nach allmählichem Verringern der Dosis die Anfälle ausblieben. Seither sind einige Jahre vergangen, ohne daß wieder ein ähnlicher Anfall beobachtet wurde.

Nahezu völlig gleichlautende Erfahrungen konnten seither an mehreren weiteren Katzenpatienten gewonnen werden. Es scheint sich um eine seltene Sonderform epileptischer Anfälle zu handeln, vergleichbar solchen, die beim Menschen zu anfallsartigen Schmerzen im Bauchraum, verbunden mit starrem Gesichtsausdruck oder kurzen Kollapszuständen, führen (»Hypothalamic Epilepsy«). In ganz seltenen Fällen beobachtet man bei Katzen, häufiger bei Hunden, andeutungsweise Anfallsäquivalente, vergleichsweise etwa den beim Menschen als »akute episodische Geistesstörung« im Bilde der Epilepsie bezeichneten Erscheinungen. Es handelt sich (beim Menschen) um Erkrankungsbilder, die schon mehrfach Anlaß zu filmischer und literarischer Gestaltung gaben. Die sich völlig unauffällig und geistig gesund verhaltenden Patienten verfallen plötzlich in zeitweilige Verstimmungen, die in abnormer Reizbarkeit, Depression, Neigung zu Fehlhandlungen oder in stunden- bis tagelangen Dämmerzuständen bestehen, in denen traumhaftes Erleben, Kritiklosigkeit, bis zu kriminellen Handlungen führende unbeherrschbare Aggressivität oder Neigung zu anderen Triebhandlungen primitiver oder perverser Art besteht. Für die während eines solchen Ausnahmezustandes vollführten Handlungen und erlebten Ereignisse besteht nachher Erinnerungslosigkeit. Das alsbaldige Auftreten einer solchen Bewußtseinsspaltung kündigt sich gewöhnlich durch plötzliche unerklärliche Angst und Beklemmung an, ähnlich der kurzdauernden sogenannten »Aura Epileptica«, die bei den typischen epileptischen Anfällen dem Ausbruch des Krampfgeschehens und dem begleitenden Bewußtseinsschwund voranzugehen pflegt.

Abschließend sei auf die durch das Tollwutvirus hervorgerufene Gehirnentzündung der Katze nochmals eingegangen, die ebenfalls das Verhalten des Tieres plötzlich und völlig verändert.

Wegen der besonderen Aktualität, die die Tollwuterkrankung in einigen Ländern, so auch in manchen Gebieten Deutschlands und Österreichs zur Zeit spielt und wegen der außergewöhnlichen Gefährlichkeit dieser Seuche für den Menschen wollen wir diese Krankheit nun ein wenig ausführlicher beschreiben. Vorab sei jedoch zur Beruhigung aller Katzenliebhaber ausdrücklich festgestellt: Tollwut kommt bei Katzen sehr selten vor, so selten, daß selbst viele Tierärzte sie nur aus der Fachliteratur kennen und zeitlebens kaum je einen einzigen Fall in ihrer Praxis zu Gesicht bekamen.

Ähnlich wie die Katzenstaupe, die Panleukopenie, der infektiöse Katzenschnupfen, ist die Tollwut eine Infektionskrankheit, die durch Viren hervorgerufen wird. Während die Erreger der meisten anderen Virusseuchen durch Kontakt mit Körperausscheidungen kranker Tiere übertragen wird, muß der Tollwuterreger – von einigen Sonderfällen abgesehen – in eine Wunde gelangen. Das natürliche Seuchenreservoir stellen in erster Linie Füchse und Dachse dar. Wild, alle Haustiere, ja sogar Nager wie Feldmäuse, sowie der Mensch können aber ebenfalls infiziert werden und gehen, sofern nicht rechtzeitig eine Schutzimpfung vorgenommen wurde, elendiglich zugrunde.

Im flüssigen Speichel der erkrankten Tiere ist das Virus etwa 24 Stunden, im eingetrockneten 12 Stunden oder länger ansteckungsfähig. Die natürliche Ansteckung erfolgt fast nur durch den Biß, weil dann infizierter Speichel in die Wunde eindringt. Das Virus wandert entlang der Nervenbahnen von der Bißstelle zum Gehirn. Wenn der Erreger ins Gehirn gelangt ist, verbreitet er sich von dort aus und gelangt entlang der Nervenwege in den Körper und in den Speichel.

Schon eine Woche vor Ausbruch der Krankheit kann der Speichel den Ansteckungsstoff ausscheiden. Glücklicherweise führen nur zwanzig Prozent der Bisse Tollwutkranker tatsächlich zur Infektion. Von der Ansteckung bis zum Ausbruch vergehen meist eine bis sechs Wochen, bisweilen dauert die Inkubationszeit aber auch länger. Sind durch den Biß Kopfverletzungen entstanden, liegt die Inkubationszeit an der untersten Grenze, weil der Weg entlang der Nervenbahnen besonders kurz ist. Bei Katzen verläuft die Krankheit, ähnlich wie bei Hunden, in drei Phasen. Die erste nennt man Prodromalstadium: das erkrankte Tier miaut auffallend häufig und unmotiviert, darauf folgen große Unruhe, Schreckhaftigkeit, erweiterte, meist ungleich weite Pupillen sowie heftiges Kratzen und Benagen der Bißstelle. Schließlich können gesteigerter Geschlechtstrieb, erschwerter Harnabsatz, starke Schluckbeschwerden, Würgen und Speicheln auftreten. Das Speicheln und Würgen kann ähnlich dem Verhalten bei einer akuten Halsentzündung aussehen. Das Exitationsstadium ist die zweite Phase. Sie wird bei Katzen manchmal übersprungen oder währt nur wenige Stunden. Gesteigerte Aggressivität, besonderer Drang zum Entweichen und sinnloses Wandern fällt auf. Fremde Tiere und Menschen werden ohne Grund angefallen und gebissen. Zerzaust, mit Speichel beschmiert und verschmutzt bietet so ein Tier das typische Bild »toller Wut«. Manchmal kommt es bei Katzen statt dieses Zustandes zur »stillen Wut«, bei der die Verhaltensstörungen viel uncharakteristischer sind. Die für das zweite Stadium typischen Erscheinungen können sogar alle fehlen. Statt dessen kann man blutiges Erbrechen und Kaukrämpfe beobachten. Die Stimme der Katze wird zunehmend heiser.

Dem ein bis vier Tage andauernden zweiten Erkrankungsstadium schließt sich das dritte Stadium, das sogenannte Lähmungsstadium an. Da werden die Kaumuskeln kraftlos, der Gesichtsausdruck verändert sich, er wird oft lauernd oder schielend. Futter und Wasser werden verweigert, manchmal zeigt sich ausgesprochene Wasserscheu. Der Unterkiefer hängt schlaff herab, die Zunge hängt heraus und allmählich werden auch alle anderen Muskelgruppen gelähmt: Augenlider, Schwanz, Hinterbeine. Die Patienten magern ungemein rasch ab und verenden in totaler Erschöpfung nach vier- bis zehn-, längstens vierzehntätiger Dauer der Krankheit.

Weil das Krankheitsbild selten vollständig zutage tritt, sollte in Gegenden, in denen Tollwut heimisch ist und die Katze ins Freie gelangt, jede erhebliche, plötzlich auftretende Wesensveränderung sicherheitshalber solange als tollwutverdächtig angesehen werden, bis das Gegenteil bewiesen ist. Hart ausgedrückt heißt das: Wenn die Katze nach 14 Tagen noch lebt, war sie nicht tollwuterkrankt. Bis dahin aber halte man sie in sicherem Gewahrsam und ziehe sogleich den Tierarzt zu Rate.

Nicht tollwutschutzgeimpfte Tiere mit Bißverletzungen unbekannter Herkunft sollten in Tollwutgebieten als vorläufig der Tollwutinfektion verdächtig betrachtet, in Gewahrsam gehalten und beobachtet werden.

Vorbeugenden Maßnahmen gegen die Tollwut kommt deshalb so große Bedeutung zu, weil die Heilung dieser teuflischen Krankheit auch heute noch als unmöglich gilt.

Seuchenpolizeiliche Maßnahmen sind länderweise verschieden und im Reiseverkehr mit Katzen zu beachten. In der Schweiz, in den Beneluxländern, in Portugal und in Marokko sowie in den USA und einigen anderen Ländern der Übersee ist derzeit eine vorbeugende Tollwutschutzimpfung aller Katzen und Hunde vorgeschrieben. Sie muß spätestens 4 Wochen vor dem Grenzübertritt in solche Länder vorgenommen worden sein und alle 11 Monate wiederholt werden.

Zusammenfassung der Vorbeugungs- und Behandlungsmöglichkeiten von Verhaltensstörungen

Gezieltes Lernen und flankierende Maßnahmen – Überreizungstherapie – Milieusanierung – Psychopharmaka – Vorbeugen ist besser – Die Erziehung der Stubenkatze – Schuldig ist nur der Mensch.

Wir können nach Omas Rezeptbuch Znaimer Rindsgulasch zubereiten und nach einer 16seitigen Gebrauchsanweisung ein Fertigteilhaus bauen. Wir sind nach dem »Man-nehme-Prinzip« in der Lage, die Fruchtbarkeit unserer Felder zu steigern und Pullover zu stricken. Wo es aber um Lebewesen geht, deren Verhalten wir verändern wollen, versagen Fix-Fertig-Rezepte.

Soweit die vorweggenommene Antwort auf eine naturgemäß immer wieder gestellte Frage: »Wie kann ich das abnorme Verhalten meiner Mieze ändern, wie kann ich unerwünschte Verhaltensbereitschaften meiner Katze beseitigen?« Wenn wir zu dieser Frage in einem eigenen Kapitel Stellung nehmen, das eigentlich an das Kapitel 2 über das Lernen bei Tieren anschließt, dann nicht deshalb, weil wir Rezepte und 1000-Dollar-Ideen anzubieten haben, sondern weil es uns mit dem Aufzeigen von Methoden und Möglichkeiten, Verhaltensstörungen zu beeinflussen, um praktische Denkanstöße geht. Aufgenommen, weitergedacht und für den speziellen Fall modifiziert, haben diese Denkanstöße in der Praxis oft und oft dazu geführt, daß zwischen schwer verhaltensgeschädigten Katzen und dem menschlichen Sozialpartner doch Formen der friedlichen Koexistenz gefunden werden konnten und der Weg zur Euthanasie nicht beschritten werden mußte.

Die Methode des gezielten Lernens ist eine der Möglichkeiten zur friedlichen Koexistenz. Wobei zu bedenken ist, daß ein Tier durch Lernen nach verschiedenen Methoden lediglich die Auslösbarkeit angebotener Handlungen verändern und angeborene Handlungselemente zu neuen Handlungsabläufen zusammenfügen kann.

Alles, was Lebewesen tun, unterliegt einem ganz speziellen bewußten oder unbewußten Antrieb. Das ist der Grund, warum die Motivationen für den praktischen Erfolg jeglichen Lernprozesses so überragende Bedeutung haben.

Der Lernerfolg entsteht durch die gedächtnishafte Verknüpfung zwischen den Fakten eines Problemes und den Möglichkeiten zu seiner Lösung. Diese für alle Lebewesen inklusive den Menschen geltende Regel wurde zunächst in zahlreichen Labyrinthversuchen und Lernaufgaben ermittelt: Laboratoriumsratten bestätigten die Gesetzmäßigkeit dieser Regel.

Im Lichte der vergleichenden Verhaltensforschung stellt sich Lernen, wie sich der Leser noch erinnern wird, als erlebnisbedingte Ergänzung angeborener, Instinkthandlungen auslösender oder hemmender Mechanismen in dem Sinne dar, eine präzisere Umweltanpassung zu erreichen. Je biologisch wichtiger dieses Anpassungserfordernis ist, je einschneidender sein Erlebnischarakter, desto weniger Wiederholungen sind nötig, um die angeborenen auslösenden Mechanismen zu modifizieren. Wobei es wichtig ist, auf einen Regelsatz noch einmal besonders hinzuweisen: gelernt wird, von bestimmten Ausnahmen abgesehen, nur in der Appetenzphase der Instinkte.

Zu den Lernprozessen als sozusagen übergeordnetem Begriff kommen dann die verschiedensten »flankierenden Maßnahmen«: spielen sie richtig zusammen und sind sie vor allem auf das Einzellebewesen genau abgestimmt, ist eine Verhaltensänderung zu erwarten. Wir werden etwas später, bei Besprechung des sogenannten »Umkonditionierens« noch ausführlicher auf die Rolle des Lernens und Verlernens bei der Beseitigung von Verhaltensabnormitäten zurückkommen.

Bei besonders beutetriebstarken Katzen, die in Ermangelung natürlicher Beuteobjekte sich in die Beine und Waden ihrer menschlichen Hausgenossen verbeißen, hat sich eine »spezifische Beschäftigungstherapie« unter Verwendung von Mäuseattrappen bestens bewährt. Man könnte das auch als eine Art von »Spieltherapie« bezeichnen. Bei diesem Spiel, das der Katze das Abreagieren ihres besonders stark ausgeprägten Beutetriebes ermöglicht, zieht man eine Mausattrappe im Winkel von 45 Grad an ihr vorbei und von ihr weg. Als Attrappen können Flaschenkorken dienen oder fellüberzogene Holzstückchen, mechanische Mäuslein mit nicht zu lautem Motor und Plastiknachbildungen. Wird dieses Spiel mehrmals wöchentlich wiederholt und hat Mieze die Möglichkeit, diese Attrappen regelmäßig zu erbeuten und mit ihnen das bekannte »grausame« Stauungsspiel durchzuführen, dann haben die Waden der Mitbewohner meist Zeit, sich zu erholen. Selbstverständlich kann man für diese Therapie auch lebende Mäuse verwenden, wobei allerdings ein gewisser Unsicherheitsfaktor einkalkuliert werden muß: zeigt nämlich die Maus – Kaspar Hauser aufgezogen – vor der Katze keine Angst und läuft auf diese zu, dann kann es passieren, daß Mieze ängstlich Fersengeld gibt und sich voll Ekel die Pfoten abschüttelt. Kaspar-Hauser-Katzen beschnuppern hingegen die Maus, als wäre diese ein Artgenosse. Erst wenn die Maus wegläuft, wird bei Mieze die Beutereaktion ausgelöst. Nur hapert es dann mit der exakten Ausführung des kunstgerechten raschen Tötens, so daß ein solches Opfer oft einem sehr langsamen, qualvollen Ende entgegensieht.

Bedauerlich ist, daß viele Verhaltensabnormitäten von Stubenkatzen nur deshalb nicht beseitigt werden können, weil es nicht gelingt, die »Verhaltensstörungen« des Besitzers zu korrigieren: Launenhaftigkeit, Inkonsequenz, Nachgiebigkeit und vieles andere mehr. Der Mensch ist ein Gewohnheitstier: stark festgefahrene Gewohnheiten, geheime Wünsche, Verwirklichung unbewußter Triebtendenzen sind vom Verstand her nicht immer genügend zu beeinflussen und stehen der Beseitigung der durch sie letztlich bedingten Verhaltensabnormität der mitwohnenden Stubenkatze hinderlich entgegen.

Zur Beseitigung oder zumindestens zur Besserung einer Verhaltensabnormität kann in Einzelfällen die sogenannte Überreizungs-Therapie dienlich sein. Bei dieser Methode wird die Katze so lange zu einer unerwünschten Handlungsweise, also zur ständigen Ausführung ihrer Verhaltensstörung gezwungen, bis Reizübersättigung und damit Aversion auftritt. Das Knäblein, das im hoffnungsvollen Alter von zwölf Jahren unbedingt rauchen will, sollte eine Zigarette zu Ende rauchen müssen, um von seiner »Verhaltensstörung« geraume Zeit befreit zu sein.

In vielen Fällen werden durch unvermeidbare Umstände, die auf Zufällen beruhen können, oder durch vom Besitzer vermeidbare Umstände in der Umwelt des Tieres unnötige Konfliktursachen aufgerichtet, die mit einfachem Ratschlag dem Besitzer erklärt und dann oft mehr oder weniger mühelos beseitigt werden können. Diese als »Milieutherapie oder Milieusanierung« zu bezeichnenden, nach den jeweiligen Umständen gänzlich verschiedenen Maßnahmen bewähren sich mitunter ganz überraschend, besonders in den oft recht hartnäckigen Fällen plötzlich auftretender und anhaltender Stubenunreinheit. Auch in Fällen konflikt- und frustrationsbedingten Erbrechens und anderer aktualreaktiver Verhaltens- und Organfunktionsstörungen kann Änderung gewisser territorialer und sozialer Milieubedingungen die Verhaltensstörung schlagartig zum Verschwinden bringen.

Nicht immer sind die Ursachen einer bestimmten, erworbenen Verhaltensstörung auf den ersten Blick zu ergründen. Die Kenntnis der Entstehungsursache ist aber für Behandlungsart, Dauererfolg oder Beseitigung der die Störung aufrechterhaltenden Umweltgegebenheiten fast immer wesentlich. Leider kann man eine Katze nicht wie einen menschlichen Neurotiker einer Verbalexploration, also Methoden der Psychoanalyse unterziehen, um sich an die einer Störung letztlich zugrunde liegenden, besonderen Ursachen, deren Wurzeln oft bis in die früheste Kindheit zurückzuführen sind, heranzutasten.

Was wird man tun, wenn aus den Aussagen des Tierbesitzers über mutmaßliche einschneidende Erlebnisse seiner Katze oder die besondere Art ihrer Lebensweise (örtliche oder soziale Begleitumstände) keine verwendbaren Anhaltspunkte zu erfahren sind?

Dann muß man das Tier beobachten, wie es in bestimmten Verhaltensarrangements reagiert. Kinderpsychiater bedienen sich teilweise ähnlicher Methoden. Sie lassen Kinder spielen, etwa mit anderen Kindern in einer Theatergruppe, allein mit Baukästen usw. Aus der Art des Spieles, aus der Art der Vorliebe für eine bestimmte Rolle kann der geschulte Psychologe dann manchmal wichtige Schlüsse ziehen auf bestehende konflikthafte Probleme seines kleinen Patienten. So kann man auch aus der Art, wie eine Katze bestimmte Situationen offensichtlich »deutet« – wir können ihre Auffassung an ihren Reaktionen und Ausdrucksmerkmalen ablesen – manchmal gewisse Rückschlüsse auf die Natur ihrer Störung ziehen und damit die Vielzahl der möglichen noch aktuellen oder bereits lange zurückliegenden eigentlichen Ursachen einer abnormen Verhaltensbereitschaft auf wenige wahrscheinliche Begebenheiten oder Umstände einschränken. Meist sind es ja Menschen oder Ereignisse, die mit menschlichem Tun irgendwie zusammenhängen, die das Tier zwingen, in unnatürlichen, unbiologischen Verhältnissen zu leben oder Konflikten nicht entfliehen zu können. Dies trifft, wie schon wiederholt betont, besonders für das Haustier in der modernen Großstadt zu. Mit einigermaßen echter Beziehung zum Tier und seiner Erlebniswelt lassen sich jedoch unschwer eine Fülle von Möglichkeiten entdecken, einer Katze auch in der Stadtwohnung Lebensverhältnisse zu bieten, die selbst bei besonders sensiblen Tieren nicht zwangsläufig zu Verhaltensstörungen führen müssen. Freilich sollte einem dabei klar sein, daß man ein Tier nur dann richtig verstehen kann, wenn man es nicht als verkleinerten Menschen betrachtet und vermenschlichend behandelt und daß auch im Leben eines Tieres Fressen und Faulenzen nicht alles bedeutet! Katzen- und Hundepersönlichkeiten wollen ebenso individuell behandelt werden wie kleine Kinder; was den einen freut, muß dem anderen noch lange nicht von Nutzen sein.

Mit naturfremder, mißverstandener Tierliebe, die nicht selten nur die Befriedigung eigener unerfüllter Wünsche des Tierhalters zum unbewußten Ziel hat und damit eigentlich nichts ist als Egoismus, Rücksichtslosigeit, Denkfaulheit und vor allem Unbeherrschtheit (um nicht von »Komplexen« zu sprechen), kann man ein Tier mitunter sehr quälen – auch wenn das nicht immer sofort grobsinnfällig ersichtlich ist! Marie von Ebner-Eschenbach sagte einmal treffend: »So mancher meint ein gutes Herz zu haben und hat doch nur schwache Nerven!« So kommt es, daß in vielen Fällen von psychoreaktiven Verhaltensstörungen bei Tieren eigentlich nicht das Tier, sondern primär oder gar ausschließlich der Besitzer »behandelt« werden müßte.

Bei erworbenen Angstzuständen durch entsprechende Erlebnisse und allen daraus sich ableitenden Verhaltensabnormitäten bewähren sich bei Katzen die in der menschlichen Behaviourtherapie gegen Phobien gebräuchlichen Methoden des »Umkonditionierens« und »Desensibilisierens«, die ja ursprünglich an Hand von Tierversuchen entwickelt wurden.

Dazu ein Beispiel: eine bestimmte Katze reagiert auf einen bestimmten Reiz, etwa Motoren-, Schuß-, Klingelgeräusch oder Lichtblitze mit Flucht oder mit Fauchen oder gar mit Aggression gegen den Besitzer. Bei Auftreten des Reizes (oder auch nachdem man die Katze zwangsweise in die Reizsituation führte und festhielt) wird der Katze ein Leckerbissen gereicht. Flucht, Fauchen oder Aggression und gleichzeitiges Fressen schließen einander aber aus. Die nicht mit einem besonderen Beruhigungsmittel (Tranquilizer) vorbehandelte Katze nimmt jedoch in den meisten Fällen in einer solchen Situation den Leckerbissen auch dann nicht, wenn ihr – was Tierbesitzer nur ungern tun – ein oder zwei Tage lang ihr Futter vorenthalten wurde. Nach Vorbehandlungen mit geringen Tranquilizergaben (das in dem individuellen Fall jeweils am günstigsten wirkende Präparat und seine Dosierung muß durch Vorversuche ermittelt werden) wird der Leckerbissen aber angenommen und so die Möglichkeit der Bahnung eines Erregungsabflusses in eine andere Instinktverhaltensweise eröffnet. Es handelt sich sozusagen um das »Erlernen einer bestimmten Entlastungsreaktion«. Wenn nach etwa 10 bis 20 Tagen solcher täglich mehrmals erfolgender Erlebnisse das Tier dann ohne vorherige Tranquilizergabe den erregenden Reizen ausgesetzt wird, tritt in vielen Fällen die frühere, unerwünschte Verhaltensweise nicht wieder auf, auch dann nicht, wenn später kein Leckerbissen mehr verabreicht wird. Der ehemals erregende Reiz ist nun zum bedingten Auslöser für Freßverhalten oder aber auch völlig indifferent geworden.

Für den Erfolg derartiger »Heildressurmaßnahmen« gegen Furchtreaktionen ist es von besonderer Wichtigkeit, möglichst viele Lernsituationen in möglichst kurzer Zeitspanne zu setzen, also beispielsweise 2mal täglich 5 Übungen und das 14 Tage hindurch.

Tranquilizer sind Beruhigungsmittel, die ihre dämpfende Wirkung besonders gegen mit Angst verbundene Erregungsvorgänge in bestimmten Gehirnabschnitten entfalten, ohne (in Normaldosis) die Lernfähigkeit oder motorische Aktionsfähigkeit des Patienten mit zu beeinflussen. In hoher Dosis, die meist immer noch recht ungefährlich ist, machen sie das Tier schlafbedürftig und manchmal so müde, daß es, wenn man es in Ruhe läßt, dahindöst oder einfach einschläft, wobei es aber durch starke Reize jederzeit erweckbar bleibt (im Gegensatz zu einem Schlafmittel oder einem Narkotikum).

Manche Katzen können, wenn sie infolge übertriebener Angst gehemmt auftreten, nach Tranquilizergabe lebhafter, unternehmungslustiger und unter Umständen auch unfolgsamer werden. Nur gelegentlich applizierte – sozusagen gezielt verabreichte – prophylaktische Tranquilizergaben vor einem zu erwartenden, aufregenden Ereignis bewähren sich ausgezeichnet zum Abfangen der unerwünschten Erregungszustände und zur Entschärfung ansonsten ängstigender Ereignisse wie ungewohnte Bahnfahrten, Lärm von Feuerwerk usw. Auch gegen Erlebniseinwirkungen, die bei bestimmten Tierindividuen erfahrungsgemäß zu starken Depressionen führen (z.B. plötzliche Umweltveränderung durch Handwerker in der Wohnung oder infolge Verbringung in ein fremdes Territorium), schirmt rechtzeitig mit Futterbissen oder als Zäpfchen verabreichter Tranquilizer ab, so daß sich solche Tiere ohne störende psychoreaktive oder vegetative Manifestationen an das Vorhandensein der neuen Reize (oder an das Fehlen der gewohnten Umgebung) gewöhnen.

Es gibt heute bereits sehr viele Psychopharmaka. Obgleich sie alle vor der Anwendung am Menschen in unzähligen Tierversuchen (hauptsächlich an Mäusen, Ratten, Katzen, Hunden und Affen) getestet werden, hat nur ein kleiner Teil von ihnen auch in der praktischen Tierheilkunde Bedeutung erlangen können.

Nach ihrer Wirkung kann man die Medikamente, die psychisches Befinden beeinflussen können, wie folgt einteilen: in beruhigende bzw. stark dämpfende Substanzen, das sind Neuroleptika oder Major-Tranquilizer; in Relaxantia (sogenannte Entspannungsmittel) und in die milder wirkenden Minor-Tranquilizer; in Hypnosedativa (allgemein dämpfende Mittel, die in höherer Dosis als Einschlafmittel wirken); und in psychisch aktivierende, das sind Antidepressiva oder Thymoleptika, in Psychoenergizer oder Stimulantia und in Psychotomimetica (Halluzinogene). Bekannte Präparate der ersten Gruppe stellen z. B. die Phenothiazine und das (für Katzen ungeeignete) Reserpin dar, die wegen ihrer starken Wirkung und nicht ungefährlichen Nebenwirkung nur unter persönlicher Kontrolle eines Tierarztes verabreicht werden können. Sie dämpfen nicht nur Angst- und Angst-Aggressions-(Verteidigungs-)Erscheinungen, sondern auch den Kampftrieb sozial rivalisierender Artgenossen, wie sich in tierpsychologischen Versuchsanordnungen mit kämpfenden Mäuseböcken zeigen läßt. Leider läßt sich das Verhalten hyperaggressiver Katzen nicht immer so sicher und prompt damit beeinflussen (zumindest nicht in Dosen, die frei von unerwünschten Nebenwirkungen sind). Einige der häufig gebrauchten Vertreter der zweiten Gruppe, der sogenannten Minor-Tranquilizer oder eigentlichen Tranquilizer sind die Meprobamat- und Benactycin-Präparate sowie die bekannten Benzodiazepine Chlordiazepoxyd und Diazepam (in verschiedenen Ländern unter verschiedenen Spezialitätennamen im Handel). Sie stellen recht ungefährliche Psychosedativa dar, die auch der Laie seiner Katze nach Verschreibung durch einen Tierarzt selbst verabreichen kann. Bei nicht allzu hohen Überdosierungen kommt es als unerwünschter Nebeneffekt höchstens zu Gleichgewichtsstörungen und starker Schläfrigkeit. Dasselbe gilt für das neuere Dikaliumchlorazepat, das neben der angstdämpfenden Wirkung auch gewisse aggressionsmindernde Wirkungen entfaltet. Auch Amitriptylinzubereitungen und besonders das Lorazepam haben sich manchmal bei Katzen und Hunden sehr bewährt. Da die individuelle Ansprechbarkeit besonders von Tieren mit Verhaltensabnormitäten sehr unterschiedlich sein kann, kann man nur allgemeine Dosierungsrichtlinien aufstellen; für sie gilt, daß eine 5 kg schwere Katze ½ bis ¾ der Dosis für einen erwachsenen Menschen erhält. (Als Richtdosisschlüssel für Probegaben.) Zur Behandlung von Verhaltensstörungen, bei denen Stubenunreinheit eine Rolle spielt, sind manchmal Beruhigungsmittel, die eine das vegetative Nervensystem beeinflussende Komponente enthalten, besonders bewährt, sie enthalten zumeist neben der psychosedativ wirksamen Substanz eine geringe Menge Atropin.

Zur Erzielung der gewünschten erregungs- und angstdämpfenden Wirkung, die tunlichst in einem nebenwirkungsfreien Dosenbereich erreicht werden soll, ist es fast immer nötig, durch mehrere Vorversuche die individuell günstigste Drogenmenge herauszufinden, die etwa bei der Hälfte, aber auch beim Doppelten der Richtdosis liegen kann. Manches Tier, bei dem das eine Mittel versagt, spricht auf eines der angegebenen anderen prompt an, so daß auch gelegentlich das Präparat gewechselt werden muß. Ausnahmsweise ist Wirkungsumkehr, sogenannte paradoxe Erregung statt Beruhigungswirkung feststellbar; auch dies muß nicht für jede der genannten Drogen bei einem Tier zutreffen. Bei länger dauernden Kuren tritt meistens Wirkungsabnahme ein, so daß die Dosis gesteigert oder mit einem anderen Präparat fortgesetzt werden muß. Bei Individuen, bei denen die täglich mehrmalige Gabe der Medikamente mit einem Leckerbissen auf Schwierigkeiten stößt, können manche Präparate in Zäpfchenform verabreicht werden. Alle genannten Präparate dürfen nur über Rezept von Apotheken oder über tierärztliche Hausapotheken abgegeben werden, die Behandlung muß daher ein Tierarzt einleiten.

Die Verabreichung solcher Mittel in Form von Langzeitkuren, in täglich mehrmaligen Gaben über 6 bis 8 Wochen hinweg (wenn nötig auch länger), bewährt sich vor allem in Fällen von Überängstlichkeit infolge reizarmer Aufzuchtverhältnisse.

Bei den meisten abnormen Aggressionsneigungen von Katzen und Hunden und bei Überängstlichkeit auf angeborener Grundlage ist keine anhaltende Besserung nach Beendigung der Kur zu erwarten.

Hormone und einige andere Substanzen, die in verschiedene Stoffwechselvorgänge des Körpers einzugreifen vermögen, beeinflussen abnormes Verhalten auf Umwegen, weshalb man sie nicht direkt den Psychopharmaka zurechnet. Hypersexualität, manche Formen von Überaggressivität und übertriebene Rauflust sowie Drang zum Entweichen unkastrierter Kater sprechen beispielsweise sehr gut auf Gestagene in Depotinjektionsform (z. B. Chlormadinonacetat und moderne Weiterentwicklungen aus dieser Substanz) an.

Medikamentöse Schlafkuren vermögen manchmal neurotisch überaggressive (oder andersartig verhaltensgestörte) Katzen im günstigen Sinne zu beeinflussen. In besonders darauf angelegten Laborversuchen an verschiedenen Tierarten wie auch in der tierärztlichen Praxis (gelegentlich der Versorgung von Kleintieren nach Unfällen) kann man die Beobachtung machen, daß sowohl narkotisch wirksame Mittel wie Äther, Morphinabkömmlinge, Barbitursäuresedative, als auch Cardiazol-, Insulin- und Elektroschock eine sogenannte retrograde Amnesie, d.i. eine bleibende Erinnerungslosigkeit hinsichtlich Ereignissen bewirken können, die kurz vor der Medikamentenanwendung stattfanden. Es werden damit nämlich die zur Verankerung im sogenannten Langzeitgedächtnis notwendigen hirnphysiologischen Vorgänge unterbrochen, die sich an ein frisches Erlebnis anschließen. Als Nutzanwendung daraus ergibt sich, daß man länger anhaltende Schockwirkungen und evtl. darauf folgende, bleibende Fehleinstellungen sensibler Tiere nach einem außergewöhnlichen, seelisch stark belastenden – sogenannten »traumatisierenden« – Erlebnis durch möglichst unmittelbar anschließende Medikation solcherart verhüten kann.

Eine weitere Methode zur Verhaltensänderung ist bekanntlich die Kastration, die dem Kater die Lust am Herumstreunen während der Sexualappetenz nimmt und ihn friedfertiger und weniger »störrisch« macht. Was durch die Kastration nicht beeinflußt wird, ist der Beuteinstinkt: ein guter Mäusefänger bleibt auch nach seiner Kastration seinem Metier treu.

Die operative Eierstockentfernung macht aus Nymphomaninnen gesittete Katzendamen.

Die beste und vor allem sicherste Methode, Verhaltensstörungen zu beseitigen, ist, sie gar nicht entstehen zu lassen. Wer plötzlich mit seiner acht Monate alten Mieze spazieren gehen möchte und ihr ein Brustgeschirr umlegt, hat mit »Verhaltensstörungen« zu rechnen. Auch für die Katze gilt: was Hänschen nicht lernt, lernt Hans nimmermehr.

So mancher Stubenkatzenbesitzer möchte sein Tier an sonnigen Tagen an der Leine in den Park mitnehmen und im Sommer an den Badeplatz oder in den Urlaub. Dann muß er bereits beim 3 Monate alten Kätzchen beginnen, stundenweise das Brustgeschirr überzustülpen und das Tierchen im Auto mit sich zu führen. Beginnt er damit nämlich erst, wenn das Tier 6 Monate alt oder älter ist, dann geht dies schon sehr viel schwieriger, mit einem Jahr wäre alles verloren. Nahezu alle Katzen, die nicht schon vor dem vollendeten 1. Lebensjahr aus der Wohnung öfters herauskommen, gewöhnen sich später nicht mehr, oder zumindest nur unter erheblichen Schwierigkeiten, an zweckmäßiges Reagieren im Freien an der Leine und an angstfreies Sich-Bewegen außerhalb der Wohnung an wechselnden Orten. Selbst kurze Autofahrten scheinen vielen von ihnen ein Greuel und mit erheblicher seelischer Belastung verbunden zu sein.

Damit man nicht »nachher« über zerkratzte Polsterungen zu klagen hat, sollte man rechtzeitig – nämlich beim ersten Mal – das Krallenschärfen durch Strafreize unter Hemmung setzen, um gleich danach dem Kätzchen durch Führen der Pfote am Kratzbrett den richtigen Platz für diese Instinkthandlung zu zeigen. Je konsequenter man dies tut, um so eher wird Mieze diesen Teil der Hausordnung einhalten. Es ist daher von Wichtigkeit, junge Tiere anfangs nie allzu lange ohne Überwachungsmöglichkeit allein zu lassen. »Strafmaßnahmen« haben keinen Sinn, wenn sie nicht in flagranti vorgenommen werden können.

Natürlich kann und soll auch das Alleinbleiben in der Wohnung frühzeitig geübt und damit erlernt werden.

Jede konkrete Erziehungsmaßnahme hat sich nach den örtlichen und situativen Gegebenheiten zu richten. Die Auswahl der Stärke von Dressurreizwirkungen, vor allem aktionshemmender oder fluchtauslösender Art muß auf die individuelle Härte oder Empfindlichkeit der jeweiligen Katze abgestimmt werden. Eine Aufgabe, zu der viel Geschick und Fingerspitzengefühl gehört. Will man z. B. einer Katze das Vogelnachstellen im Garten abgewöhnen, dann lege man sich mit dem Gartenschlauch auf die Lauer. Ein Wasserstrahl im richtigen Augenblick, also knapp *vor* dem Ansprung, hat ungemein nachhaltigen »erzieherischen« Effekt. Ein frisch erbeuteter Vogel oder gestohlener Leckerbissen um die Ohren geschlagen, tut es mitunter auch.

Wallende Vorhänge sind für ein junges Miniaturraubtier eine erregende Sache. Fliegt ihm aber wie ein Blitz aus heiterem Himmel just in dem Augenblick, wo Miezchen sich anschickt, daran hochzuspringen, klirrend ein Eloxalschmuckkettchen zwischen die Füße und das wiederholt sich noch mehrere Male in derselben Situation, dann haben wir auf Lebenszeit gelernt, daß Vorhänge tabu sind. Während des Alleinseins im jugendlich ungestümen Alter sollte der vorausschauende Katzenpfleger derlei Verlockungen anfangs besser überhaupt entfernen oder wenigstens zurückgezogen halten.

Wenn man nicht will, daß eine Katze erbost ist, weil man sie nicht ins Bett läßt und durch Stubenunreinheit kundtut, daß sie sich frustriert fühlt, dann sollte man sie das Liegen am menschlichen Bett gar nicht erst kennenlernen lassen. Am besten, sie betritt das Schlafzimmer nur unter Aufsicht – wenn das schon überhaupt sein muß.

Es ist keineswegs richtig, daß man Katzen nicht erziehen könnte. Mit Belohnungsangebot lassen sie sich sogar zu jedem Zirkuskunststück abrichten, wenn man nur genügend oft und geduldig übt und die Lernlust der Schülerin nicht überfordert. Was gibt es nicht alles für begehrte Leckerbissen, um die Motivation zum Lernen wachzuhalten. Aber es muß nicht nur um das Futter gehen. Besonders Stubenkatzen kann und soll man durch allerlei Spielkontakte einen Ersatz für die vielen brachliegenden Instinkthandlungen bieten. Sehr beliebt ist z. B. »Fußballspiel« mit Geldstücken: Katzen bewähren sich als meisterhafte Goalkeeper!

Während des Alleinseins sollten Spielgegenstände an Gummibändern aufgehängt und eine möglichst vielfältige »Geländegliederung« durch Wohnungseinrichtungsgegenstände, die Schlupfwinkel und Klettermöglichkeiten bieten, die Langeweile vertreiben helfen, denn – »Müßiggang ist aller Laster Anfang«.

Es sind Katzen bekannt, die aufs Wort folgen wie ein Hund. Wenn man sie ruft, geben viele von ihnen sogar Kontaktlaut. So etwas läßt sich natürlich nicht mit Strenge, sondern nur mit Liebe und List erreichen. Man ruft mit Namen oder anderem Signal anfangs nur zu angenehmen Tätigkeiten: zum Essen, zum Hinausdürfen, zum Spielen. Auch das sollte man vorerst nur tun, wenn man sieht, daß Kätzchen eben nicht anderweitig besonders engagiert beschäftigt ist oder jetzt schlafen möchte. Muß man einmal zu weniger Angenehmem herbeirufen, dann sollte das Herankommen immer zuerst belohnt werden, ehe man dann – nach einem Spielchen als Zwischenpause – das tut, wozu man das Tierchen eigentlich herbeirufen mußte: eine Türe versperren, die Haare bürsten, ein Medikament eingeben oder was da sonst noch weniger erwünscht aber notwendig ist. Kommt Kätzchen nicht herbei, dann wird es ignoriert. Keinesfalls hilft da schelten oder strafen.

Das Herbeikommen auf Signal, anfangs nur in der Wohnung geübt, sollte dann später in einem allseits umfriedeten Hof, noch später im Freien in einer der Katze unbekannten, jedoch ruhigen, ungestörten Gegend und schließlich in bekannter Gegend unter Anwesenheit von Störfaktoren oder unter größerer Entfernung trainiert werden. Anfangs nach kurzen, später auch nach längeren Intervallen des Auslassens. Wenn es unter vier grundsätzlich verschiedenen Umgebungsbedingungen verläßlich funktioniert, dann darf man hoffen, daß es immer klappt.

Man sollte einer Katze seine Lust, sie zu streicheln, zu hätscheln und sie hochzunehmen, niemals aufzwingen, wenn man sieht, daß sie dazu augenblicklich nicht in der Stimmung ist. Das ist eine der Grundregeln des »Knigge im Umgang mit Katzen«!

Bleibt abschließend noch die Notwendigkeit, die eingangs gestellte Frage in ein wenig geänderter Form zu stellen und zu beantworten: »Was soll ich tun, wenn ich zum erstenmal Lebensäußerungen an meiner Katze beobachte, die mir irgendwie komisch vorkommen? Wie soll ich reagieren, wenn ich auf ›Erziehungsschwierigkeiten‹ stoße?«

Auf diese beiden Fragen eine klare Antwort: Vorerst einmal gar nichts. Je passiver Sie bleiben, desto besser ist es. Beobachten Sie Ihre Katze genau, unvoreingenommen, ausdauernd und häufig. Aber greifen Sie nicht sofort in das Geschehen ein: reden Sie der Mieze weder zu, noch schimpfen Sie mit ihr, heben Sie das Tier nicht hoch und bestrafen Sie es nicht. Versuchen Sie lieber, sich an die Stelle des Tieres zu denken, seine subjektive Situation möglichst vollständig zu erfassen und bedenken Sie dabei, daß kein Tier logisch schlußfolgernd denkt. Wenn Sie so vorgehen, erscheint Ihnen manches Unverständliche dann gleich viel weniger unerklärlich, und das nächste Mal werden Sie vielleicht gewisse Dinge und situative Begebenheiten so arrangieren können, daß ein zu unerwünschten Verhaltensweisen neigendes Tier nicht provoziert, sondern rechtzeitig abgelenkt wird.

Es gibt eine ganze Reihe von Tierfreunden, die eine »verteufelte Katze« oder einen »schwierigen Hund« besitzen und die, seit sie ihr Tier besser zu verstehen und nun verständnisvoller zu behandeln wissen, doch eine recht gute Koexistenzmöglichkeit finden konnten und ihr Tier nicht – wie andere – gleich töten ließen.

Handelt es sich aber um grobe und womöglich noch zunehmende Verhaltensabnormitäten, für die Sie unmöglich eine Erklärung oder Entstehungsmöglichkeit finden können, dann zögern Sie nicht, möglichst bald einen mit derartigen Besonderheiten vertrauten Tierarzt zu Rate zu ziehen. Es könnte sich ja auch einmal um ein Symptom einer organischen Erkrankung handeln. Auch diese wird um so sicherer zu heilen sein, je früher sie diagnostiziert und fachgerecht behandelt wird.

Auf jeden Fall hüten Sie sich davor, durch vorschnelle, voreilige Meinungen und ungenügende Beobachtung ohne genaue Analyse der Situation sich in eine Erklärung zu verrennen, die Ihren Blickwinkel einengt oder die gar an menschlichen Moralbegriffen orientiert ist und Sie verleitet, sich zum »Richter« über das Verhalten Ihres Hausgenossen aufgefordert zu fühlen. Denn das eine ist sicher: Tiere sind immer unschuldig, schuldig kann nur der Mensch werden!

Leitfaden zur Katzenhaltung

Es gibt ganze Kochbücher für Katzennahrung und die Industrie bietet eine breite Palette von Konserven und Trockenfutterzubereitungen an. Derjenige, der sich zum ersten Mal mit der Frage konfrontiert sieht »Wie füttere ich meinen Hausgenossen richtig?«, wird durch widersprechende Nachbars- und Tierzeitschriftenratschläge oft völlig verwirrt. Selbst in an sich guten Katzenbüchern sind manche Ernährungsratschläge zu finden, die den heutigen ernährungswissenschaftlichen Forschungsergebnissen keineswegs entsprechen. Hier sollen nicht lange wissenschaftliche Begründungen langweilen, sondern nur die konkreten Ergebnisse mitgeteilt werden, die manchmal weitgehend von der landläufigen Meinung abweichen.

Katzennahrung soll nicht ausgesucht fettarm sein, sie kann und soll reichlich Fett enthalten! Ein gesunder Katzendarm erträgt sogar bis zu 40% Fettgehalt in der Nahrung ohne Reizerscheinungen wie Durchfall; andernfalls müßte nach Parasiten- und Kokzidienbefall oder anderen Krankheitsursachen gesucht werden.

Da das Schlachttierfleisch entblutet ist und Kochsalz (NaCl) hauptsächlich im Blut vorkommt, muß man Futter für Katzen etwas salzen, ansonsten käme es durch Chlorionenmangel zu Verdauungsbeschwerden im Magen.

Ausschließlich Verfütterung von Leber – manche verwöhnte Katzen lehnen alles andere ab – kann zu schweren Erkrankungen führen. Überhaupt ist einseitige Ernährung zu vermeiden. Man denke stets daran, für welche Nahrung der Körper des kleinen Raubtieres eingerichtet ist: hauptsächlich für Mäuse! Und eine Maus besteht aus Muskelfleisch, Fett, Knöchelchen, allerlei Innereien, ja selbst Darm samt Inhalt. Und all das nicht gekocht oder gebraten, sondern roh, aber körperwarm. Man wird gut daran tun, diesen von der Natur vorgezeichneten Weg im Prinzip nachzugehen. Also: gemischte Kost, jedoch roh nur einwandfrei beschautes Fleisch, Schweinernes und Wild nur gekocht wegen der Gefahr der Übertragung von Erregern parasitärer Erkrankungen. Auch viele von der Industrie angebotene Katzenfertigfuttermittel sind sehr geeignet, man sollte sie jedoch nicht ausschließlich und unausgesetzt und nicht an Jungtiere geben. Durch gelegentlich zu hohen Mineralgehalt könnten Steinleiden begünstigt werden.

Katzenfutter soll körperwarm, also vorgewärmt serviert werden und mindestens zu 80% aus tierischem Eiweiß, also in erster Linie aus Fleisch bestehen, soll unser Kätzchen gesund bleiben und lang leben und nicht verfetten oder Mangelkrankheiten bekommen.

Apropos Mangelkrankheiten: Mineralstoffe und Spurenelemente muß man ausschließlich in der Stube gehaltenen Katzen gesondert beifüttern, da sie sich ja nicht selbst suchen können, was sie brauchen und das vorgesetzte Fleisch ja frei von Verunreinigungen und Darminhalt ist. Rohes Fleisch enthält die meisten für Katzen notwendigen Vitamine, durch Kochen werden einige von ihnen zerstört und andere ausgelaugt, so daß sie dann beigegeben werden müßten. Geeignete Präparate, die Massenelemente zur Aufzucht, altersgerecht dosierte Spurenelemente und Vitamine enthalten, läßt man sich am besten vom betreuenden Tierarzt nennen, den man zur Vornahme von Entwurmungen und Schutzimpfungen mit einem jungen Tierchen ohnehin möglichst frühzeitig aufsuchen sollte. Man kann nämlich von einigen Vitaminen auch zu viel geben, was dann zu schweren Erkrankungen führt.

Recht praktisch, besonders zur Aufzucht, aber auch zur täglichen Beifütterung, ist die Katzennährmilch Chimilac (»Asid«). Sie entspricht weitgehend der natürlichen Katzenmuttermilch und enthält alle lebensnotwendigen Vitamine, Mineralstoffe und Spurenelemente in katzengerechter Form und Konzentration.

Es ist kein Zufall, daß viele Unerfahrene ein Kätzchen mit gewässerter Milch ernähren wollen: spricht doch die Gesichtsform insbesondere eines jungen Kätzchens mit seinem stumpfen Näschen das menschliche »Kindchenschema« an, ein Schlüsselreiz, der menschliche »Brutpflegeinstinkthandlungen« und die dazugehörigen Gefühle und Vorstellungen aktiviert. Nun ernährt man bekanntlich menschliche Babies mit verdünnter und gezuckerter Kuhmilch, da die eigentlich adäquate Frauenmilch fettärmer und zuckerreicher als die Muttermilch für Kälber ist. Für die Katze aber gelten andere Gesichtspunkte: Katzenmuttermilch ist fett- und eiweißreicher als Kuhmilch. Verfüttert man an ein junges Kätzchen Kuhmilch, so muß man diese also durch Zusatz von einem Viertel der Menge mit Sahne anfetten, anstatt mit Wasser verdünnen.

Viele erwachsene Katzen lehnen Milch als Getränk ab. Ist eine Katze einmal der Milchnahrung entwöhnt, dann verliert ihr Verdauungstrakt die Fähigkeit, Milchzucker zu verdauen, füttert man dann trotzdem reichlich Milch, dann wird diese wie ein mildes

Abführmittel wirken, wovon man in notwendigen Fällen Gebrauch machen kann.

Stubenkatzen, die wenig Bewegung haben, sollte man nicht zweimal, sondern nur einmal in 24 Stunden mit Hauptmahlzeiten versorgen, der Verdauungstrakt eines katzenartigen Raubtieres ist physiologisch auf starken Dehnungsreiz und lange Ruheperioden eingestellt, andernfalls kommt es leicht zu Darmträgheit und Stuhlbeschwerden. Die Einführung eines Hungertages in der Woche hat sich bei Stubenkatzen in angloamerikanischen Ländern sehr bewährt und kann empfohlen werden.

Besonders bei Jungkatzen unter einem Jahr sollte man zum Knochenaufbau auf die Beigabe eines Kalkpräparates oder einer Messerspitze Schlämmkreide zum Futter nicht verzichten. Hinsichtlich Vitaminbeigaben an diese, sowie trächtige und säugende Mutterkatzen und hinsichtlich Krankendiät sei abermals auf den betreuenden Tierarzt verwiesen, da starre Schemaempfehlungen nicht in allen Fällen das Optimale treffen können. Stubenkatzen ohne tierärztliche Kontrolle zu halten, ist in mehrfacher Hinsicht – auch für die menschliche Umgebung – eine grobe Fahrlässigkeit. Zur richtigen Gesundheitsvorsorge gehört neben der vollwertigen Ernährung auch der Schutz vor weitverbreiteten Infektionen. Sie bedrohen nicht nur freilaufende, sondern auch Stubenkatzen jeden Alters. Zur Vorbeugung stehen heute äußerst wirksame und völlig nebenwirkungsfreie Impfstoffe zur Verfügung (z. B. »Felidovac«, »Felidovac L«, »Feliserin« und gegen Tollwut speziell für Katzen das ungefährliche »Madivac«).

Katzen sollte man flohfrei halten. Man wende dazu nur pyrethrumhaltige Sprühmittel an, die ungefährlich sind und nicht, wie Einstäubemittel, beim Fellputzen allzu reichlich abgeleckt werden können. Hält man eine Katze nicht flohfrei, dann wird sie alsbald auch Bandwürmer haben, der Floh ist nämlich ein Zwischenwirt für eine häufig vorkommende Bandwurmart.

Langhaar-Rassekatzen sollten nur in solchen Haushalten gehalten werden, in denen eine Person genügend Zeit hat, das Fell *täglich* zu kämmen und zu bürsten, denn einmal verfilzte Angorawolle kann nachträglich nicht mehr entwirrt werden. Die Schermaschine bliebe dann als einziges – für lange Zeit verunstaltendes – Hilfsmittel.

Zur Ohrenpflege, zur Augenreinigung und zu einem – wenn überhaupt notwendigen – Bad gibt es speziell für Katzen geeignete Präparate im Tierartikelhandel und bei auf Kleintierbehandlung spezialisierten Tierärzten. Man verwende lieber diese anstatt allerlei Hausmittel. Nach eigenen Erfahrungen haben sich die in Österreich erhältlichen Katzenpflegepräparate der Marke A. Moll (Augenreiniger, Ohrenreiniger, Flohspray, Spezialshampoo) am besten bewährt.

Wenn man nicht wünscht, daß Teppiche und Polstermöbel durch »Krallenschärfen« beschädigt werden, dann muß man dafür sorgen, daß für diese Komfortbehandlung ein schräg aufgestelltes und ordentlich befestigtes Stück Baumrinde oder ein mit möglichst rauhem Teppich überzogenes Brett jederzeit zur Verfügung steht. Wird trotzdem ein anderer Gegenstand »mißbraucht«, dann darf man – in flagranti – mit zusammengerollter Zeitung einen Strafhieb auf die Vorderpfoten geben, muß hernach die Katze aber sogleich zum Katzenbrett setzen und ihr unter Streicheln und liebkosenden Worten die Pranken so führen, als täte sie selbst nun das, was sie ausschließlich hier tun sollte. Die meisten Katzen begreifen sehr schnell, allerdings halten sich nicht alle daran. Konsequenz und Geduld ist auch hier von besonderer Notwendigkeit und wirksamer als Brutalität.

Zur Entfernung der beim Fellputzen in den Magen-Darmtrakt gelangten Haare ist das regelmäßige Fressenkönnen von möglichst rauhfaserigen Gräsern notwendig. Im Winter selbst gezogener Hafer wird von Katzen zwar gern genommen, ist jedoch zu zartfaserig, um seinen Zweck erfüllen zu können. Damit dann nicht allerlei – gelegentlich giftige – Topfpflanzen von Mieze selbst als Heilmittel gegen Magendrücken versucht werden, stelle man ihr einen Topf sogenannter Grünlilie, Chlorophytum comosum, zur Verfügung; sie ist als Schaufensterdekorationspflanze in Blumenhandlungen für billiges Geld erhältlich.

Wenn man verhindern will, daß sich ein Kätzchen das Bett als Schlafplatz wählt und dagegen protestiert, wenn man ihm diese sehr liebgewordene Gewohnheit später untersagen will, muß man ihm von Anfang an eine gut gepolsterte, nach oben geschlossene Schachtel mit seitlicher Öffnung an einem ungestörten Plätzchen aufstellen. Katzen lieben nämlich Schlupfwinkel.

Das Schüsselchen, das als Katzenklo benützt werden soll, soll einen nicht zu hohen Rand haben und so gebaut sein, daß es nicht umschlagen kann, wenn das Kätzchen hineinzusteigen versucht. Ein einmal durch solch ein Ereignis ausgelöstes Schreckerlebnis kann langdauernde Stubenunreinheiten zur Folge haben. Füllung mit gut saugfähigem, aber nicht zu feinkörnigem Material, wie z. B. Ziegelschrot (unter verschiedenen Namen in Tiergeschäften als Katzeneinstreu erhältlich) bewährt sich besser als Sagespäne, Sand und feuchter Torf. Zeitungspapierschnitzel genügen nicht allen Katzen als Vergrabematerial und können daher die Ausbildung unreinen Verhaltens begünstigen. Wenn Katzen durch ein Schlupfloch in einen Garten gehen können, um ihre Entleerungsgeschäfte dort zu verrichten, muß man dafür sorgen, daß sie dies immer tun können – auch wenn sie allein zu Hause gelassen werden.

Will man verhindern, daß Katzen zur Frühlingszeit Jungvögel erbeuten, dann hänge man ihnen einfach mit einem weichen Gummiband ein Glöckchen um den Hals, wenn sie ausgehen. Wenn man verhindern will, daß Katzen über den eigenen Gartenzaun hinweg in den Nachbarsgarten oder auf eine verkehrsgefährdete Straße gelangen, dann kann man ein elektrisches Weidezaungerät kaufen oder basteln. (Schaltskizze siehe unten.) Die auf Isolierrollen zu befestigenden blanken feinen Drähte müssen 10 cm innerhalb des vorhandenen Gartenzaunes in drei verschiedenen Höhen über dem Erdboden ringsherum gespannt werden, einmal ca. 35 cm hoch, einmal in 75 cm und einmal in 120 cm Höhe oder höher, nämlich entlang der oberen Gartenzaunkante. Selbstverständlich muß man darauf achten, daß kein Erdschluß durch berührende Gräser oder Zweige die Funktion der Vorrichtung beeinträchtigt. Ein solcher »Strafreizzaun« ist für Katzen völlig ungefährlich, aber bei Berührung schmerzhaft, dies selbstverständlich auch für Kinder. Wenn Kinder im Garten spielen, sollte man also nicht vergessen, entsprechende Vorkehrungen zu treffen. Den Erdleitungspol des Gerätes kann man anstatt an einem 80 cm langen Erdspieß aus Metall auch an den Blitzableiter oder einfach an den vorhandenen Gartenzaun legen, wenn nicht nur sein Gitter, sondern auch seine

Schaltskizze zum Selbstbau eines Weidezaungerätes:

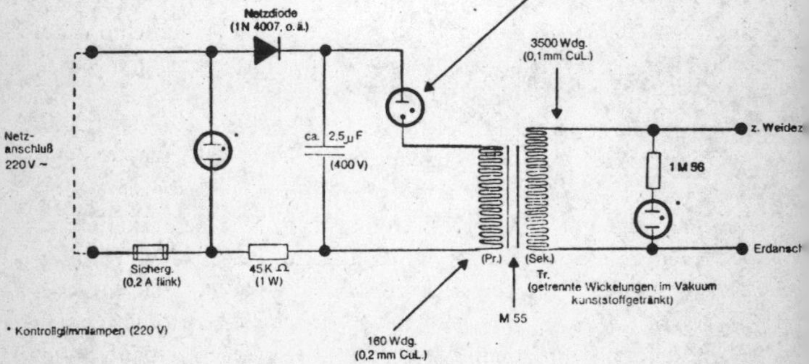

Pfosten aus Metall sind. Den »heißen« Pol schließt man an den von der Umgebung isoliert gespannten »Weidezaun« an. Geeignete Isolierrollen bezieht man am besten aus dem Fachhandel. Netzbetriebene Geräte haben den Vorteil absoluter Wartungsfreiheit und immerwährender Betriebsbereitschaft, außer bei Netzausfall.

Will man sich mit Katzenzucht beschäftigen, dann ist das Studium weiterer einschlägiger Lektüre unentbehrlich: so z.B. das Taschenbüchlein von R. Wolff oder das besonders ausführliche Buch von Wink und Ketsch (siehe Literaturverzeichnis).

Literaturverzeichnis

Adams D. K., 1929, Experimental studies of adaptive behaviour in cats, Comp. Psychol. Monogr. *6*/1, P. 1–168.

Altmann D., 1969, Harnen und Koten bei Säugetieren, Neue Brehm Bücherei, Ziemsen, Wittenberg.

Akademie der Wissenschaften der UdSSR, 1964, Methoden der Erforschung typologischer Besonderheiten der höheren Nerventätigkeit der Tiere, Nauka-Verl., Moskau – Leningrad.

Angermeier W. F. und Peters M., 1973, Bedingte Reaktionen, Springer, Berlin.

Bachmann W., 1961, Pathologie und Therapie der Krankheiten von Hund und Katze, Reinhardt, München.

Baron A., Stewart C. N., Warren J.M., 1957, Patterns of social interaction in cats – Katzenrangordnungen, Behaviour *11*, 56–66.

Bastock M., Morris D. und Moynihan M., 1953, Some comments on conflict and thwarting in animals, Behaviour *6*.

Bastock M., 1969, Das Liebeswerben der Tiere, G. Fischer Verlag, Stuttgart.

Beach F., 1948, Hormones and Behaviour, Paul B. Haeler Inc., New York – London.

Beach F.A. und Jaimes J., 1954, Effects of early experience upon the behaviour of animals, Psychol. Bull. *51*, 240–263.

Boch J., 1960, Tierarzt und moderne Verhaltensforschung, Tierärztliche Umschau 1/11.

Bopp, 1954, Schwanzfunktionen bei Säugetieren, Rev. Suisse de Zoologie H 1.

Brügger M., 1943, Freßtrieb als hypothalamisches Symptom, Helv. Phys. Acta *I*, 183–198.

Brummer H., 1965, Beobachtungen zum Fluchtverhalten der Hauskatze, Kleintierprax. *10*, 201.

–, 1966, Tierpsychologisch-klinische Beobachtungen bei der Behandlung von Katzen, Kleintierprax. *11*, 77–90.

– und Eikmeier H., 1967, Psychosomatische Erkrankungen und Störungen bei Tieren, Dtsch. tierärztl. Wschr. *74*/17, 433–434 und *74*/18, 455–460 sowie *75*/18, 456–463.

Brun R., 1952, Allgemeine Neurosenlehre, Schwabe, Basel.

Brunner F., 1959, Über die praktische Verwertbarkeit der Forschungsergebnisse der modernen Tierpsychologie in der Veterinärmedizin und die Notwendigkeit der Intensivierung diesbezüglicher Forschungen, Wr. tierärztl. Monatsschr. *46*, 339–348.

–, 1960, Praktische Erprobung verschiedener Tranquilizer und Sedativa bei Katzen, Wr. tierärztl. Monatsschr. *47*, 180–183.

–, 1962, Die Bedeutung der modernen Verhaltensforschung für praktische Fragen des Alltags und der Tierhaltung sowie für die Zoologie, Psychologie, Medizin und Tiermedizin, Kleintierprax. *7*, 157.
–, 1969, Die Anwendung von Ergebnissen der vergleichenden Verhaltensforschung in der Kleintierpraxis (Beiträge zur Verhaltenspathologie des Hundes und der Katze), Z. Tierpsychol. *26*, 129–165.
–, 1969, Notizen zur Verhaltenspathologie (1. bis 7 Mitteilung), Kleintierprax. *14*/4, 111–118 und *14*/6, 172–178.
–, 1970, Ein Fall von Verlust der Stubenreinheit selten vorkommender Aetiologie, Wr. tierätztl. Mschr. *57*, 253.
–, 1974, Der unverstandene Hund, Neumann-Neudamm, Melsungen.
Buchholtz Ch., 1953, Untersuchungen über das Farbensehen der Hauskatze, Z. Tierpsychol. *9*, 463–470.
–, 1973, Das Lernen bei Tieren, G. Fischer Verl., Stuttgart.
Bürger M., 1964, Beobachtungen an Wildkatzen des Magdeburger Zoos, Milu, wiss. u. kult. Mitteilg. aus dem Tierpark Berlin *1*/5, 286 bis 288.
Burrows R. und Matzen K., 1972, der Fuchs, BLV-Verl., München.
Cooper-Gay M., 1960, Umgang mit Katzen, Müller, Rüschlikon.
Cooper K., 1960, The significance of past sexual experience in the reappearance of sexual behaviour in castrated male cats treated with testosteron propionate, M. Sc. Thesis, New York Univ., N. Y.
Christoph H. J., 1963, Klinik der Katzenkrankheiten, VEB. G. Fischer Verl., Jena.
Croft Ph. G., 1962, The EEG in Diagnosis of Nervous Diseases, J. Small Anim. Pract. *3*, 205–213.
Dembrowsky J., 1955, Tierpsychologie, Akademieverlag, Berlin.
Dexler H., 1909, Symptomatologie psychotischer Erkrankungen, Dtsch. tierärztl. Wochenschr. *5*.
Ebbeke H., 1959, Physiologie des Bewußtseins in entwicklungsgeschichtlicher Betrachtung, G. Thieme, Stuttgart.
Eibl-Eibesfeld I., 1967, Grundriß der vergleichenden Verhaltensforschung, R. Piper, München.
Festetics H., 1968, Grundriß der vergleichenden Verhaltenslehre, Wr. tierärztl. Monatsschrift *55*, 553–561.
Fiedelmeier L., 1966, Die Familienkatze, Lehrmeister B., A. Philler Verl., Minden.
Fiedler W., 1957, Beobachtungen zum Markierungsverhalten einiger Säugetiere, Säugetierkd. *22*, 57–76.
Fox M. W. (Herausgeber), 1968, Abnormal Behaviour in Animals, W. B. Saunders u. Co., London.
Fox M. W., 1971, Towards a Comparative Psychopathology; Z. Tierpsychol. *29*, 416–437.
Frauchiger E., 1945, Seelische Erkrankungen bei Mensch und Tier, Huber, Bern.
–, 1957, Grundriß zu einer vergleichenden Psychopathologie des Menschen und der Tiere, Z. Menschenkunde *21*, 48–75.
Freudiger U. und Bürki F., 1965, Der Virusschnupfen der Katze, Kleint. Prax. *10*, 61–64.

Fuller J. L. und Thompson Th., 1964, Behaviour Genetics, Wiley and Sons, New York – London.
Gärtner K., 1970, Beziehungen zwischen endokrinem System und soziologischen Situationen bei Massentierhaltung, Ber. d. 8. Kongr. d. Dtsch. Veterinärmed. Gesellsch., Parey, Berlin.
Geiger R., 1951, Das Klima der bodennahen Luftschicht (Ein Lehrbuch der Mikroklimatologie), Verl. Fr. Vieweg u. S., Braunschweig.
Götze K., Kubicki St., v. Düring, Kofes A., 1959, Über das EEG bei gesunden und kranken Tieren, Kleintierprax. *5*, 97, 120.
Grauvogl A., 1972, Tierschutz aus der Sicht der modernen Verhaltensforschung, Kleint. Prax. *17*, 181–183.
Grzimek B., 1949, Die »Radfahrerreaktion«, Z. Tierpsychol. *6*.
Hafez E., 1969, The Behaviour of Domestic Animals, Bailliere, Tindall u. Cassel, London. (Dort zahlreiche weitere Angaben über wissenschaftliche Verhaltensanalysen bei Katzen.)
Hapke H.J., 1969, Ein pharmakologisch begründetes System der Psychopharmaka in der Veterinärmedizin, Tierärztl. Umschau *24*, 315 bis 322.
Hassenberg L., 1965, Ruhe und Schlaf bei Säugetieren, Neue Brehm-Bücherei, Ziemsen, Wittenberg.
Hediger H., 1940, Über die Angleichungstendenz, Naturwiss. *20*, 28.
–, 1946, Zum Raum-Zeit-System der Tiere, Schweiz, Z. Psychol. *5*.
–, 1954, Skizzen zu einer Tierpsychologie im Zoo und Zirkus, Europaverlag, Stuttgart.
–, 1959, Wie Tiermütter ihre Jungen tragen, Schweizer Jahrbuch »Die Ernte« 3.
–, 1959, Die Angst, Studien aus dem C.G. Jung-Institut Zürich, Bd. X, Rascher Verl., Zürich.
–, 1967, Verstehens- und Verständigungsmöglichkeiten zwischen Mensch und Tier, Schw. Zeitschr. f. Psychol. u. Anwendg. 26, 234–255.
–, 1965, Man as a social Partner of animals and vice versa, Symp. Zool. Soc. London No. *14*, p.p. 291–300.
Heimburger N., 1958, Das Markierungsverhalten einiger Caniden, Z. Tierpsychol. *18*, 265–284.
Herre W. und Röhrs M., 1973, Haustiere, zoologisch gesehen, G. Fischer Verl., Stuttgart.
Hess W. R., 1962, Psychologie in biologischer Sicht, Thieme, Stuttgart.
Hofstätter P. R., Psychologie (Fischer Lexikon Bd. 6), Fischer Bücherei, Frankfurt a. M.
Holzapfel M., 1938, Über Bewegungsstereotypien bei gehaltenen Säugern, I. Mitteilung: Bewegungsstereotypien bei Caniden und Hyena, Z. f. Tierpsychol. *2*, 46–72.
Hornstein M., 1937, Der Mensch und sein Tier (in: Heyer-Seifert, Reich der Seele, Bd. 2, Lehmann, München).
Hotovy R., 1957, Die Neuroplegica und ihre psychopharmakologische Prüfung, E. Merck's Jahresberichte 1956/57, LXX/1, 1–19.
– und Kapf-Walter, 1960, Die pharmakologischen Eigenschaften des Perphenacinsulfoxyds, Z. Arzneimittelforschg. *10*, 638 ff.
Holling W., 1964, Meteorotrope Krankheiten bei Haustieren, Vet. Diss., Gießen.

Haltenorth Th., 1957, Die Wildkatze, Neue Brehm Bücherei 189, Ziemsen Verl., Wittenberg.
Inhelder E., 1961, Reaktive Verhaltensstörungen bei Tieren, Schweiz. Z. f. Psychologie *20*, 310.
–, 1962, Skizzen zu einer Verhaltenspathologie reaktiver Störungen bei Tieren, Schweiz. Arch. f. Neurol. Neurochir. Psychiatr. *89*, 276.
Iwanow-Smolenski A. J., 1954, Grundzüge der Pathologie der höheren Nerventätigkeit, Akademieverlag, Berlin.
Janssen A. J., 1961, Vergleichende pharmakologische Daten über 6 neue basische 4'Fluorobutyrophenon-Derivate, Z. Arzneimittelforschg. *11*, 810–825.
Kehrer A. und Starke P., 1975, Erfahrungen über die Zucht, Aufzucht und Haltung von Katzen für Versuchszwecke unter konventionellen Bedingungen; Berl. u. Münch. Tierärztl. Wschr. *88*, 101–106.
Katz D. und Toll A., 1923, Die Messung von Charakter- und Begabungsunterschieden bei Tieren, Z. f. Psychol. *93*.
Kleemann G., 1968, Manege frei (die »weiche« Tierdressur), Kosmos Franksche Verlagsbuchhandlung, Stuttgart.
Klemm W. R., 1969, Animal Electroencephalography, Academic Press, N. Y. und London.
Kling A., Kovach J. K., Tucker T. J., 1969, The Behaviour of Cats, in Hafez: The Behaviour of Domestic Animals, 2. Aufl., Bailliere, Tindall und Cassell, London.
Kment A. und Leibetseder J., 1959, Verhaltensphysiologische Studien an Ratten nach LSD-Verabreichung, Zentralblatt f. Vet. Med. *X*/9, 877–887.
Kober U., 1968, Zur Diagnose und Therapie epileptiformer Krampfanfälle bei Hund und Katze, Kleint. Prax. *13*, 166–169.
Krassuski W. K., Pawlow's Lehre über die Typen der höheren Nerventätigkeit und ihre Bedeutung für die Tierzucht, Dtsch. Bauernverlag, Berlin.
Kretschmer E., 1958, Hysterie, Reflex und Instinkt, G. Thieme, Stuttgart.
Krushinsky L. V., 1962, Animal Behaviour, Consultant Bureau, New York.
Kügler H., 1972, Medizin-Meteorologie nach Wetterphasen, Lehmanns Verl., München.
Kuo, 1930, The genesis of the cats responses to the rat, J. Comp. Psychol. *11*.
Kupalow P. S., 1952, Über experimentelle Neurosen bei Tieren, Pawlow Zeitschrift für höhere Nerventätigkeit bei Tieren *2*, 607–628.
Kurtsin I. T., 1968, »Pawlow's Concept of Experimental Neurosis« und »Physiological Mechanism of Behaviour Disturbances and Corticovisceral, Interrelations« in »Abnormal Behaviour in Animals« (Herausg. M. W. Fox), Kap. 6 (S. 77–106) und Kap. 7 (S. 107–128), N. B. Saunders and Co., London.
Lehmann F. E. (Herausg.), 1958, Gestaltungen sozialen Lebens bei Tier und Mensch, Sammlg. Dalp, Franke, Bern.
Leibetseder J., 1966, Richtlinien für die moderne Ernährung von Hund und Katze, Wiener tierärztl. Mschr. *53*, 40–50.

Leidl. W., 1958, Klima und Sexualfunktion männl. Haustiere, Schaper, Hannover.
Leyhausen P., 1954, Die Entdeckung der relativen Koordination: Ein Beitrag zur Annäherung von Physiologie und Psychologie, Stud. Generale *7*, 45–60.
–, 1973, Verhaltensstudien an Katzen, 3. Aufl., Parey, Berlin und Hamburg (dort auch viele weitere Literaturangaben über wissenschaftliche Untersuchungen des Verhaltens von Katzen).
–, 1956, Über die unterschiedliche Entwicklung einiger Verhaltensweisen bei den Feliden, Säugetierkdl. Mitt. *4*, 123–125.
–, 1959, Oh diese Katzen, Umschau Verl. Frankfurt a. M.
–, 1962, Domestikationsbedingte Verhaltenseigentümlichkeiten der Hauskatze, Z. Tierzucht u. Züchtungsbiolog. *77*, 191–197.
–, 1967, Sexual Behaviour in Mammals: Recognition, Choice, Selection, Causation, Pengin Science Surrey, Biology N. F. 2687.
– und Riek R., 1953, Beobachtungen bei der Aufzucht von Wildkatzen, Z. Tierpsychol. *10*, 92–119.
– und Wolff, 1959, Das Revier der Hauskatze, Z. Tierpsychol. *16*, 666–670.
Lorenz K., 1965, Über tierisches und menschliches Verhalten (Verhaltenslehre Bd. I und II), Piper, München.
–, 1950, Ausdrucksbewegungen höherer Tiere, Die Naturwiss. *38*.
–, 1940, Domestikationsbedingte Störungen arteigenen Verhaltens, Z. angew. Psychol. u. Charakterkunde *59*.
– und Leyhausen P., 1968, Antriebe tierischen und menschlichen Verhaltens, Piper und Co., München.
Lyhs L., 1959, Zur Frage der Entstehung von Neurosen bei der Ausbildung von bedingten Abwehrreflexen bei Labortieren, Monatsh. f. Vet. Med. *14*, 674.
Marek J. und Mocsy J., 1960, Lehrbuch der klinischen Diagnostik der inneren Krankheiten der Haustiere, 6. Aufl., Fischer, Jena.
Marvin J. und Hursh Ch., 1944, Observational learning by cats, J. Comp. Psychol. *37*, 71–79.
Massermann J. H., 1943, Behaviour and Neurosis, Chikago.
Meyer V. und Chesser E., 1971, Verhaltenstherapie in der klinischen Psychiatrie, G. Thieme, Stuttgart.
Meyer-Holzapfel M., Spiel in biologischer Sicht, JBW-Journal I/*8*, 1–7.
–, 1947, Störungen des psychischen Gleichgewichtes bei Tieren, Schweiz. Z. Psychol. *6*.
–, 1964, Tierpsychologie, Verhaltensforschung und Psychiatrie, Akt. Fragen psychiatr. Neurol. *1*, 253–294.
–, 1961, Psychoreaktive Verhaltensstörungen bei Tieren, Heilkunst *5*.
Müller H., 1957, Über den Schmerz bei Tieren, Monatshefte Vet. Med. *12*, 596–602.
Mücher H., 1957, Psychische und physiologische Wirkungen des Wetters, 7. Beih. z. Z. Arzneimittelforschung, Editio Cantor, Aulendorf.
Müller-Callgan H. und Hotovy R., 1961, Verhaltensänderungen der Katze durch verschiedene zentral erregend wirkende Pharmaka, 1. Mittg. und 2. Mittg., Z. Arzneimittelforschg. *11*, 642–649 und 775–782.

Naaktgeboren C., 1965, Die normale Katzengeburt, Die Edelkatze *15*, 3–5.
Naples M., 1964, This is the Siamese Cat. TFH Publications Inc., Jersey City (N.Y.).
Nieschulz, 1967, Experimentelle retrograde Amnesie bei Mäusen, Z. Arzneimittelforschg. *17*, 1151–1154.
Novotny H., 1975, Die Bedeutung der Tierhaltung für die Persönlichkeitsentwicklung des Kindes, Wr. tierärztl. Mschr. *62*, 22–24.
Pawlow J.P., 1972, Die bedingten Reflexe, Studienausgabe, Kindler-Verl., München.
Pickenhain L., 1959, Grundriß der Physiologie der höheren Nerventätigkeit, Verl. Volk und Gesundheit, Berlin.
Precht G. und Lindenlaub E. 1954, Über das Heimfindevermögen von Säugetieren, I. Versuche an Katzen, Z. Tierpsychol. *11*, 485–493.
Prechtl H. und Schleidt W.M., 1950 und 1951, Auslösende und steuernde Mechanismen des Saugaktes, I. und II. Teil, Z. vergl. Psychol. *32* und *33*.
Rachmann S., 1964, Therapie durch Verhaltensänderung (Behaviour-Therapy), Z. Psychotherap. u. med. Psychol. *14*, 3–14.
Ramsdale J., 1963, Persian Cats and other Longhairs, TFH Publications Inc., Jersey City (N.Y.).
Reinhard R., 1952, Die Krankheiten der Katze, Schaper Verl., Hannover.
Rensch B., 1973, Gedächtnis, Begriffsbildung und Planhandlungen bei Tieren, P. Parey-Verl., Berlin und Hamburg.
Robinson R., 1959, Genetics of the Domestic Cat, Bibliographica Genetica *18*, 273–362.
Ronnefeldt U., 1969, Verbreitung und Lebensweise afrikanischer Felidae, Säugetierkundl. Mitteilg. *17*, 285–350.
Ruch F.L. und Zimbardo P.G., 1974, Lehrbuch der Psychologie, Springer Verl., Berlin–Heidelberg–New York.
Russel R.W., 1950, The Comparative Study of Conflict and Experimental Neurosis, Brit. J. Psychol. *41*.
Seiferle E., 1960, Schmerz und Angst bei Tier und Mensch, Dtsch. tierärztl. Wschr. *67*, 275–278.
Shoben J., 1949, Psychotherapy as a Problem in Learning Theory, Psych. Bull. *46*.
Siegmann O., 1950, Mensch und Katze. Die Einstellung des heutigen Menschen zur Katze im großstädtischen und bäuerlichen Raum, Vet. Diss., Hannover.
Siebel H., 1969, Die Tollwut – ein europäisches Problem, Kleint. Prax. *14*, 70–76.
Skinner B.F., 1951, How to teach animals, Sci. Americ. Dec. 26–29.
–, 1938, The Behaviour of Organisms, Appleton-Century-Crofts, New York.
Skramlik v. J., 1949, Über die Lernfähigkeit der Katze, Monatsh. f. Vet. Med. 2, 195 ff.
Söntgerath A., 1965, Pädagogische Psychologie, W. Kohlhammer, Stuttgart.
Spitz R.A., 1967, Vom Säugling zum Kleinkind, E. Klett, Stuttgart.

Spoerri Th., 1963, Kompendium der Psychiatrie, 2. Auflg. G. Fischer, Stuttgart.
Spurway N., 1953, Der Fluchttrieb der Hauskatze und das Verhältnis von Hund und Katze. Behaviour *5*, 81.
Sulman F. G., 1971, Meteorologische Frontverschiebung und Wetterfühligkeit, Ärztl. Prax. *XXIII*, 998–999.
Schenkel R., 1968, Töten Löwen ihre Artgenossen? Z. Umschau in Wiss. u. Technik, H. 6.
–, 1964, Über das Sozialleben der Löwen in Freiheit, Bulletin d. Zoolog. Gartens Basel, Nr. 12.
–, 1966, Play, Exploration and Territoriality in the Wild Lion, Symp. Zool. Soc. London *18*, 11–22.
–, 1966, Zum Problem der Territorialität und des Markierens bei Säugern, Z. Tierpsychol. *23*, 593–626.
Scheunert A. und Trautmann A., 1965, Lehrbuch der Veterinärphysiologie, Parey, Berlin.
Schleidt W. M., 1960, Über angeborene Verhaltensweisen des Menschen, Therapeut. Ber. *32*, 148.
Schleidt W., 1964, Wirkungen äußerer Faktoren auf das Verhalten, Fortschr. Zool. *16*, 470–499.
Schmidke H. O., 1973, Über die Beziehung Tierarzt–Klinik–Patient, Kleint. Prax. *18*, 210–213.
Schneider K., 1955, Probleme der Veterinärpsychiatrie, Fortschr. Neurol. u. Psychiatr. *11*, 491.
Schneider K. M., 1963, Mutterliebe bei Tieren, Ziemsen, Wittenberg.
Schneider-Leyer E., 1965, Welche Katze ist das? Kosmos, Frank'sche Verlagshdlg., Keller u. Co., Stuttgart.
Schwangart F., 1937, Zur Rassenbildung und Züchtung der Hauskatze, Dtsch. Ges. f. Säugetierkunde, Berlin.
Stockard C. R. et al., 1941, The genetic and endocrine basis for differences in form and behaviour, Wistar Inst., Philadelphia.
Teirich H., 1961, Tierhaltung für Patienten, Die Heilkunst, Sonderheft *V* (»Was der Arzt im Zoo lernen kann«).
Tembrock G., 1957, Zur Ethologie des Rotfuchses, Zoolog. Garten *9*, 23.
–, 1956, Tierpsychologie, Ziemsen, Wittenberg.
Thomas J., 1964, Über das Verhalten der Hauskatzen in verschiedenen Situationen, Prakt. Tiera. *45*, 206–207.
Thomas E. und Schaller F., 1954, Das Spiel der optisch isolierten jungen Kaspar-Hauser-Katze, Die Naturwiss. *41*, 557–558.
Thorpe W. H., 1958, Learning and Instinct in Animals, Methuen & Co., London.
Tinbergen N., 1952, Instinktlehre, P. Parey, Berlin.
Troschichin W. A., 1952, Einige Ergebnisse der Studien der höheren Nerventätigkeit in der Ontogenese, Pawlow Z. *2*, 743–756.
Trumler, E., 1968, Wohnen mit Tieren – Verhalten, Pflege, Zucht, Piper, München.
Überreiter O., 1956 und 1957, Beitrag zur Diagnostik und Therapie der chirurgischen Krankheiten des Gehirns und seiner Häute, Schweiz. Arch. Tierheilkd. *98*, 321 und *99*, 51.

Uexküll Th. v., 1963, Grundfragen der psychosomatischen Medizin, Rowohlt, Hamburg.
– und Kriszat G., 1956, Streifzüge durch die Umwelten von Tieren und Menschen, Rowohlt, Hamburg.
Ullrich W., 1954, Zur Frage des Sichselbstbespuckens bei Säugetieren, Z. Tierpsych. *11*, 50.
Voute, 1955, Psychosomatische Tierheilkunde, Tijdschrift voor Diergeneskunde *76*, 343.
Völgyesi F. A., 1963, Menschen und Tierhypnose, O. Füssli, Zürich.
Walter W. G., 1963, Das lebende Gehirn, Droemersche Verlagsanstalt Th. Knaurs Nachf., München.
Weidmann H., 1961, Zur Pharmakologie psychotroper Wirkstoffe, Schweiz. Arch. Tierheilkd. *103*, 193.
Weiss G., 1953, Beobachtungen an isoliert aufgezogenen Hauskatzen, Z. Tierpsychol. *9*, 451–462.
–, 1967, Start in die Manege, Henschelverlag, Berlin.
Wink U. und Ketsch F., 1973, Keysers praktisches Katzenbuch, Keyser Verl.-München.
Winkelsträter K. H., 1960, Über das Betteln der Zootiere, H. Huber, Bern.
Wolburg J., 1965, Bioelektrizität im Gehirn, Neue Brehm Bücherei, Ziemsen, Wittenberg.
Wolff R., 1974, Katzen (Verhalten, Pflege, Rassen), 2. Aufl., E. Ulmer Verl., Stuttgart.
Wolpe J., 1952, Experimental Neurosis as Learned Behaviour, Brit. J. Psychol. *43*.
Yates A. J., 1970, Behaviour Therapy, J. Wiley u. S., New York.
Zeeb K. und Göbel F., 1965, Angewandte Verhaltensforschung und tierärztliche Praxis, Prakt. Tierarzt *46*/9.